总　序

具有初、中级水平的棋友，如何提高棋力？这是大家关心的问题。

一是观摩象棋大师实战对局，细心观察大师在开局阶段怎样舒展子力、部署阵型，争夺先手；在中局阶段怎样进攻防御，谋子取势、攻杀入局；在残局阶段怎样运子，决战决胜，或者巧妙求和。从大师对局中汲取精华，为我所用。

二是把大师对局按照开局阵式分类罗列，比较不同阵式的特点、利弊及对中局以至残局的影响，从中领悟开局的规律及其对全盘棋的重要性。由于这些对局是大师们经过研究的作品，所以对我们有很实用的价值，是学习的捷径。

本丛书就是为满足广大棋友的需要，按上述思路编写的。全套丛书以开局分类共51册，每册一种开局阵式。读者可以选择先学某册开局，并在自己对弈实践中体会有关变化，对照大师对局的弈法找出优劣关键，就会提高开局功力，然后选择另一册，照此办理。这样一册一册学下去，掌握越来越多的开局知识，你的开局水平定会大为提高，赢棋就多起来。

本丛书以宏大的气魄，把象棋开局及其后续变化的巨大篇幅展示在读者面前，是棋谱出版的创举，也是广大棋友研究象棋的好教材，相信必将得到棋友们的喜爱。

黄少龙

2013.11.6

【象棋谱丛书】

黄少龙 梁文斌 主编

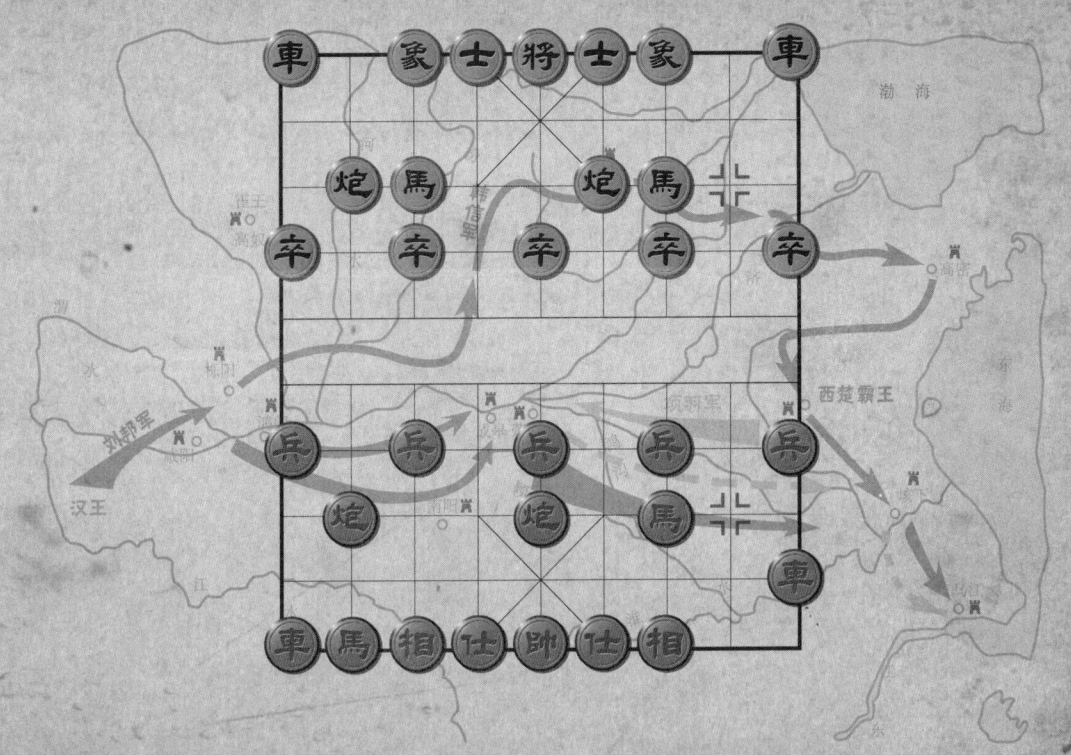

中炮横车对反宫马

黄少龙 段雅丽 杜彬 编

经济管理出版社·棋书中心

图书在版编目（CIP）数据

中炮横车对反宫马/黄少龙，段雅丽，杜彬编 .—北京：经济管理出版社，2016.11
ISBN 978-7-5096-4499-7

Ⅰ.①中… Ⅱ.①黄… ②段… ③杜… Ⅲ.①中国象棋—布局（棋类运动） Ⅳ.①G891.2

中国版本图书馆 CIP 数据核字（2016）第 157638 号

组稿编辑：郝光明
责任编辑：郝光明
责任印制：黄章平
责任校对：超　凡

出版发行：经济管理出版社
　　　　　（北京市海淀区北蜂窝 8 号中雅大厦 A 座 11 层　100038）
网　　址：www.E-mp.com.cn
电　　话：（010）51915602
印　　刷：三河市聚河金源印刷有限公司
经　　销：新华书店
开　　本：720mm×1000mm/16
印　　张：12.75
字　　数：236 千字
版　　次：2016 年 11 月第 1 版　2016 年 11 月第 1 次印刷
印　　数：1-5000 册
书　　号：ISBN 978-7-5096-4499-7
定　　价：35.00 元

·版权所有　翻印必究·
凡购本社图书，如有印装错误，由本社读者服务部负责调换。
联系地址：北京阜外月坛北小街 2 号
电话：（010）68022974　邮编：100836

前　言

　　中炮横车对反宫马是新兴的布局。由于过去红多走直车，因此改出横车，常使黑方准备不足，起到出其不意的作用。

　　红起横车占右肋，控制黑士角炮进路，便于红跳七路马没有顾虑，不怕黑伸炮打串。

　　红方进攻局型有多种，当采取挺中兵跳盘头马时，重点是中路攻势。黑以左车盘河坚守，甚至先补士暂不飞象，必要时后补中炮对攻，通常红方暂时难以继续深入发展攻势，形成对峙局面。

　　红方通常用七路马局型，这样战略上可以急攻或缓攻，战术亦变异多样。如果黑左车升河口，等待红平边跑时，黑车移右封锁红左车，则红可挺中兵急攻。如果黑先补士，双方互挺七路兵卒，红平边炮再开车，黑伸右炮过河，红再挺中兵，然后进兵林车捉炮，这样红稳攻略持先手。

　　红方还有挺三兵跳边马的局型，但应在提横车之前，保留出直车的可能性。此时黑亦挺3卒，于是红平七炮黑飞象，红开左车黑右炮过河封车。这样红才提右横车，接着平右肋捉炮再升河口，伏挺边兵困炮，及挺七兵兑卒攻马的计划，此时红进攻重点在黑右翼，也是一种稳攻战略。

目 录

第一章 盘头马 ·· 1

- 第 1 局　　王鑫海负王贵福 ·· 1
- 第 2 局　　邹立武胜阎玉锁 ·· 2
- 第 3 局　　王振华胜王从祥 ·· 2
- 第 4 局　　高华胜方蕊洁 ·· 3
- 第 5 局　　邹立武胜任建平 ·· 4
- 第 6 局　　孙恒新负徐天利 ·· 5
- 第 7 局　　张致忠胜张世兴 ·· 6
- 第 8 局　　曾国荣负于红木 ·· 7
- 第 9 局　　赵文山胜徐天利 ·· 8
- 第 10 局　　张广增负林宏敏 ·· 9
- 第 11 局　　李庆先负徐俊杰 ·· 10
- 第 12 局　　金海英胜张晓霞 ·· 11
- 第 13 局　　林奕仙负何顺安 ·· 12
- 第 14 局　　张致忠胜蔡福如 ·· 13
- 第 15 局　　赵力负熊学元 ·· 14
- 第 16 局　　高华胜章文彤 ·· 15
- 第 17 局　　黄玉莹负胡明 ·· 16
- 第 18 局　　张骅胜张荣贤 ·· 17
- 第 19 局　　黄德兴胜黎金福 ·· 18
- 第 20 局　　秦劲松负侯昭忠 ·· 19
- 第 21 局　　许波胜王大明 ·· 20
- 第 22 局　　高明海胜赵农 ·· 21
- 第 23 局　　伍霞胜单霞丽 ·· 22
- 第 24 局　　蒋志梁负黄宝琮 ·· 23
- 第 25 局　　卜凤波胜陶汉明 ·· 24

第26局	高华胜胡明	25
第27局	蒋志梁胜徐天利	26
第28局	高吉先负李轩	27
第29局	张德魁胜万启友	28
第30局	张致忠负黄海林	29
第31局	言穆江胜蔡福如	30
第32局	王家元胜洪磊鑫	31
第33局	喻之青负邬正伟	32
第34局	单霞丽负林野	33
第35局	刘伯良负赵国荣	34
第36局	张申宏胜万春林	35
第37局	郑楚芳胜单霞丽	36
第38局	庞小予负胡荣华	37
第39局	陈地华胜刘双龙	38
第40局	张德魁胜赵松宽	39
第41局	陈翀胜葛维蒲	40
第42局	王大明胜高郑生	41
第43局	张申宏负赵鑫鑫	42
第44局	柳大华胜吕钦	43
第45局	邹立武负蔡福如	44
第46局	万春林胜宗永生	45
第47局	陈军负康宏	46
第48局	刘新华负张强	47
第49局	许银川胜洪智	48
第50局	张景山负沈俊斌	49
第51局	姚淳负马迎选	50
第52局	陈昌建胜汪洋	51
第53局	任建平胜于红木	52
第54局	张致忠负洪磊鑫	54
第55局	许银川胜杨德琪	55
第56局	高明海胜何兆雄	56
第57局	赵鑫鑫负于幼华	57
第58局	陶汉明胜李智屏	58
第59局	赵文轩胜张德魁	60

第60局	蒋志梁胜孙恒新	61
第61局	柳大华胜徐天红	62
第62局	张晓平负邓颂宏	63
第63局	孟立国胜林宏敏	65
第64局	黄福负胡荣华	66
第65局	高华胜单霞丽	67
第66局	于红木胜殷全寿	68
第67局	刘元成负胡荣华	70
第68局	李智屏胜阎文清	71
第69局	林世伟负吕钦	73
第70局	黄志强胜陈启明	74
第71局	柳大华负胡荣华	75
第72局	黄福胜蔡福如	77
第73局	黎金福负李来群	78
第74局	张致忠胜邹立武	79
第75局	任建平胜傅光明	81
第76局	张致忠负马迎选	82

第二章　七路马　　85

第77局	许立勋负邱志源	85
第78局	黄子君负高华	86
第79局	孟立国负赵庆阁	86
第80局	郑国庆胜葛维蒲	87
第81局	谢添顺负甄达新	88
第82局	蔡志强负黄海林	89
第83局	高华负单霞丽	90
第84局	梁达民负林见志	91
第85局	阎文清负胡荣华	92
第86局	金海英负陈丽淳	93
第87局	黄有义负徐天利	94
第88局	孟立国负李定威	95
第89局	刘晋玉负朱从思	96
第90局	徐永嘉负钱洪发	97
第91局	杨官璘胜刘美松	98

第92局	刚秋英胜董波	99
第93局	李雪松负许银川	100
第94局	张江胜陈启明	101
第95局	宋国强胜聂铁文	102
第96局	张德魁胜万启友	103
第97局	林宏敏负李国勋	104
第98局	王方虎负王嘉良	105
第99局	赵国荣胜张江	106
第100局	虞文华负胡荣华	107
第101局	赵汝权胜李镜华	108
第102局	吕钦负徐天利	109
第103局	陈国良负何荣耀	110
第104局	葛维蒲负邬正伟	111
第105局	李梓汉胜陈有福	112
第106局	陈孝堃负胡荣华	113
第107局	谢岿胜刘勇	114
第108局	白高成负邬正伟	115
第109局	冯华跃负胡荣华	116
第110局	黄福胜罗权	117
第111局	李来群负吕钦	118
第112局	吴将玮负许银川	120
第113局	余望祖负吕钦	121
第114局	孟立国负胡荣华	122
第115局	冯明光负柳大华	123
第116局	季本涵负胡荣华	125
第117局	蒋志梁胜阎玉锁	126
第118局	杨官璘胜胡荣华	127
第119局	胡荣华负吕钦	128
第120局	牛殷栓负汪士龙	130
第121局	何顺安胜刘忆慈	131
第122局	胡荣华胜柳大华	133
第123局	李国勋负于红木	134
第124局	曾东平胜庄玉庭	135
第125局	杨德琪胜苗利明	137

第126局　柳大华负胡荣华 …………………………………… 138
第127局　陈孝堃胜蔡忠诚 …………………………………… 139
第128局　柳大华胜马迎选 …………………………………… 141
第129局　赵国荣负李来群 …………………………………… 142

第三章　边马 ……………………………………………………… 145

第130局　赵国荣胜谢丹枫 …………………………………… 145
第131局　才溢胜朱从思 ……………………………………… 146
第132局　刘凤君负徐天红 …………………………………… 146
第133局　王建中胜刘勇 ……………………………………… 147
第134局　王维康负林宏敏 …………………………………… 148
第135局　刘殿中胜熊学元 …………………………………… 149
第136局　王洪录胜殷广顺 …………………………………… 150
第137局　王东胜徐文江 ……………………………………… 151
第138局　赵国荣胜张江 ……………………………………… 152
第139局　朱晓虎负肖革联 …………………………………… 153
第140局　陈孝堃胜程福臣 …………………………………… 154
第141局　陈翀负张江 ………………………………………… 155
第142局　钱洪发胜胡容儿 …………………………………… 156
第143局　傅光明胜于幼华 …………………………………… 157
第144局　刘殿中负吕钦 ……………………………………… 158
第145局　阎文清胜汤卓光 …………………………………… 159
第146局　刘殿中胜于幼华 …………………………………… 160
第147局　臧如意负李艾东 …………………………………… 161
第148局　吴贵临胜翁德强 …………………………………… 162
第149局　张强负李艾东 ……………………………………… 163
第150局　赵国荣胜宇兵 ……………………………………… 164
第151局　徐天红胜蒋全胜 …………………………………… 165
第152局　傅光明胜洪磊鑫 …………………………………… 166
第153局　王琳娜胜郑轶莹 …………………………………… 167
第154局　谭国梁负宋国强 …………………………………… 169
第155局　张晓平胜于幼华 …………………………………… 170
第156局　徐健秒负邓颂宏 …………………………………… 171
第157局　纪中启负杨官璘 …………………………………… 172

第158局　李望祥胜邬正伟 ……………………………… 173
第159局　许银川负于幼华 ……………………………… 175
第160局　卜凤波胜邓颂宏 ……………………………… 176
第161局　王东胜应跃林 ………………………………… 177
第162局　徐天红负于幼华 ……………………………… 179
第163局　辛宇负才溢 …………………………………… 180
第164局　鲁越东胜王伦勇 ……………………………… 181

第四章　其他 ………………………………………… 184
第165局　谢岳庆负邱志源 ……………………………… 184
第166局　宗永生负许银川 ……………………………… 185
第167局　王荣塔胜于占法 ……………………………… 186
第168局　许波负汤卓光 ………………………………… 187
第169局　孙勇征胜董旭斌 ……………………………… 188
第170局　赵国荣胜万春林 ……………………………… 189

第一章　盘头马

第1局　王鑫海负王贵福

1. 炮二平五　马2进3
2. 马二进三　炮8平6
3. 车一进一　马8进7
4. 兵五进一　卒3进1
5. 马八进七　车9平8
6. 车一平四　车8进5（图1）
7. 炮八进二　车8进1
8. 兵五进一　士4进5
9. 炮八平一　炮6平5
10. 车九平八　卒7进1
11. 兵七进一　马3进2!
12. 车八进五　炮5平2
13. 炮五进四?　炮2平5
14. 车八进一　车8平7
15. 兵七进一　车7平5
16. 车四平五　车5平2
17. 车五平八　马7进5!
18. 后车进二　马5进3
19. 前车平五　马3退5（图2）

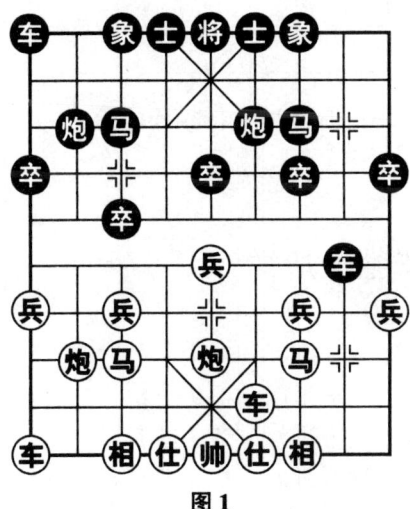

图1

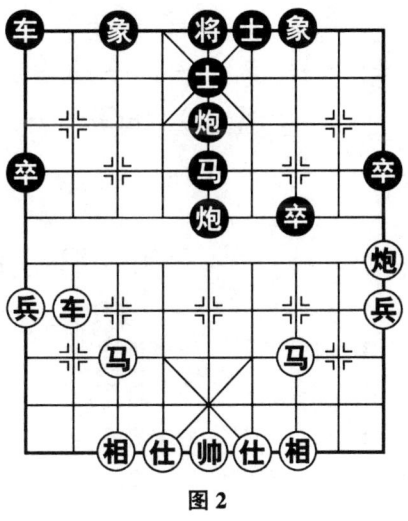

图2

第 2 局　邹立武胜阎玉锁

1. 炮二平五　马 2 进 3
2. 马二进三　炮 8 平 6
3. 车一进一　马 8 进 7
4. 马八进七　车 9 平 8
5. 车九进一　士 4 进 5
6. 兵五进一　象 3 进 5
7. 车一平六　卒 7 进 1
8. 马七进五　马 7 进 6（图 3）
9. 兵五进一　马 6 进 5
10. 马三进五　卒 5 进 1
11. 马五进七　炮 2 进 3
12. 马七进六　车 1 平 3
13. 炮八平七　车 8 进 5
14. 兵七进一　炮 6 进 1？
15. 车九平八　车 8 平 4
16. 车六进三　炮 2 平 4
17. 车八平四　炮 6 平 7
18. 车四进七！　马 3 退 4
19. 车四退三　车 3 进 2
20. 车四平五！（图 4）

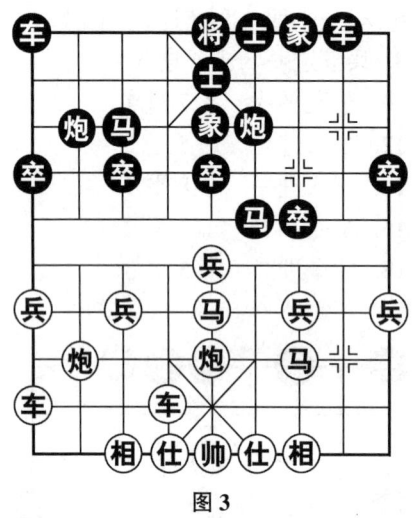

图 3

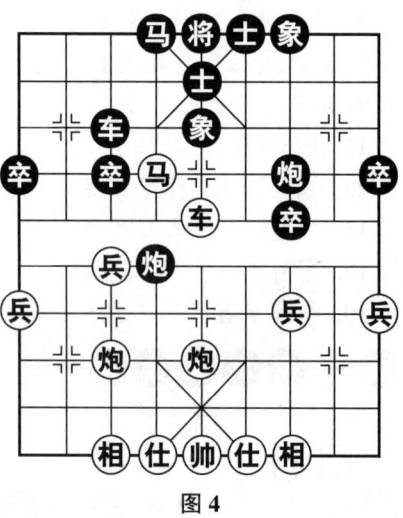

图 4

第 3 局　王振华胜王从祥

1. 炮二平五　马 2 进 3
2. 马二进三　炮 8 平 6
3. 车一进一　马 8 进 7
4. 车一平四　车 9 平 8
5. 马八进七　士 4 进 5
6. 兵五进一　卒 3 进 1
7. 车九进一　炮 2 平 1
8. 炮八进四　车 8 进 6（图 5）
9. 车九平六　炮 6 平 5
10. 马三进五　车 8 平 7

11. 车四进五　卒7进1	12. 车四平三　车1平2
13. 炮八平七　马3退4?	14. 车六进七!　炮1平4
15. 兵五进一!　车7平6	16. 兵五进一　炮5平8
17. 兵五进一　炮6退1	18. 兵五进一!　士6进5
19. 车六退一　马4进5	20. 炮七平五（图6）

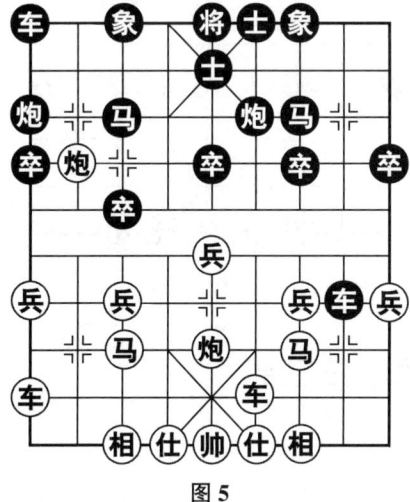

图5

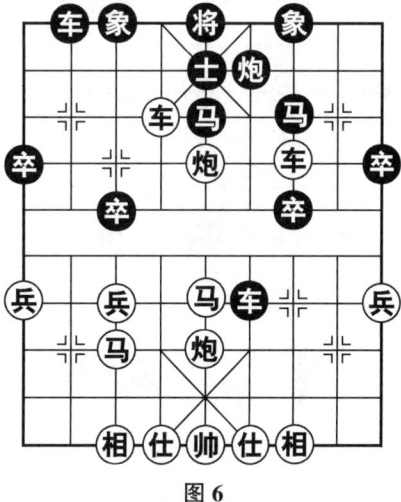

图6

第4局　高华胜方蕊洁

1. 炮二平五　马2进3	2. 马二进三　炮8平6
3. 车一进一　马8进7	4. 车一平四　士4进5
5. 马八进七　卒3进1	6. 车九进一　车9平8
7. 车九平六　炮2平1?	8. 炮八进四　卒7进1（图7）
9. 兵五进一　炮6平5	10. 马三进五　车8进5
11. 炮八退二　车8退2	12. 兵七进一!　卒3进1
13. 马五进七　卒5进1	14. 前马进六　车1平1
15. 炮八进二!　车8退2	16. 炮五进三　炮5进1
17. 车四进二　象3进5	18. 车四平七!　车1平4
19. 车七进四　车4进1	20. 车七平九（图8）

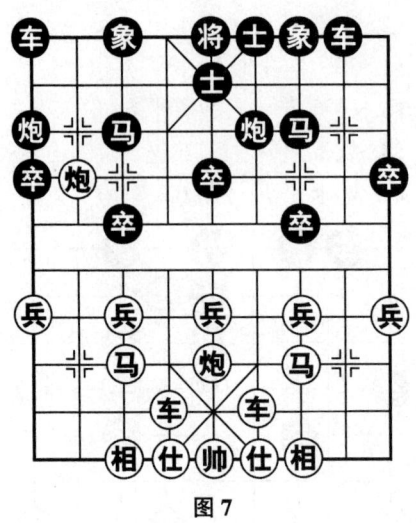

图 7

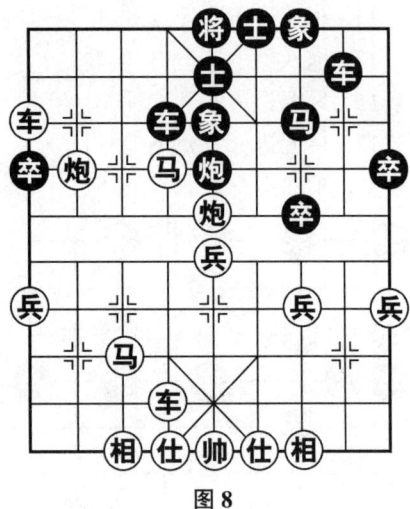

图 8

第 5 局　邹立武胜任建平

1. 炮二平五　马 2 进 3
2. 马二进三　炮 8 平 6
3. 车一进一　马 8 进 7
4. 马八进七　车 9 平 8
5. 车九进一　炮 2 平 1
6. 兵五进一　车 1 平 2
7. 炮八退一　卒 7 进 1
8. 炮八平五　炮 6 平 5（图 9）
9. 车九平六　车 8 进 6
10. 车一平四　车 8 平 7
11. 马三进五　车 2 进 4
12. 车六进七　马 7 进 6
13. 兵五进一！马 6 进 5
14. 马七进五　炮 1 进 4
15. 马五进六　车 7 平 4？
16. 马六进五！车 4 退 5
17. 车四进八！将 5 进 1
18. 兵五进一　车 4 进 7
19. 兵五平六　将 5 平 4
20. 车四平六（图 10）

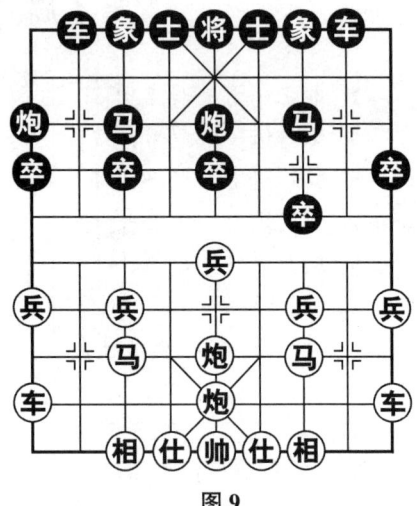

图 9

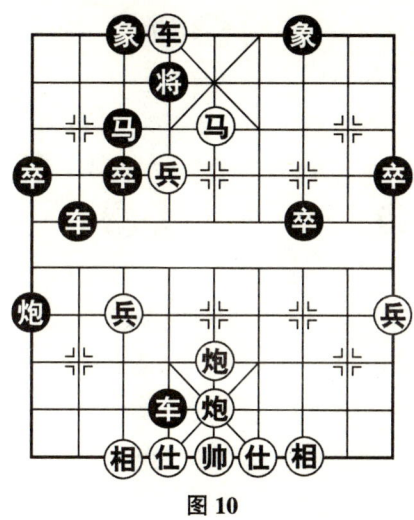

图10

第6局 孙恒新负徐天利

1. 炮二平五　马2进3
2. 马二进三　炮8平6
3. 车一进一　马8进7
4. 车一平四　车9平8
5. 马八进七　士4进5
6. 炮八平九　卒3进1
7. 车九平八　车8进6
8. 兵五进一　车1平2（图11）
9. 车八进六　车8平7
10. 兵五进一　炮6平5
11. 马七进五　卒7进1
12. 仕四进五　卒5进1
13. 炮五进三　马7进5
14. 车四进四　炮2平1
15. 车八进三　马3退2
16. 相三进五　马2进3
17. 兵七进一　炮1进4！
18. 兵七进一　马5进3
19. 马五进七　后马进5
20. 炮五退二　炮5进4
21. 马三进五　炮1退2！（图12）

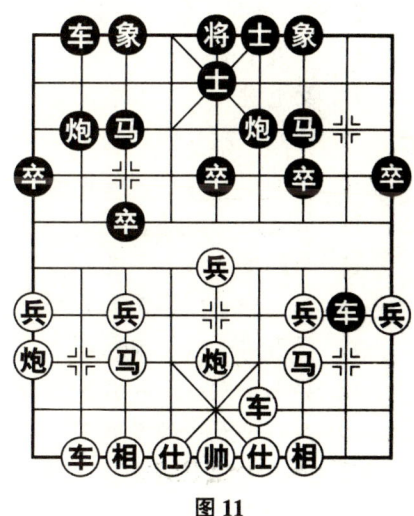

图11

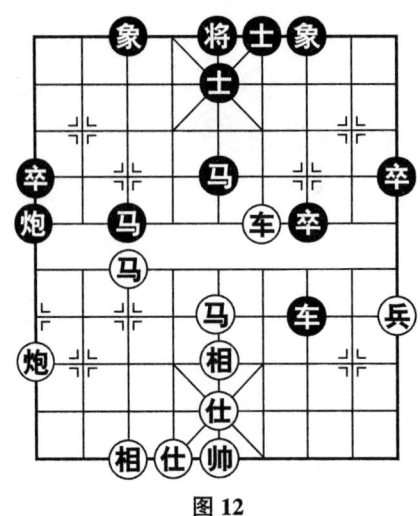

图 12

第7局　张致忠胜张世兴

1. 炮二平五	马 2 进 3
2. 马二进三	炮 8 平 6
3. 车一进一	马 8 进 7
4. 车一平四	车 9 平 8
5. 马八进七	士 4 进 5
6. 兵五进一	车 8 进 4
7. 马七进五	卒 3 进 1
8. 兵七进一	炮 6 平 5（图 13）
9. 相七进九	炮 2 进 4
10. 车九平七	炮 2 平 7？
11. 兵七进一	车 1 平 2
12. 炮八平六	炮 7 进 3
13. 仕四进五	车 2 进 8
14. 兵七进一	马 3 退 1
15. 车四平一	卒 7 进 1
16. 车一退一！	炮 7 退 1
17. 马五进七	士 5 进 4
18. 兵七平六	士 6 进 5
19. 兵六平五	炮 5 进 3
20. 马七进六	炮 5 退 1
21. 车七进八（图 14）	

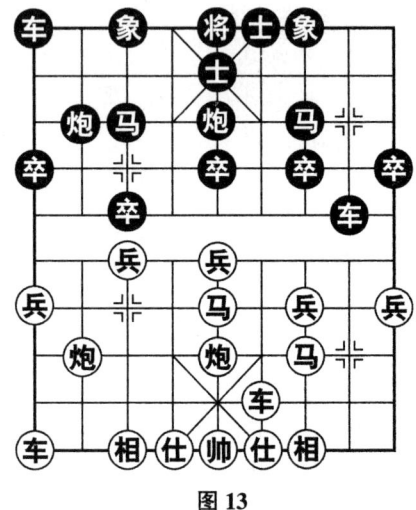

图 13

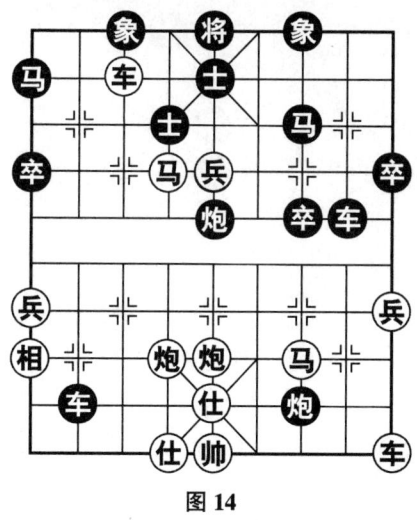

图 14

第8局 曾国荣负于红木

1. 炮二平五　马2进3
2. 马二进三　炮8平6
3. 车一进一　马8进7
4. 车一平四　车9平8
5. 马八进七　士4进5
6. 炮八平九　卒3进1
7. 车四进五　炮2进1
8. 车四退二　象3进5
9. 车九平八　炮2平3
10. 兵五进一　车1平4（图15）
11. 兵五进一　卒5进1
12. 车四进二　炮3进3
13. 车四平三　车8进2
14. 马七进五　炮6进3
15. 马五进三　炮6平5
16. 仕四进五　马7进5
17. 前马进四　车8平6
18. 车八进六？炮5平3！
19. 仕五进六　后炮进4
20. 仕六进五　前炮平1
21. 炮九平七　车4进5（图16）

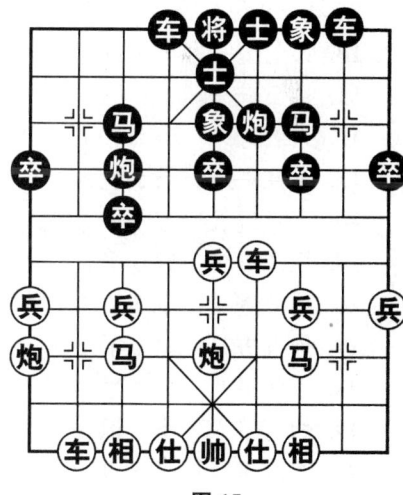

图 15

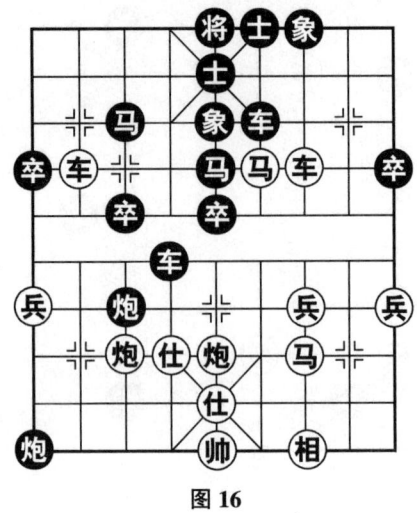

图16

第9局 赵文山胜徐天利

1. 炮二平五　马2进3
2. 马二进三　炮8平6
3. 车一进一　马8进7
4. 马八进七　车9平8
5. 车一平四　士4进5
6. 车九进一　炮2平1
7. 炮八进二　卒7进1
8. 兵五进一　象3进5（图17）
9. 马三进五　车1平2
10. 兵七进一　车8进3
11. 兵三进一　车2进4
12. 兵五进一！卒5进1
13. 车九平六　马3进5
14. 车六进五！炮1平2
15. 炮八进三　炮6平2
16. 兵三进一　卒5进1
17. 炮五进二　车2平7
18. 车四平八　炮2平4
19. 炮五平六　炮4退2
20. 车八进八！马5进4
21. 车六平二（图18）

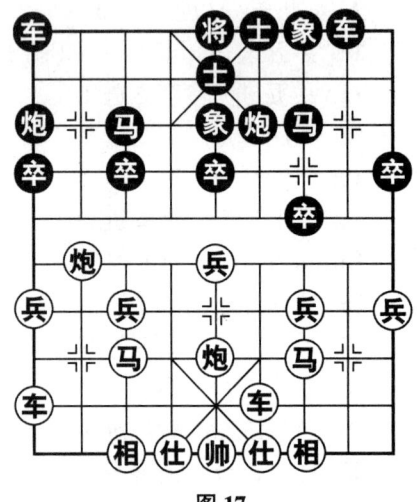

图17

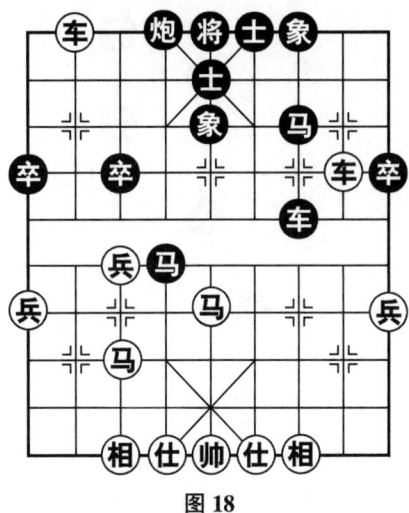

图18

第10局 张广增负林宏敏

1. 炮二平五　马2进3
2. 马二进三　炮8平6
3. 车一进一　马8进7
4. 车一平四　车9平8
5. 马八进七　士4进5
6. 兵五进一　卒3进1（图19）
7. 马七进五　马3进4
8. 兵五进一　马4进5
9. 马三进五　炮6平5
10. 仕六进五　卒7进1
11. 兵三进一　车8进6！
12. 炮八进一　卒7进1
13. 马五进三　车8平3
14. 炮八退一　炮5进2
15. 马三进二？车3平4
16. 车四进三　炮2平5！
17. 车九进二　车1平2
18. 炮八平六　后炮平4！
19. 车四平五　车2进9
20. 车九平七　炮4进5
21. 炮五进三　卒5进1
22. 车五退二　炮4进1（图20）

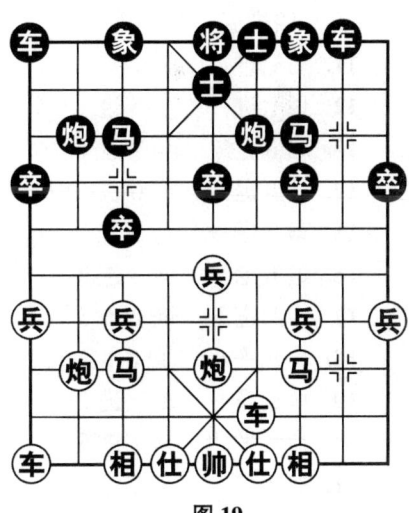

图19

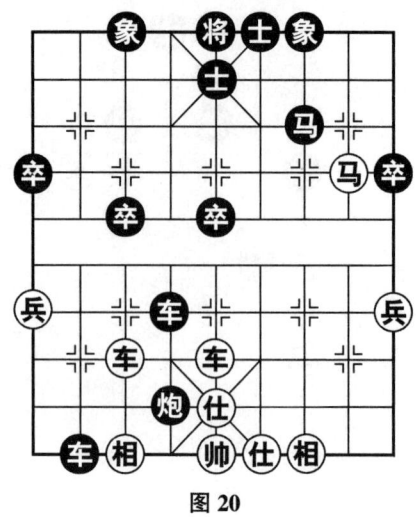

图 20

第 11 局　李庆先负徐俊杰

1. 炮二平五　马 2 进 3
2. 马二进三　炮 8 平 6
3. 兵七进一　马 8 进 7
4. 车一进一　车 9 平 8
5. 车一平四　士 4 进 5
6. 马八进七　车 8 进 4
7. 兵五进一　车 8 平 4
8. 兵五进一　卒 5 进 1（图 21）
9. 车四进五　车 4 进 2
10. 车四平七　象 3 进 5
11. 马七进五　卒 7 进 1
12. 兵七进一？卒 5 进 1
13. 炮五进二　马 7 进 6
14. 马五退四　炮 6 进 6！
15. 车七进一　马 6 进 7
16. 炮五退二　炮 2 进 3！
17. 仕四进五　炮 2 平 5
18. 车九平八　车 1 平 2
19. 车七退一　车 4 进 2
20. 帅五平四　马 7 进 5
21. 帅四进一　车 2 进 6
22. 车七平四　炮 5 平 6！
23. 帅四进一　车 4 退 3（图 22）

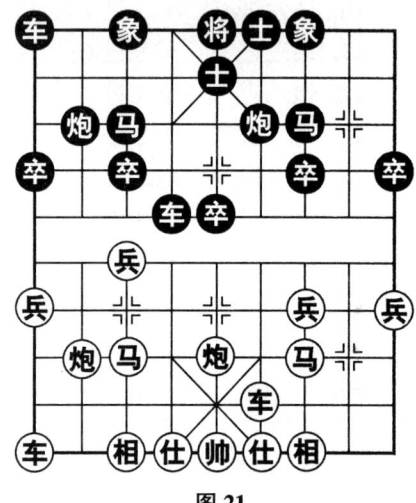

图 21

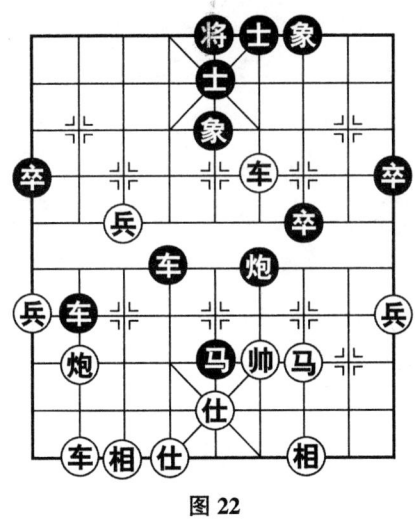

图 22

第 12 局　金海英胜张晓霞

1. 炮二平五　马 2 进 3
2. 马二进三　炮 8 平 6
3. 车一进一　马 8 进 7
4. 车一平四　士 4 进 5
5. 马八进七　车 9 平 8
6. 车九进一　象 3 进 5
7. 车九平六　车 8 进 4
8. 兵五进一　卒 3 进 1
9. 马七进五　车 1 平 4
10. 车六进八　将 5 平 4（图 23）
11. 兵五进一　卒 5 进 1
12. 车四进五！卒 5 进 1
13. 炮五进二　车 8 平 4
14. 仕四进五　车 4 进 1
15. 炮五平三！马 7 退 9
16. 车四平三　炮 2 平 4
17. 炮三平一　象 7 进 9
18. 马五进四！车 4 进 1
19. 炮八平六　将 4 平 5
20. 马四进五　炮 2 退 4
21. 马五退四　炮 6 平 5
22. 炮六平五　将 5 平 4
23. 炮一平六　炮 5 进 1

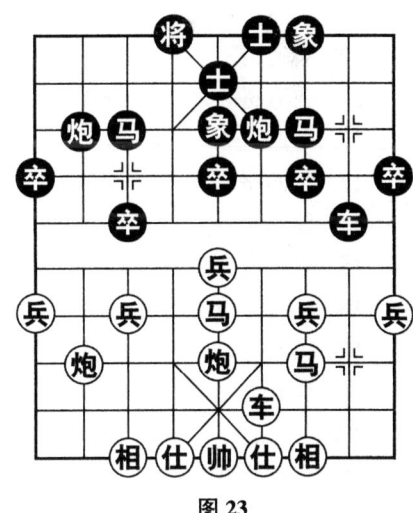

图 23

24. 马三进五　炮2进1　　　　25. 炮五进四！（图24）

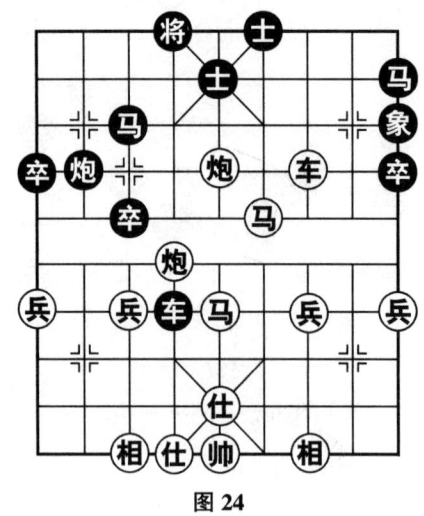

图24

第13局　林奕仙负何顺安

1. 炮二平五　马2进3
2. 马二进三　炮8平6
3. 车一进一　马8进7
4. 车一平四　车9平8
5. 马八进七　士4进5
6. 车九进一　象3进5
7. 车九平六　车8进6
8. 兵五进一　炮2进2
9. 马七进五　卒3进1
10. 兵七进一　卒7进1（图25）
11. 兵五进一　卒5进1
12. 车四进五　马7进8
13. 车四平二　卒7进1
14. 兵三进一　卒5进1
15. 炮五进二　炮6进5！
16. 车六平五　车1平4
17. 兵七进一？车4进5
18. 马五退七　车8平3
19. 车五进一　马8进7
20. 车五平四　马7退5
21. 车四平五　马5进7

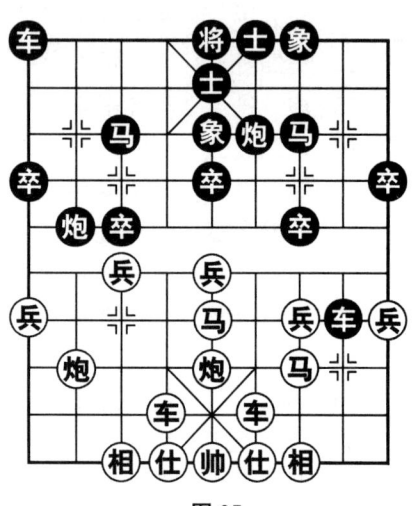

图25

22. 车五平四　象5进3　　　23. 车二平七　车4平5
24. 马七退五　炮2进1!　　25. 相三进五　车5退2!（图26）

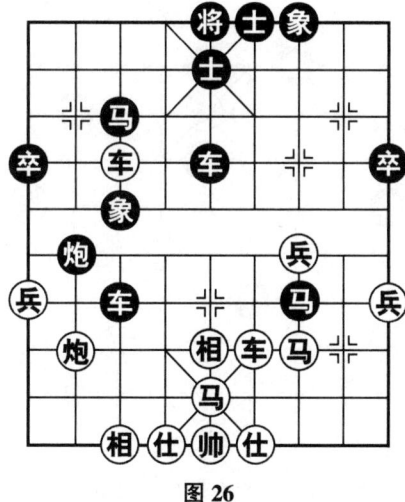

图 26

第 14 局　张致忠胜蔡福如

1. 炮二平五　马2进3　　　2. 马二进三　炮8平6
3. 车一进一　马8进7　　　4. 车一平四　车9平8
5. 马八进七　士4进5　　　6. 兵五进一　炮6平5
7. 马七进五　炮2进4
8. 车四进五　炮2平5
9. 马三进五　车1平2
10. 车九进二　卒3进1（图27）
11. 车四平三　马3进4
12. 炮八平六　马4进5
13. 车三进一　卒3进1
14. 炮六进三!　卒3平4
15. 炮六平三　士5进6?
16. 车三平四　炮5进3
17. 炮五进二　卒4平5
18. 车四退一　车2进3
19. 车九平六　象7进5

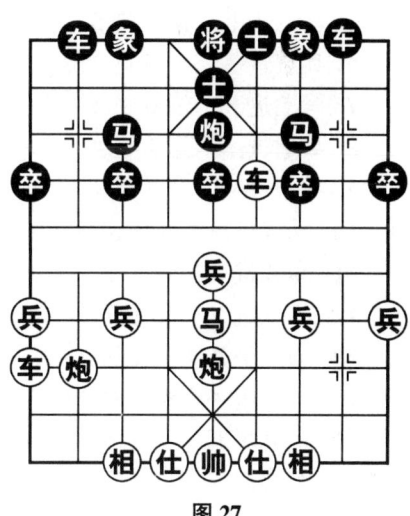

图 27

20. 炮三进一　士6进5
22. 炮三平五　车2进1
24. 车四平一　车2平6

21. 车六进六　车8进1
23. 仕六进五　卒5平4
25. 炮五进二！（图28）

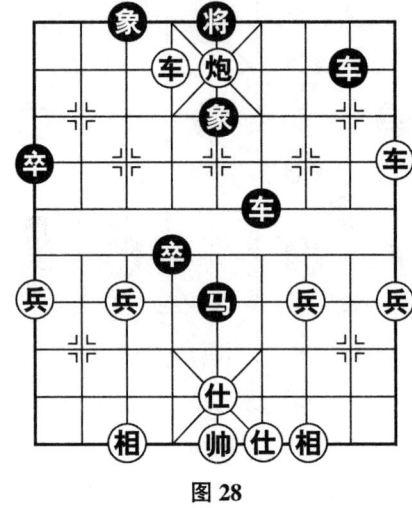

图28

第15局　赵力负熊学元

1. 炮二平五　马2进3
3. 车一进一　马8进7
5. 马八进七　士4进5
6. 兵五进一　卒7进1
7. 马七进五　炮6平5
8. 兵七进一　炮2进4
9. 兵三进一　卒7进1
10. 马五进三　车8进6（图29）
11. 车九进一　炮2平7
12. 相三进一　车1平2
13. 炮八平九　车2进4
14. 炮五进一？炮7平1！
15. 炮九平五　车2平7
16. 车四进三　炮1退2
17. 车九进二　车8平7

2. 马二进三　炮8平6
4. 车一平四　车9平8

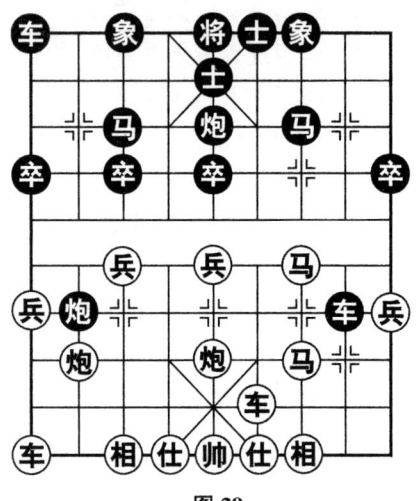

图29

18. 兵五进一　炮5进2
19. 后马退五　炮5进3
20. 相七进五　后车平6!
21. 车四平六?　车6进4
22. 马三进五　卒5进1
23. 马五进七　车6平2
24. 车六进三　车7平5!
25. 车六平七　车5进1（图30）

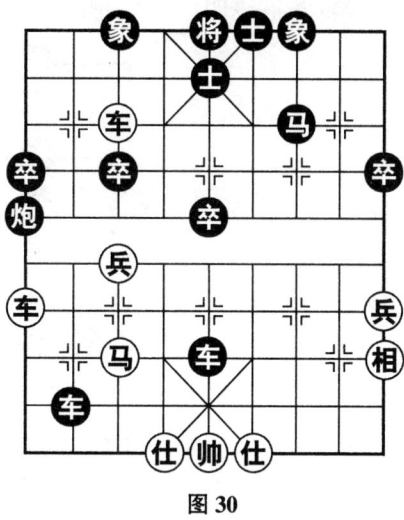

图30

第16局　高华胜章文彤

1. 炮二平五　马2进3
2. 马二进三　炮8平6
3. 车一进一　马8进7
4. 车一平四　车9平8
5. 马八进七　士4进5
6. 兵五进一　炮6平5
7. 马七进五　炮2进4
8. 兵五进一　炮2平5
9. 马三进五　车1平2
10. 炮八退一　卒7进1（图31）
11. 车九进二　车8进3?
12. 马五进六　炮5进2
13. 炮五平八!　车8进2
14. 马六进七　车2平1
15. 前炮进七　士5退4
16. 车九平六　士6进5
17. 车四进七　车8平5
18. 后炮平五!　车5平4
19. 车六平五　炮5进4
20. 车四平三　车4退3
21. 炮八退二!　车4平3
22. 炮八平三　象7进9
23. 仕四进五　车1平2

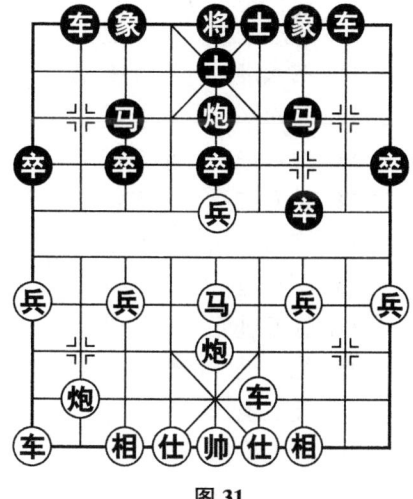

图31

24. 车五进四　车2进6　　　**25.** 车五平一（图32）

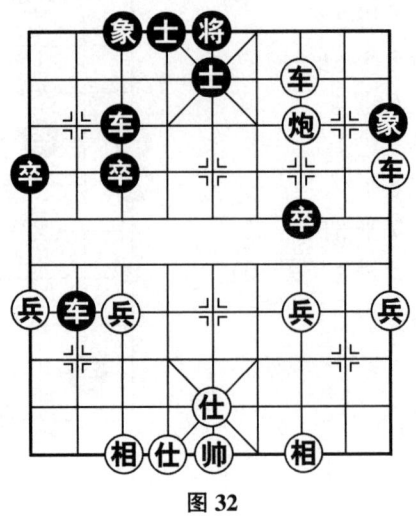

图 32

第 17 局　黄玉莹负胡明

1. 炮二平五　马2进3
2. 马二进三　炮8平6
3. 车一进一　马8进7
4. 马八进七　车9平8
5. 车九进一　士4进5
6. 车一平六　车8进4
7. 兵五进一　炮6进5
8. 车九平七　象3进5（图33）
9. 车六进五　卒3进1
10. 仕六进五　炮6退4
11. 车六进二　车8平4
12. 车六平八?　车1进2!
13. 炮八进二　卒1进1
14. 兵五进一　卒5进1
15. 炮八平三　炮6退2
16. 车八退一　车1平2
17. 炮五进五　士5进4
18. 炮三进三　炮6进7!
19. 仕五退六　象7进5
20. 车七平四　车2进5
21. 马三退五　马3进2

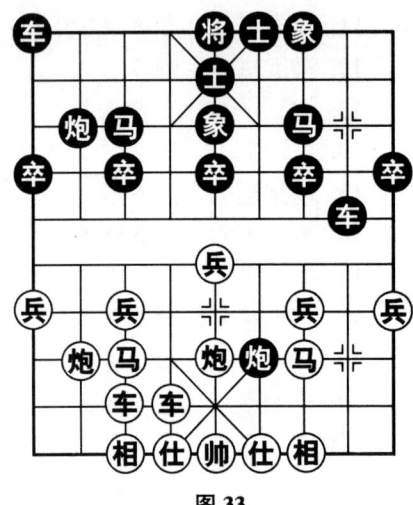

图 33

22. 车四进六　马2进1
23. 车四平五　士6进5
24. 车五退一　马1进3
25. 炮三平五　将5平4
26. 马五进七　车2平3！（图34）

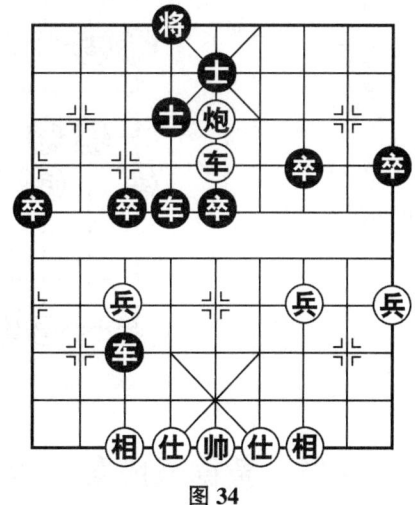

图34

第18局　张骅胜张荣贤

1. 炮二平五　马2进3
2. 马二进三　卒7进1
3. 车一进一　炮8平6
4. 车一平四　士4进5
5. 马八进七　马8进7
6. 车九进一　卒3进1
7. 车九平六　象3进5
8. 兵五进一　炮2进2（图35）
9. 车四进五　马7进8
10. 车四平二　马8进7
11. 炮五进四　炮2退1？
12. 炮五进二！炮2进1
13. 炮五平三　马7退5
14. 车六进三　车9进1
15. 车六平五　车9平7
16. 马七进五　炮2退3
17. 车五平四　车7进1

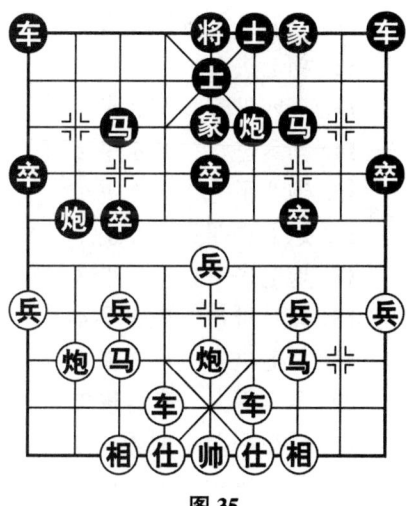

图35

18. 炮八平五　炮2平5
19. 马五进四！炮6进3
20. 马四进三　炮5进6
21. 后马进四　炮5退2
22. 车二平七　马3退5
23. 马三退四　车1平3
24. 车七平五　炮5平2
25. 车五平八　卒3进1
26. 前马进六！（图36）

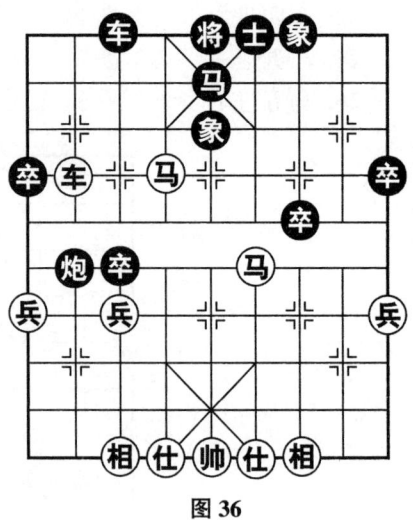

图36

第19局　黄德兴胜黎金福

1. 炮二平五　马2进3
2. 马二进三　卒7进1
3. 兵七进一　炮8平6
4. 车一进一　马8进7
5. 马八进七　马7进6
6. 兵五进一　士6进5
7. 马三进五　车9平8
8. 兵五进一　马6进5
9. 马七进五　炮6平5
10. 车一平四　卒5进1（图37）
11. 马五进六　炮5进5
12. 相七进五　车8进2
13. 车四进五　车8平4
14. 马六进八！车1平2
15. 炮八平七　车2进1？
16. 炮七进四　车2退1？
17. 炮七进三！车2平3
18. 马八进六　炮2平4
19. 兵七进一　马3退1
20. 车四平九　车3平1
21. 后车平七　炮4进4
22. 兵一进一　卒5进1
23. 车七进四　卒5进1

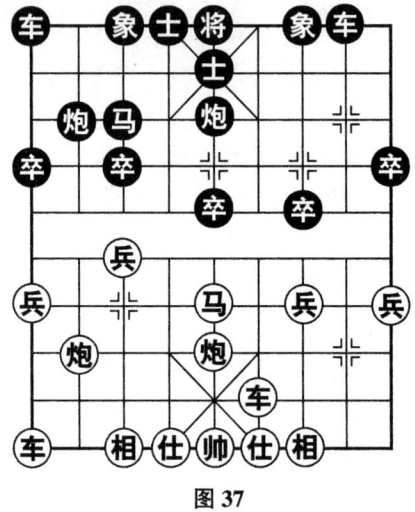

图37

24. 车七平五　炮4平7　　　25. 车五退一　炮7进2
26. 仕四进五　车3平4　　　27. 帅五平四（图38）

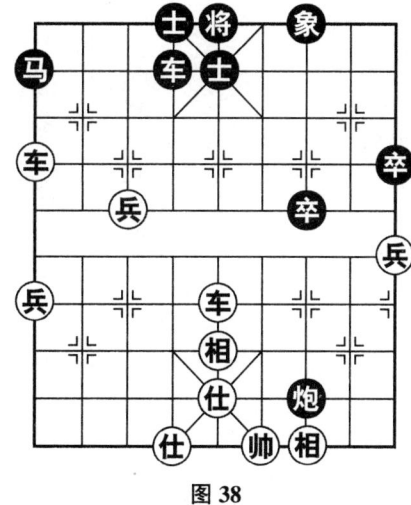

图38

第20局　秦劲松负侯昭忠

1. 炮二平五　马2进3　　　2. 马二进三　炮8平6
3. 车一进一　马8进7　　　4. 车一平四　车9平8
5. 马八进七　士4进5　　　6. 兵五进一　卒3进1
7. 马七进五　马3进4
8. 兵七进一　马4进5
9. 马三进五　象3进1
10. 炮八进四　卒7进1（图39）
11. 兵七进一　车8进6
12. 兵七进一　炮6平5
13. 炮五退一　车1平3
14. 兵七平六　卒5进1
15. 车四进三　车8平7
16. 相七进五　炮5进3
17. 炮八平七　炮2平5
18. 车九平八　象1进3
19. 车八进五　车3平4

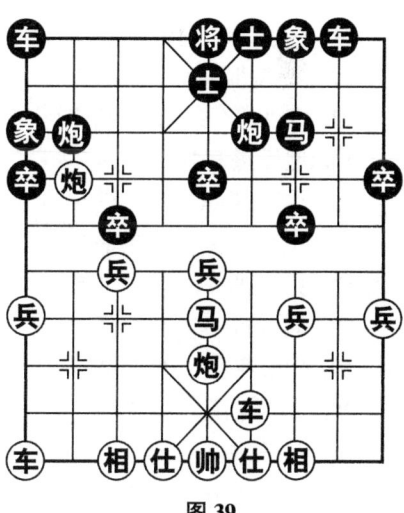

图39

20. 车四进二　马7进8
21. 车八平七？卒7进1！
22. 炮七进三　车4进1
23. 车四平二　马8进6
24. 马五进七　马6进7！
25. 车二平四　卒7平6
26. 车四退二　车7平4
27. 车四进二　后车进2
28. 车四平六　车4平6！（图40）

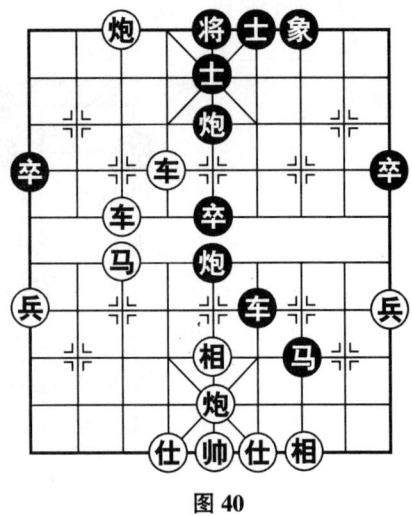

图 40

第21局　许波胜王大明

1. 炮二平五　马2进3
2. 马二进三　炮8平6
3. 车一进一　马8进7
4. 马八进七　车9平8
5. 车九进一　士4进5
6. 兵五进一　车8进4
7. 马七进五　象3进5
8. 车一平六　卒3进1（图41）
9. 兵七进一　炮2进2
10. 车九平七　卒3进1
11. 车七进三　炮2平3
12. 炮八进四　车1平2
13. 炮八平三　车8平7
14. 炮三进三！象5退7
15. 兵五进一　象7进5
16. 兵三进一　车7平8
17. 兵五进一　马3进5
18. 炮五进四　车8平5
19. 炮五平六　马7进6
20. 车六平五　象5退7
21. 马五进四　车5平6
22. 炮六平五　炮6平5
23. 相七进五　车2进3

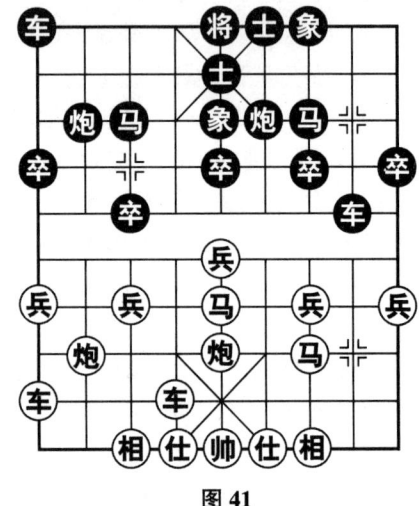

图 41

24. 炮五退二　车6平4　　25. 车五平九　将5平4
26. 车九退一　卒1进1　　27. 炮五退一　车2进2?
28. 车七平八！（图42）

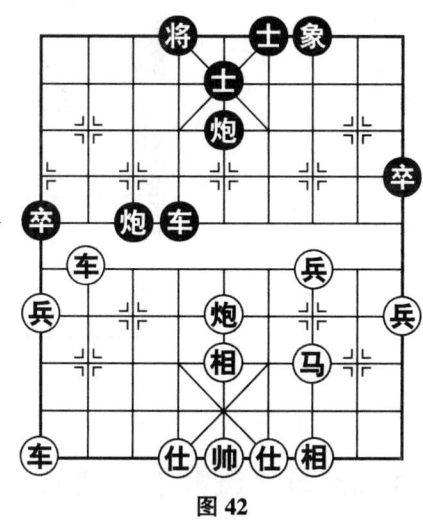

图42

第22局　高明海胜赵农

1. 炮二平五　马2进3　　2. 马二进三　炮8平6
3. 车一进一　马8进7　　4. 车一平四　车9平8
5. 马八进七　车8进4
6. 兵五进一　炮6平5
7. 车九进一　炮2平1
8. 马七进五　车1平2
9. 炮八退一　卒3进1
10. 炮八平五　士4进5（图43）
11. 车九平六　马3进4?
12. 兵五进一　马4进5
13. 马三进五　炮5进2
14. 前炮进三　卒5进1
15. 马五进四　马7退9
16. 车六进七　车8退2
17. 相七进五　车2进3

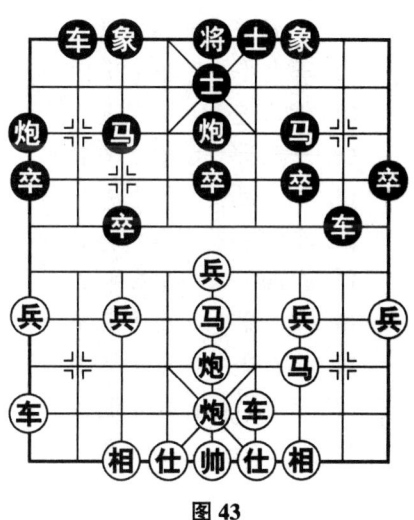

图43

18. 炮五进四！ 车2平5
19. 炮五退二　 车8平3
20. 车四平二　 车3平6
21. 车二平六　 象7进5
22. 马四进六　 炮1平4
23. 马六进八！ 炮4平3
24. 后车进二　 士5进4
25. 前车退一　 士6进5
26. 前车平七　 将5平6
27. 炮五平四　 车6平8
28. 车六进五（图44）

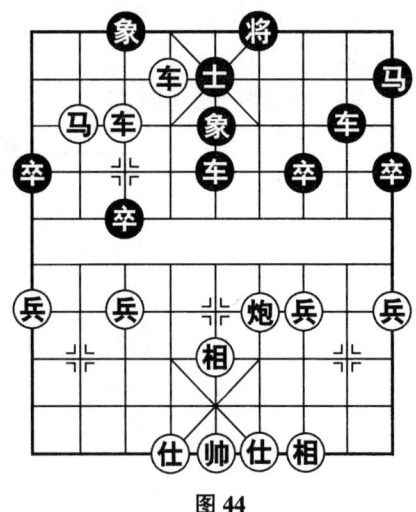

图44

第23局　伍霞胜单霞丽

1. 炮二平五　 马2进3　　2. 马二进三　 炮8平6
3. 车一进一　 马8进7　　4. 车一平四　 车9平8
5. 马八进七　 士4进5　　6. 兵五进一　 炮6平5
7. 马七进五　 炮2进4　　8. 兵五进一　 车8进4
9. 炮八退一　 炮2平5？　10. 马三进五　 卒5进1（图45）
11. 马五进六　 马3退1
12. 车九平八！ 车1平2
13. 炮八进七　 炮5进5
14. 马六进七！ 车2平1
15. 相七进五　 象3进5
16. 车四进五　 卒5进1
17. 车四平三　 车8平7
18. 车三平七　 车1平3
19. 车八进七！ 车7平4
20. 车七平九　 车4退2
21. 车九进一　 卒5平4
22. 马七退八　 车4平2
23. 车九平八　 车3进4

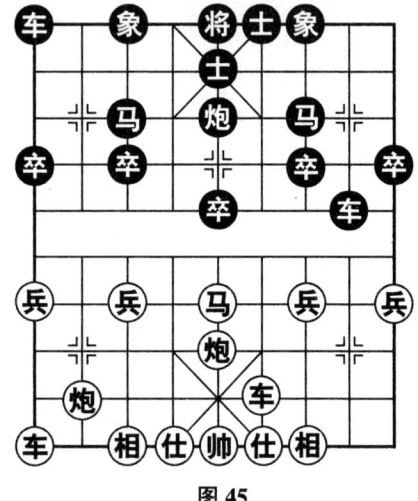

图45

24. 炮八进一	马7进5	25. 车八进一！	马5进6
26. 马八进九	马6进4	27. 车八平九	马4进3
28. 帅五进一	将5平4	29. 车九平七（图46）	

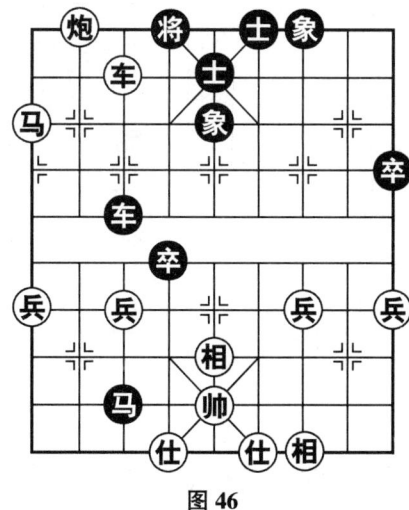

图46

第24局　蒋志梁负黄宝琮

1. 炮二平五	马2进3	2. 马二进三	炮8平6
3. 车一进一	马8进7	4. 马八进七	炮6进5
5. 兵五进一	炮6平3		
6. 马三进五	士4进5		
7. 马五退七	车9平8		
8. 车一平六	车8进4（图47）		
9. 车六进七	炮2进2		
10. 车六平七	象3进5		
11. 车七退一	炮2平3		
12. 车七退一	炮3进3		
13. 车七平六	车8平2		
14. 车九进一	卒7进1		
15. 炮八平九	卒1进1		
16. 兵九进一	车2平3		
17. 炮九进三	车3进2		

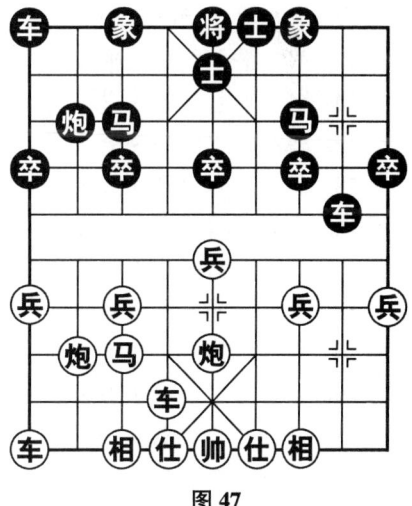

图47

18. 炮五进四　马7进5
19. 车六平五　车3平7
20. 炮九平五？车1平4
21. 相三进五　炮3退1
22. 兵一进一　车4进5！
23. 仕六进五　炮3平5
24. 车九进二　炮5平2！
25. 相七进九　将5平4
26. 车九平八　车7平2
27. 车五平一　车4平5
28. 车一平六　将4平5
29. 车六平五　车2平5（图48）

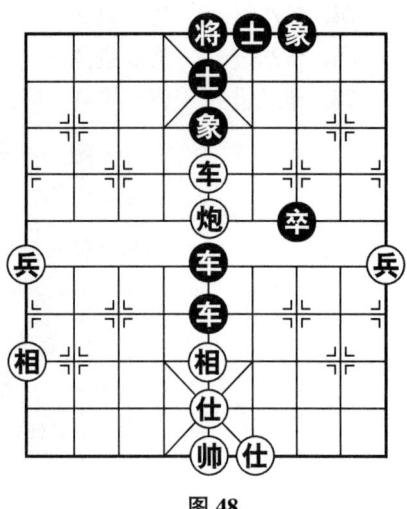

图 48

第 25 局　卜凤波胜陶汉明

1. 炮二平五　马2进3
2. 马二进三　炮8平6
3. 车一进一　马8进7
4. 车一平四　车9平8
5. 马八进七　士4进5
6. 兵五进一　炮6平5
7. 马七进五　炮2进4
8. 兵五进一　炮2平5
9. 马三进五　车1平2
10. 车九进二　车8进6（图49）
11. 炮八退一　炮5进2
12. 车九平六　炮5平3
13. 炮八平七　炮3进4
14. 马五进六！马3退4
15. 车四平七　马4进5
16. 车七平四　车8平7
17. 马六进四！车7平5
18. 车六进三　车2进2
19. 车六平二　卒5进1
20. 车二进二　马7进5
21. 车二平二　卒5进1
22. 仕四进五　卒5平6
23. 车二平三　车2进2

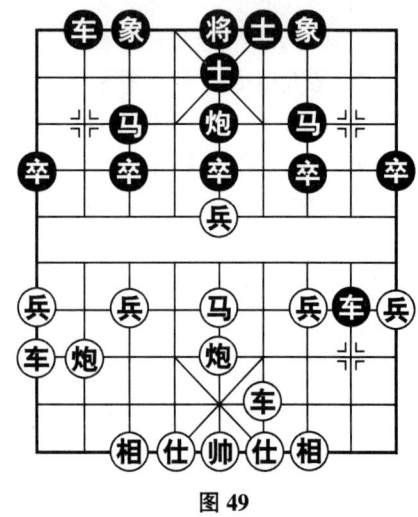

图 49

24. 马四进五！将 5 进 1	25. 车三平四　车 2 平 7
26. 后车平二　将 5 平 4	27. 车二进七　将 4 进 1
28. 车二平五　前马退 3	29. 车四退一（图 50）

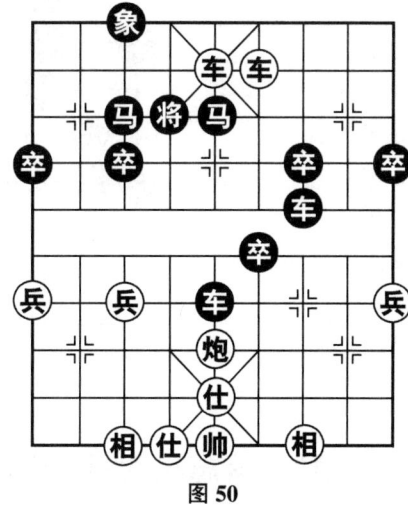

图 50

第 26 局　高华胜胡明

1. 炮二平五　马 2 进 3	2. 马二进三　炮 8 平 6
3. 车一进一　马 8 进 7	4. 车一平四　车 9 平 8
5. 马八进七　士 4 进 5	
6. 车九进一　象 3 进 5	
7. 车九平六　卒 7 进 1	
8. 兵五进一　炮 2 进 2（图 51）	
9. 马七进五　炮 2 平 6	
10. 车四平三　前炮平 3	
11. 相七进九　车 1 平 2	
12. 炮八退一　马 7 进 6	
13. 兵五进一　马 6 进 5	
14. 马三进五　卒 5 进 1	
15. 车六进四！卒 5 进 1	
16. 炮五进二　车 2 进 6	
17. 车三平四　车 2 平 3	

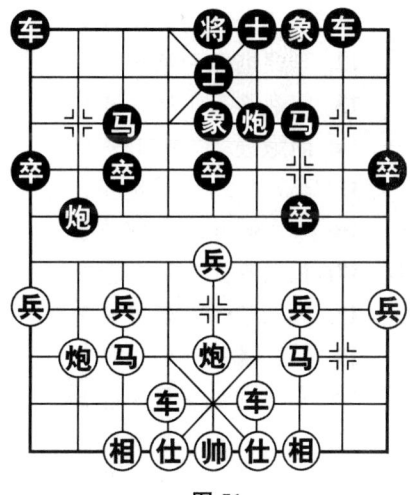

图 51

18. 马五进七　车8进5
19. 炮八进三　车8进2
20. 车四平六　车8平2
21. 前车退二　车2退1
22. 前车平七　车2平3
23. 仕六进五　车3平6
24. 帅五平六　车6平2
25. 车六进五！炮6进6
26. 仕五进四　车2进3
27. 帅六进一　车2退1
28. 帅六退一　车2退2
29. 马七进五（图52）

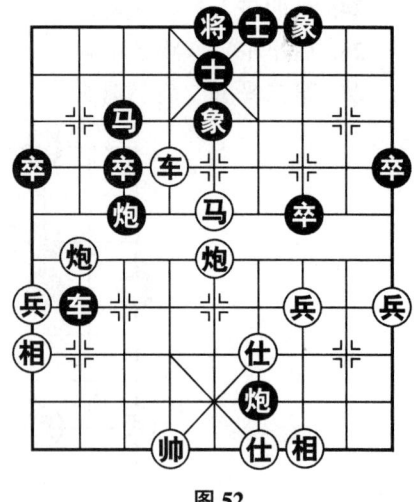

图 52

第27局　蒋志梁胜徐天利

1. 炮二平五　马2进3
2. 马二进三　炮8平6
3. 车一进一　马8进7
4. 马八进七　车9平8
5. 车九进一　炮2平1
6. 兵五进一　车1平2
7. 炮八退一　士4进5
8. 炮八平五　卒7进1（图53）
9. 车一平四　车2进4
10. 兵五进一　炮6平5
11. 马三进五　卒5进1
12. 车四进五　卒5进1
13. 前炮进二　马7进5
14. 前炮进三　炮1平5
15. 车九平六　车8进7
16. 车六进五　车2进2
17. 相七进五　卒3进1
18. 兵三进一　车2平3
19. 兵三进一　车8退2
20. 马五进四　车3进1
21. 兵三进一　车8退3
22. 炮五进五　马3进5
23. 车四平五　车3退1

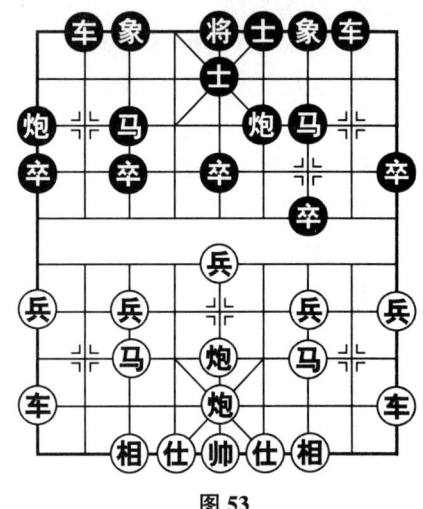

图 53

24. 车六平七 象3进1	25. 车七平九 炮5平2
26. 兵三进一！ 车8进4	27. 车九进一 炮2进7
28. 相五退七！ 车3平1	29. 车九退四 （图54）

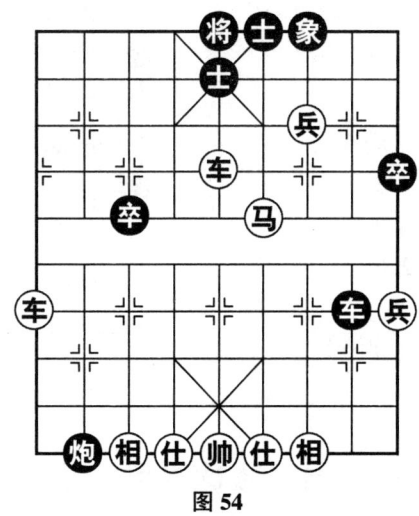

图54

第28局　高吉先负李轩

1. 炮二平五 马2进3	2. 马二进三 炮8平6
3. 车一进一 马8进7	4. 车一平四 车9平8
5. 马八进七 士4进5	
6. 兵五进一 炮6平5	
7. 马七进五 炮2进4	
8. 兵五进一 车8进4 （图55）	
9. 炮五退一 卒5进1	
10. 炮八平五 车1平2	
11. 马五进四 车2进4	
12. 车九进二 车2平4	
13. 车九平八 车4进4！	
14. 车四进一？ 将5平4	
15. 前炮平六 炮5平6	
16. 马四进三 炮2平7！	
17. 相三进一 炮7退4	

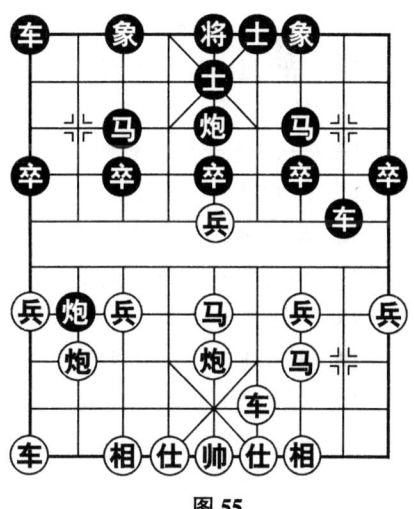

图55

18. 车四进五　士5进6
19. 马三进五　车4平5
20. 仕六进五　卒5进1
21. 马五退七　卒3进1
22. 车八进四　卒3进1
23. 车八平三　炮7平8
24. 兵七进一　象3进5
25. 车三平七　士6退5
26. 车七平一　将4平5
27. 相一退三　炮8进1
28. 兵一进一　马3进5
29. 兵一进一　车8进2
30. 炮六进三　马5进7（图56）

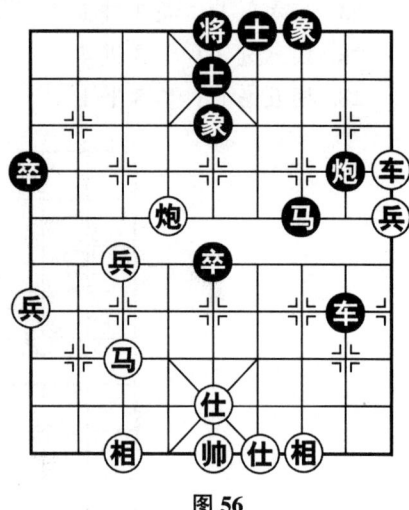

图56

第29局　张德魁胜万启友

1. 炮二平五　马2进3
2. 马二进三　炮8平6
3. 车一进一　马8进7
4. 车一平四　车9平8
5. 马八进七　士4进5
6. 兵五进一　卒3进1
7. 马七进五　炮2进2
8. 炮八平七　象3进5（图57）
9. 车九平八　车1平2
10. 兵七进一　车8进4
11. 车八进四　马3进4?
12. 兵七进一!　马4进5
13. 马三进五　车8平3
14. 马五进七　车3平4
15. 仕四进五　卒7进1
16. 车四进五　马7进8
17. 兵五进一　卒5进1
18. 马七进八　车4平3
19. 车八进一!　车3平2
20. 马八进七　将5平4
21. 炮七平六　将4进1
22. 马七退六　士5进4
23. 马六退八　将4平5

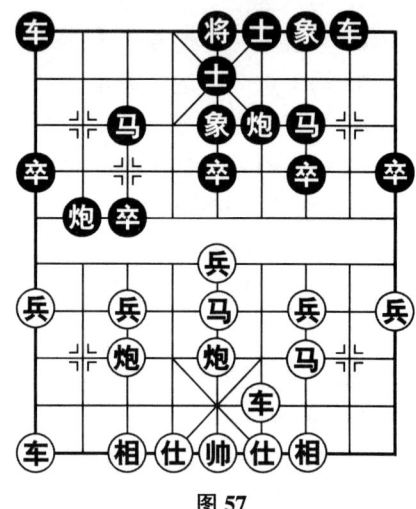

图57

24. 马八进六　车2进3　　　25. 车四平二　炮6退1
26. 车二退一　车2平4　　　27. 车二进三　车4平6
28. 炮五平四　卒5进1　　　29. 炮六平八　卒5进1
30. 炮八进六（图58）

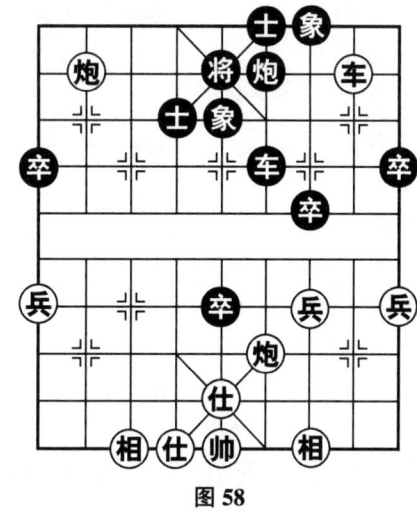

图58

第30局　张致忠负黄海林

1. 炮二平五　马2进3　　　2. 马二进三　炮8平6
3. 车一进一　马8进7
4. 车一平四　车9平8
5. 马八进七　士4进5
6. 兵五进一　炮6平5
7. 马七进五　炮2进4
8. 兵七进一　炮2平7（图59）
9. 相三进一　车1平2
10. 炮八平七　车2进6
11. 车四进五　卒7进1
12. 兵五进一　马7进8
13. 车四退一　马8进9!
14. 马五进六　炮5平2
15. 仕四进五　马9进7

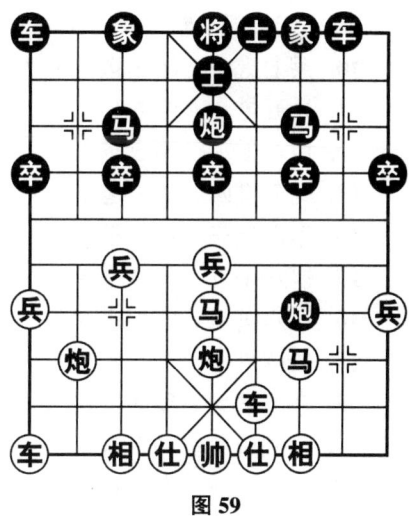

图59

16. 炮七平三	马3退1		
17. 帅五平四	车8进9		
18. 帅四进一	车8退6		
19. 炮五进四	车8平5		
20. 炮三平五	炮7平5!		
21. 炮五进三	象3进5		
22. 车九进二	马1退3		
23. 车九平五	马3进4!		
24. 车五进一	车2平5		
25. 马六退五	车5进1		
26. 车四退二	车5进1		
27. 帅四退一	卒9进1		
28. 相七进九	马4进5		
29. 帅四平五	车5平3		

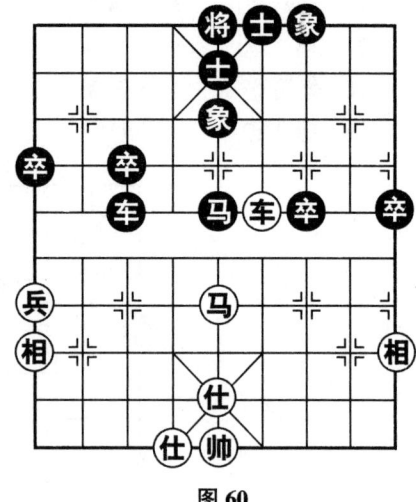

图 60

30. 车四进二　车3退1（图60）

第31局　言穆江胜蔡福如

1. 炮二平五	马2进3	2. 马二进三	炮8平6
3. 车一进一	马8进7	4. 车一平四	车9平8
5. 马八进七	士4进5	6. 车九进一	卒3进1
7. 兵五进一	炮2进4	8. 车九平六	炮2平7（图61）
9. 马三进五	车1平2		
10. 兵七进一	车8进4		
11. 兵五进一	炮6平5		
12. 炮八退一	卒5进1		
13. 马五进四	炮7退1		
14. 车六进三	炮7平5		
15. 炮八平五	马7进5		
16. 车六进二	前炮进3		
17. 仕四进五	马5进7		
18. 马四进五	象3进5		
19. 车四进七!	马7进5		
20. 兵七进一	车2平6		
21. 兵七进一	马3退4		

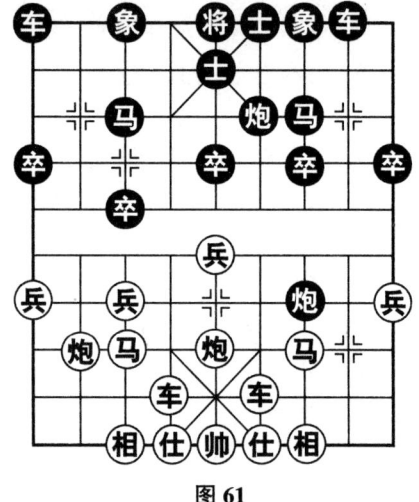

图 61

22. 马七进六　车2退4
23. 马六进五　车2平4?
24. 车六进一　士5进4
25. 兵七进一　士4退5
26. 兵七进一　车8进5
27. 车四退八　马5退3
28. 兵七进一　马3进2
29. 兵七平六　士5退4
30. 炮五平八（图62）

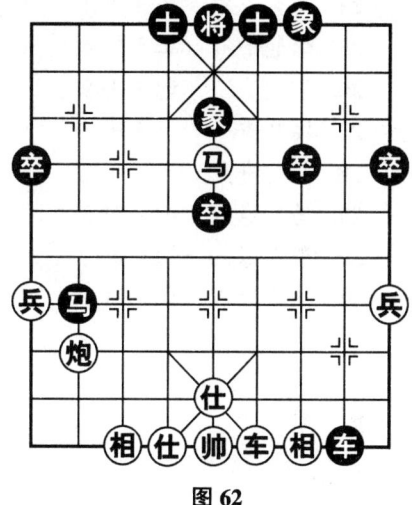

图62

第32局　王家元胜洪磊鑫

1. 炮二平五　马2进3
2. 马二进三　炮8平6
3. 兵七进一　马8进7
4. 车一进一　车9平8
5. 车一平四　车8进4
6. 马八进七　士4进5
7. 兵五进一　象3进5
8. 车四进五　车1平4（图63）
9. 炮五平四！炮6进5
10. 炮八平四　车4进6
11. 炮四进一　卒3进1
12. 车九平八　马3进4
13. 车四进二　炮2平4
14. 马三进五　车4进1
15. 仕六进五　车4平8
16. 车八进九　士5退4
17. 兵五进一　后车平5
18. 炮四进六！马4退3
19. 车四平七　马7退6
20. 车七退一　炮4平4
21. 车七平六　象5退3
22. 相七进五　炮4平3
23. 车八平七　马6进5

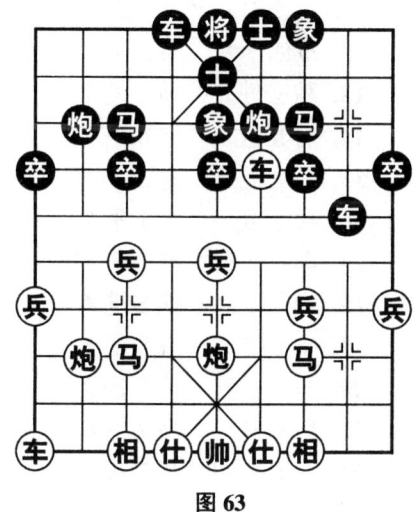

图63

24. 马五进六　卒3进1
25. 车七平八　车5平4
26. 车六退二　炮3平9
27. 兵九进一　卒3进1
28. 马七进九　卒3平2
29. 马九退八　炮9进3
30. 车六退三　炮9退1
31. 车八退六（图64）

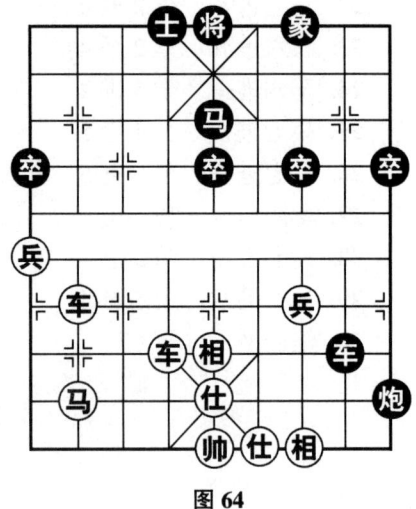

图64

第33局　喻之青负邬正伟

1. 炮二平五　马2进3
2. 马二进三　炮8平6
3. 车一进一　马8进7
4. 车一平四　车9平8
5. 马八进七　士4进5
6. 兵五进一　车8进4
7. 炮八平九　车8平2
8. 车九进一　卒7进1（图65）
9. 车四进五　马7进8
10. 车九平二　马8进7
11. 车四退三？马7退6！
12. 车四平六　象3进5
13. 马三进五　马6进7
14. 马五退三　炮6平7
15. 马七进五　炮2平1
16. 兵七进一　车1平2
17. 车二平七　炮7平8！
18. 炮九平六　炮8进4
19. 车七平二　炮8平5
20. 车六平五　前车进2
21. 炮六进一　马7退6
22. 车五平四　卒7进1！
23. 车二平六　后车进4

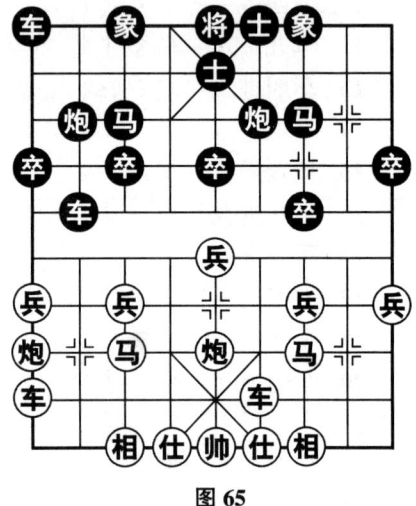

图65

24. 兵五进一	后车平 5
25. 炮六平五	卒 7 进 1
26. 车四进一	车 5 平 2
27. 车六平四	卒 7 进 1
28. 后车进二	卒 7 平 6！
29. 后炮平七	后车平 5
30. 炮五退二	车 2 平 6
31. 车四退一	车 5 平 4
32. 车四退一	马 6 进 5（图 66）

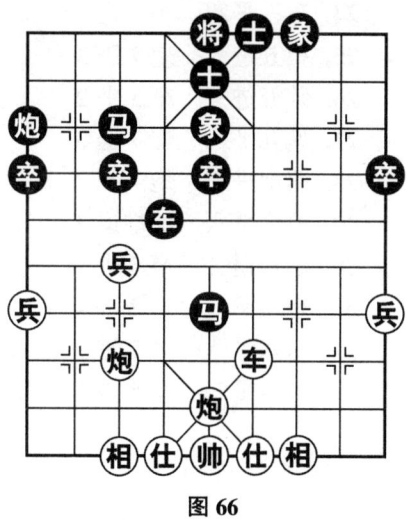

图 66

第 34 局　单霞丽负林野

1. 炮二平五	马 2 进 3	2. 马八进七	炮 8 平 6
3. 车一进一	马 8 进 7	4. 车一平四	车 9 平 8
5. 马二进三	士 4 进 5	6. 兵五进一	卒 3 进 1
7. 马七进五	马 3 进 4	8. 兵七进一	马 4 进 5
9. 马三进五	象 3 进 5	10. 兵五进一	卒 5 进 1（图 67）
11. 炮五进三	车 1 平 3		
12. 炮八平五	车 8 进 5		
13. 车九进一	车 8 平 4		
14. 车九平六	卒 3 进 1！		
15. 车六进三	卒 3 平 4		
16. 马五进六	车 3 进 9		
17. 车四进五？	车 3 退 3		
18. 马六进八	卒 7 进 1		
19. 前炮平六	卒 4 平 5		
20. 车四平三	卒 1 进 1！		
21. 炮五退一	炮 6 进 4		
22. 相三进五	炮 6 平 1		
23. 炮五平九	炮 1 平 7		

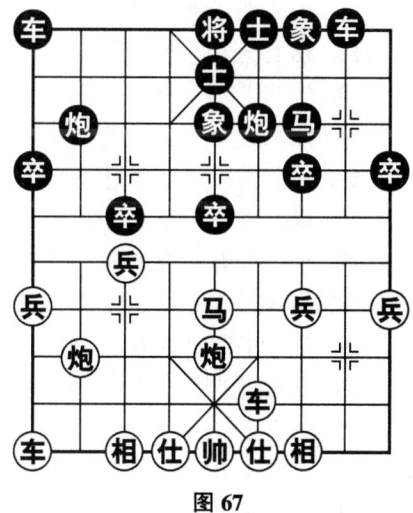

图 67

24. 车三平四	车3退2		
25. 相五进七	炮7进3		
26. 帅五进一	车3平2		
27. 炮九平六	炮7退3		
28. 前炮进三	炮7平2		
29. 前炮平八	前炮退3		
30. 炮八退二	卒5进1!		
31. 炮八平一	车2平4		
32. 炮六平八	马7进9		
33. 车四平一	车4进5（图68）		

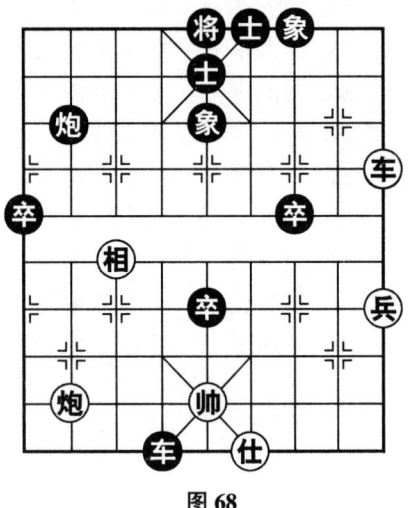

图68

第35局　刘伯良负赵国荣

1. 炮二平五	马2进3	2. 马二进三	炮8平6
3. 车一进一	马8进7	4. 车一平四	车9平8
5. 马八进七	士4进5	6. 车九进一	车8进4
7. 车九平六	象3进5	8. 兵五进一	炮2进2（图69）
9. 马七进五	炮2平6	10. 车四平二	车8进4
11. 车六平二	前炮平3		
12. 相七进九	车1平2		
13. 炮八平六	车2平4		
14. 仕六进五	卒7进1		
15. 兵五进一	卒5进1		
16. 炮五进三	车4进6		
17. 车二进五?	炮6进5!		
18. 马五退六	马3进5		
19. 车二平四	炮6平1		
20. 马六进八	车4退2!		
21. 炮五进二	象7进5		
22. 炮六平九	车4进1		
23. 马三进五	炮3平5		

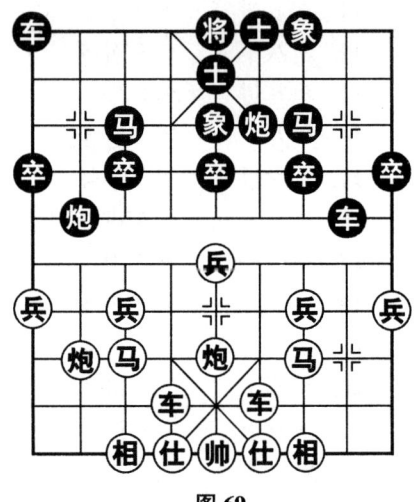

图69

24. 相三进五　车4平5
25. 马五退三　车5平2
26. 马八退六　车2进3
27. 马六进五　车2进1
28. 仕五退六　车2退2
29. 炮九进四　车2平5
30. 仕六进五　车5平7
31. 炮九平五　车7退1
32. 车四进一　将5平4
33. 车四平三　车7退1！（图70）

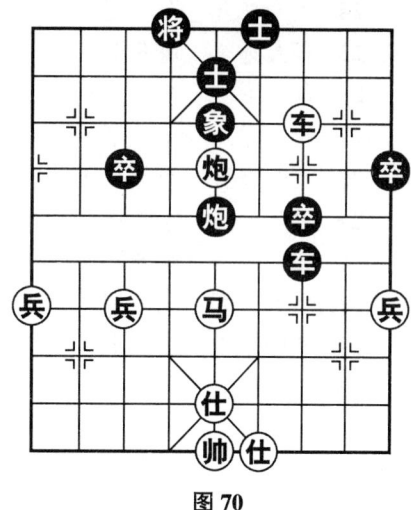

图70

第36局　张申宏胜万春林

1. 炮二平五　马2进3
2. 马二进三　炮8平6
3. 车一进一　马8进7
4. 车一平四　士4进5
5. 马八进七　车9平8
6. 兵五进一　炮6平5
7. 马七进五　炮2进4
8. 车四进五　炮2平5
9. 马三进五　车1平2
10. 炮八平六　卒3进1（图71）
11. 车四平三　车8进2
12. 仕六进五　马3进4
13. 炮六进二　车2进5
14. 兵七进一！　车2进1
15. 兵七进一　车2平5
16. 兵七平六　车5平4？
17. 炮六平八！　炮5进3
18. 炮八进五　象3进1
19. 车三退二　炮5进1
20. 车三平七　车4退2
21. 车九平八　象1进3
22. 车八进三　马7进6
23. 车七平四　车8平2

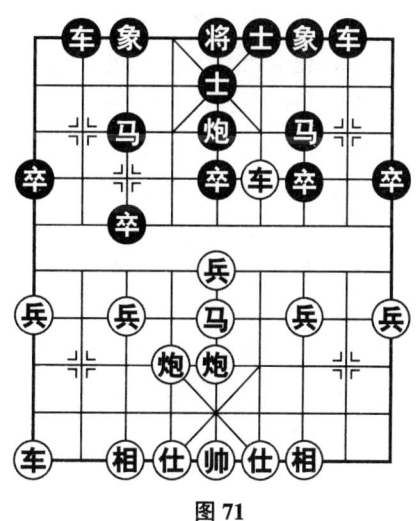

图71

24. 车八平五　车2退2
25. 车五进三　象3退5
26. 车五平四　车2进9
27. 仕五退六　车2平3
28. 仕四进五　车3退5
29. 兵三进一　象7进9
30. 兵一进一　将5平4
31. 炮五平四　马6退4
32. 炮四平六　车3退1
33. 前车平五　象9退7
34. 车四进二（图72）

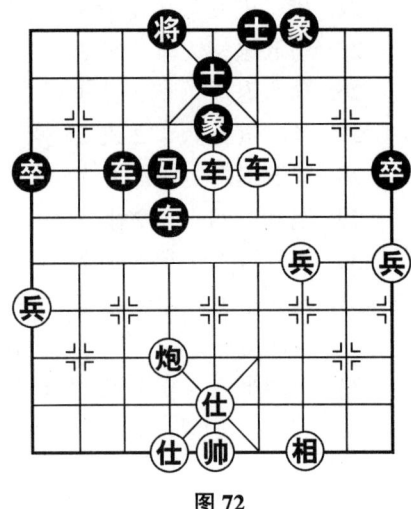

图72

第37局　郑楚芳胜单霞丽

1. 炮二平五　马2进3
2. 马二进三　炮8平6
3. 车一进一　马8进7
4. 车一平四　车9平8
5. 马八进七　士4进5
6. 兵五进一　炮6平5
7. 马七进五　炮2进4
8. 车四进五　炮2平5
9. 马三进五　车1平2
10. 车九进二　车2进6（图73）
11. 炮五退一　车2平3
12. 相七进五　车8进4
13. 车四平三　马7退9
14. 兵五进一　车8平5？
15. 炮八进六！车3平4
16. 炮八平一　将5平4
17. 车九退二　车5平2
18. 车三进三　车2平4
19. 马五进四　炮5平6
20. 炮一进一　将4进1
21. 炮五平七！车2平3
22. 车九平八　车3平4
23. 仕四进五　车6退4

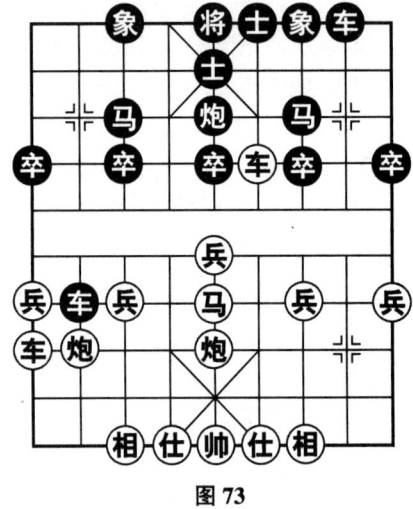

图73

24. 车八进八　将4进1
25. 炮一退二　象3进5
26. 车八平七　车6平8
27. 车三退五　车8平2
28. 车七退一　将4退1
29. 车七进一　将4进1
30. 车七退二　将4进1
31. 炮一进一　炮6退1
32. 车三平四　炮6平8
33. 车四进五　车2退3
34. 车四平五　（图74）

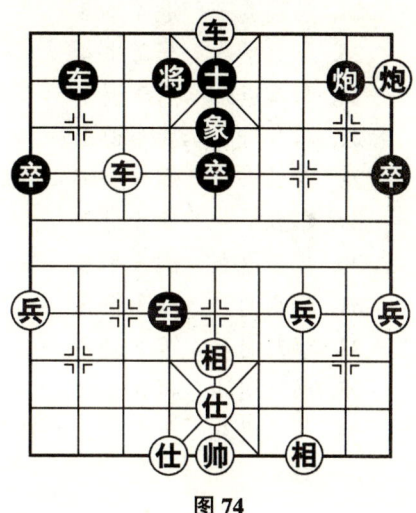

图74

第38局　庞小予负胡荣华

1. 炮二平五　马2进3
2. 马二进三　炮8平6
3. 车一进一　马8进7
4. 车一平四　车9平8
5. 马八进七　车8进4
6. 兵五进一　车1进1
7. 马七进五　车1平4
8. 炮八平七　士4进5（图75）
9. 车九平八　车4进5
10. 炮七进四？车8平3！
11. 炮七平三　将5平4！
12. 仕四进五　马3进2
13. 兵七进一　车3平8
14. 车八平九　象7进5
15. 车四平五　马2进1
16. 相七进九　马1进3
17. 炮五平六　炮2平4
18. 车九平七　马3退4
19. 车四退二　将4平5
20. 兵五进一　卒5进1
21. 炮六进二　车8退1
22. 车四平三　卒5进1！
23. 车三平五　车8平7

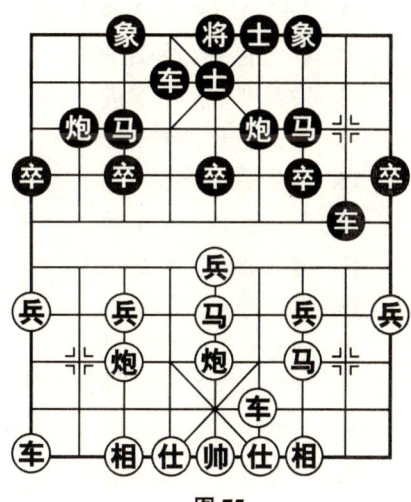

图75

24. 马五进三　炮4平3
25. 车七平八　车7平4
26. 车八进九　后车退3
27. 车五进二　前车退1
28. 前马进二　炮6退1
29. 车五平九　象5进7
30. 相三进五　炮3平5!
31. 车八退九　前车平5
32. 相九退七　车4进8
33. 马三退四　将5平4
34. 车八进九　车5平3（图76）

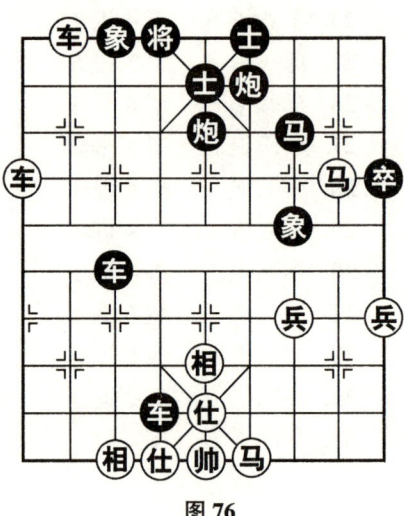

图76

第39局　陈地华胜刘双龙

1. 炮二平五　马2进3
2. 马二进三　炮8平6
3. 车一进一　马8进7
4. 车一平四　士4进5
5. 马八进七　车9平8
6. 兵五进一　炮6平5
7. 马七进五　车8进4
8. 车四进五　卒3进1（图77）
9. 车四平三　马7退9
10. 车九进一　炮2进1
11. 车三进二　炮2退2
12. 车三退二　炮2平4
13. 兵五进一!　卒5进1
14. 车三平七　车1进2
15. 车九平六　炮4退1
16. 车六进七　车1平2
17. 炮八平七　卒5进1
18. 炮五进二　马9进7?
19. 炮七平五　马7进6
20. 马五进三　车8平7
21. 后炮进五　马6退5
22. 炮五退二　象3进1
23. 车六退一!　车2进4

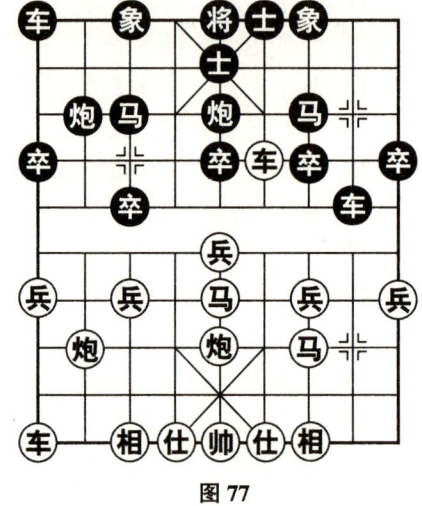

图77

24. 车七进一　车2平3
25. 车七平九　车3退1
26. 车九进二　车3平5
27. 车六进一　卒3进1
28. 后马进五　卒3平4
29. 炮五进二　卒4平5
30. 马五进七　卒5平6
31. 马七进六　车7平5
32. 相七进五　车5退1
33. 马三进二！车5平7
34. 车九平六（图78）

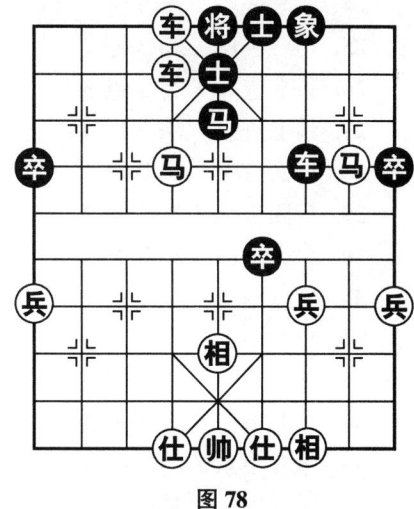

图78

第40局　张德魁胜赵松宽

1. 炮二平五　马2进3　　　2. 马二进三　炮8平6
3. 车一进一　马8进7　　　4. 车一平四　士4进5
5. 马八进七　象3进5　　　6. 兵五进一　卒3进1
7. 兵五进一　卒5进1　　　8. 马七进五　马3进2（图79）
9. 炮八进五　炮6平2　　 10. 炮五进三　马2退3
11. 车九平八　车1平2
12. 车八进六　车9平8
13. 车四进六　炮2平1
14. 车八平七　马3退4
15. 车四进一　车8进8？
16. 马五进四！车8退6
17. 马四进三　车8平7
18. 车七平四　车7平6
19. 前车退一　炮1平6
20. 车四进一　车2进3
21. 车四退二　马4进3
22. 仕四进五　车2平4
23. 炮五退三　车4平5

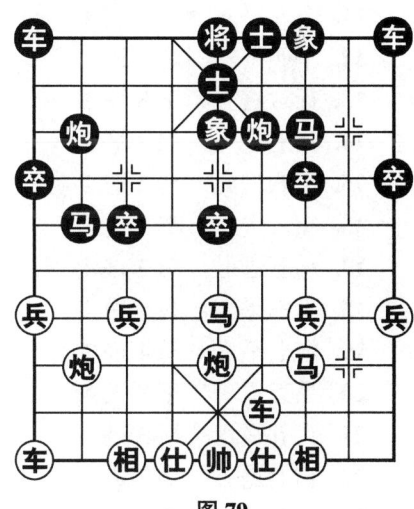

图79

24. 兵三进一　车5进2
25. 马三进四　马3进2
26. 兵七进一　马2进3
27. 兵七进一　象5进3
28. 车四进一　象7进5
29. 马四进三　车5平7
30. 炮五进三　车7进4
31. 仕五退四　车7退2
32. 车四平九　车7平4
33. 仕四进五　车4退2
34. 车九进三　车4退5
35. 车九平六　将5平4
36. 炮五进一　(图80)

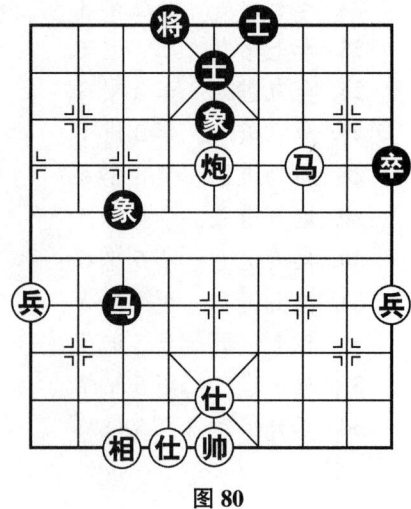

图80

第41局　陈翀胜葛维蒲

1. 炮二平五　马2进3
2. 马二进三　炮8平6
3. 车一进一　马8进7
4. 车一平四　车9平8
5. 兵五进一　炮6平5
6. 马八进七　卒3进1
7. 车四进四　象3进1
8. 马七进五　炮2进2 (图81)
9. 车四进三　士4进5
10. 炮八平七　车1平2
11. 车九平八　车8进4
12. 车四平三　炮2进2
13. 仕六进五　车8退2
14. 兵七进一　炮2平7
15. 车八进九　马3退2
16. 相三进一　卒3进1
17. 马五进七　马2进4
18. 车三平四　炮7平3
19. 炮七平六　马4进2
20. 兵五进一！车8进4
21. 兵五平六　炮5进5
22. 相七进五　卒7进1
23. 车四退二　象7进5

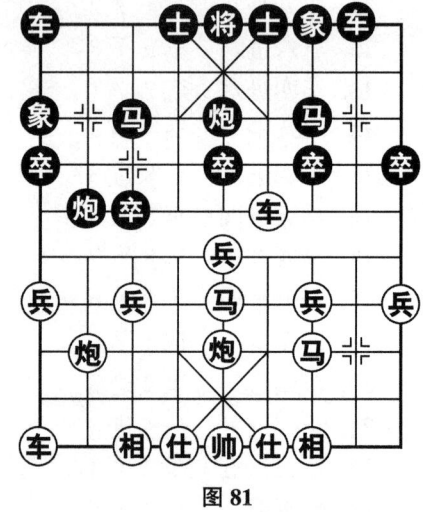

图81

24. 马三进五	象 1 进 3		
25. 车四平三	马 7 退 9		
26. 车三平五	车 8 退 3		
27. 车五退一	马 9 进 7		
28. 兵六平七!	车 8 平 5		
29. 马五进六	炮 3 退 2?		
30. 马六进五!	车 5 进 1		
31. 马五进三	将 5 平 4		
32. 马七进五	炮 3 退 3		
33. 马三退五	炮 3 平 1		
34. 后马进四	炮 1 平 4		
35. 马五退六	士 5 进 4		
36. 马六进七 (图 82)			

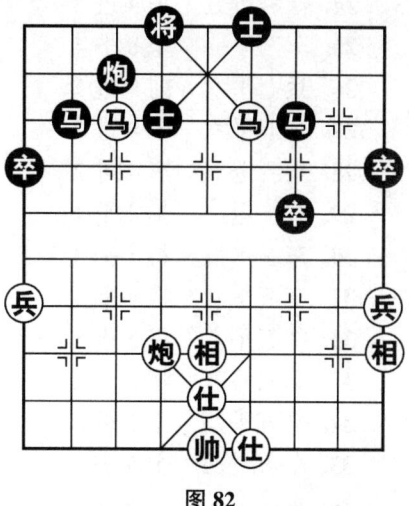

图 82

第 42 局　王大明胜高郑生

1. 炮二平五	马 2 进 3	2. 马二进三	炮 8 平 6
3. 车一进一	马 8 进 7	4. 马八进七	车 9 平 8
5. 车九进一	士 4 进 5	6. 兵五进一	卒 3 进 1
7. 马七进五	马 3 进 4	8. 兵七进一	马 4 进 5
9. 马三进五	车 8 进 4	10. 炮八进三	车 8 进 2 (图 83)
11. 兵五进一	炮 6 平 5		
12. 兵七进一	炮 5 进 2		
13. 炮八平五	卒 5 进 1		
14. 马五进四	象 3 进 5		
15. 车一平八	炮 2 平 4		
16. 车八进五	卒 7 进 1		
17. 车八平三	马 7 退 9		
18. 车九平六	车 8 退 3?		
19. 马四进五!	象 7 进 5		
20. 车三进二	车 1 平 4		
21. 炮五进五	士 5 进 6		
22. 车六平五	炮 4 平 3		
23. 车五进四	炮 3 进 7		

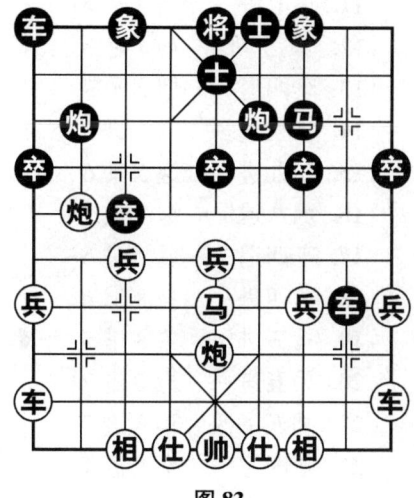

图 83

24. 仕六进五	车4进2	
25. 车三平一	车8平4	
26. 兵七平六	前车进1	
27. 车五平六	车4进2	
28. 炮五退五	车4进2	
29. 车一退二	车4平1	
30. 车一平五	将5平4	
31. 车五平六	将4平5	
32. 帅五平六	将5进1	
33. 车六平五	将5平6	
34. 炮五平四	士6退5	
35. 车五平四	士5进6	
36. 车四平七	（图84）	

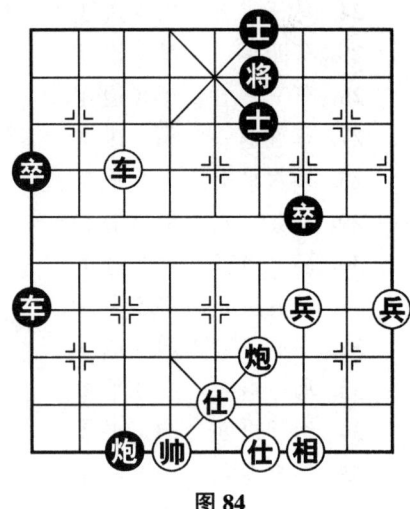

图 84

第43局　张申宏负赵鑫鑫

1. 炮二平五	马2进3	2. 马二进三	炮8平6
3. 车一进一	马8进7	4. 车一平四	车9平8
5. 马八进七	士4进5	6. 兵五进一	炮6平5
7. 马七进五	炮2进4	8. 车四进五	卒3进1（图85）
9. 兵七进一？	马3进4	10. 车四平三	车8进2
11. 兵七进一	马4进6!		
12. 车三平四	马7进8		
13. 车四退一	炮2平7		
14. 相三进一	马6进8		
15. 车九进一	炮5平6		
16. 炮八退一	炮7退5		
17. 车四退二	后马进6		
18. 车四进一	马8退6		
19. 马三进四	象3进5		
20. 兵五进一	炮6进7!		
21. 帅五平四	车8进7		
22. 帅四进一	卒5进1		
23. 马四进三	车1平4		

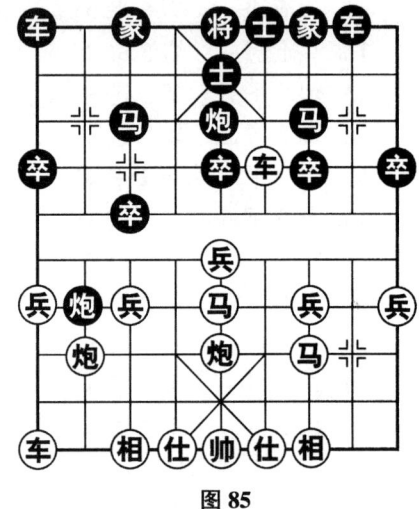

图 85

24. 马三退五　车4进8
25. 仕六进五　车8退1
26. 帅四退一　车8进1
27. 帅四进一　炮7平6
28. 炮五平三　车4平3
29. 前马进三　炮6进1
30. 马五进三　车8退5
31. 相七进五　车8平6
32. 炮三平四　车3退4!
33. 帅四退一　车6进3
34. 帅四平五　车6平5
35. 炮八平六　炮6进6
36. 相一退三　车3进5
37. 炮六退一　车5平7（图86）

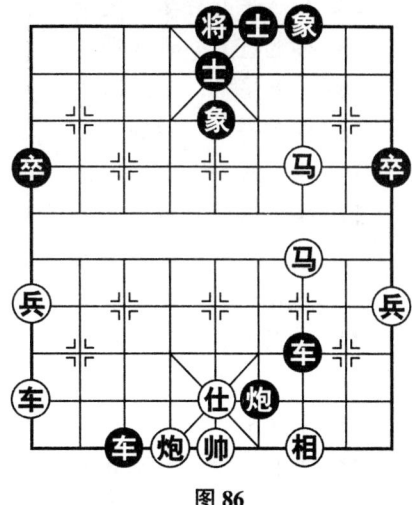

图86

第44局　柳大华胜吕钦

1. 炮二平五　马2进3
2. 马二进三　炮8平6
3. 车一进一　马8进7
4. 车一平四　车9平8
5. 马八进七　士4进5
6. 兵五进一　卒3进1
7. 马七进五　马3进4
8. 兵七进一　车8进6（图87）
9. 兵五进一　马4进5
10. 马三进五　炮6平5
11. 兵七进一　卒5进1
12. 马五进三　卒7进1
13. 马三进五　车8平7
14. 车四进五　炮2进3
15. 仕六进五　炮2平5
16. 兵七进一　车7平3
17. 炮八进四　车1平2
18. 车四平三　车3退2
19. 车三进一　车3平5
20. 车三进二!　车5平4
21. 车三退三　车2进2

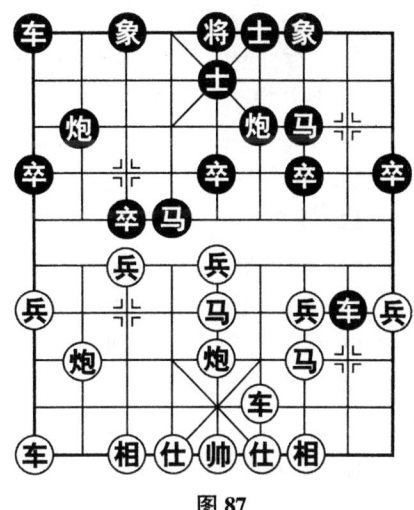

图87

22. 车三平五　车4进1
23. 相七进九　将5平4
24. 车五平六　车4退2
25. 炮八平六　后炮平7
26. 相三进一　炮7平5
27. 相一退三　后炮平7
28. 相三进一　车2进5
29. 车九平六！将4平5
30. 炮六平五　士5进6
31. 兵七平六　将5进1
32. 车六平七　将5平6
33. 车七进四　炮5进1
34. 帅五平六　车2退1
35. 前炮平四　士6退5
36. 炮四退三　车2进3
37. 相九退七（图88）

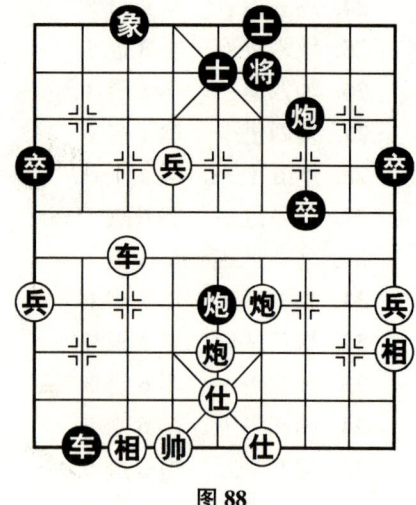

图88

第45局　邹立武负蔡福如

1. 炮二平五　马2进3
2. 马二进三　炮8平6
3. 车一进一　马8进7
4. 马八进七　车9平8
5. 车九进一　士4进5
6. 兵五进一　卒7进1
7. 马七进五　炮6平5
8. 车一平四　炮2进4（图89）
9. 炮五退一　炮2平5
10. 马三进五　车1平2
11. 炮八平五　车2进7
12. 车九进一　车2平1
13. 相七进九　车8进6
14. 车四进五　车8平7
15. 车四平三　马7退9
16. 车三平一　马9进7
17. 车一平三　马7退9
18. 兵五进一　卒3进1
19. 马五进四　车7平4

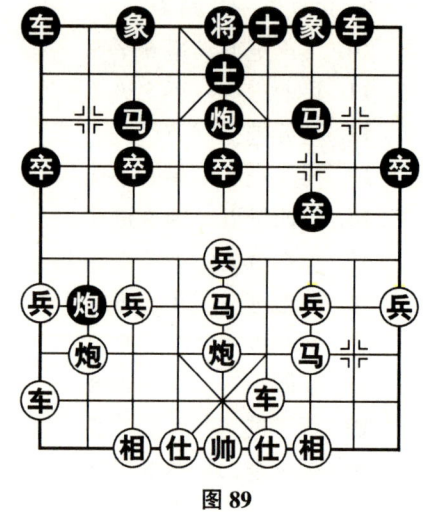

图89

20. 兵五进一	将5平4		21. 兵五平六	马3进4
22. 后炮进六	象7进5		23. 仕六进五	马4进6
24. 炮五平六	将4平5		25. 车三平一	马9退7
26. 兵六平七	车4退2			
27. 马四进六	士5进4			
28. 车一平四	马6进8			
29. 炮六平八	卒7进1			
30. 炮八进七	象3进1			
31. 前兵进一	卒7平6！			
32. 仕五进六？	马8进7			
33. 帅五进一	前马退6			
34. 帅五平四	马6进4			
35. 帅四平五	马4退6			
36. 帅五退一	车4进4			
37. 仕四进五	车4平5			
38. 帅五平六	马6退4（图90）			

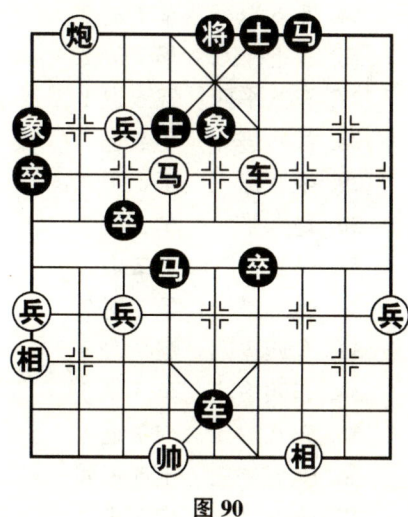

图 90

第 46 局　万春林胜宗永生

1. 炮二平五	马2进3		2. 马二进三	炮8平6
3. 车一进一	马8进7		4. 车一平四	士4进5
5. 马八进七	车9平8			
6. 兵五进一	卒3进1			
7. 马七进五	马3进4			
8. 兵七进一	车8进6（图91）			
9. 兵五进一	马4进5			
10. 马三进五	炮2平5			
11. 车九平八	车8平7			
12. 马五进四	炮6平6			
13. 马四退三	炮5进2			
14. 仕四进五	炮6退6			
15. 炮八进五	炮6进1			
16. 马三进二	炮5平7			
17. 兵七进一	马7退8			

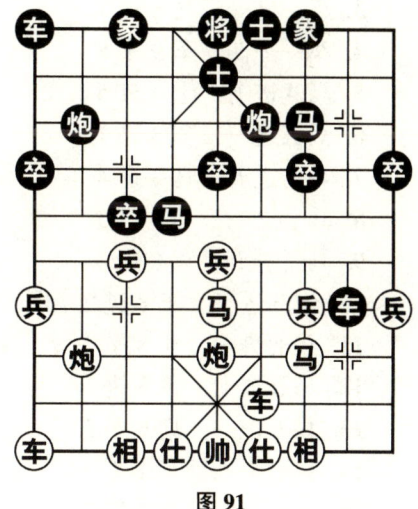

图 91

18. 兵七平六　象3进5
20. 车八进八　炮6进3
22. 车八平七　车1退2
24. 车八退三　车1进2
26. 车七平八　车1进2
27. 车八平四！炮6退1
28. 兵六进一　卒5进1
29. 炮八退三　车1平3
30. 炮八平三　车3进3
31. 马二进三　炮7退2
32. 炮三进三！象5退7
33. 车四进四　炮7进3
34. 车四平八　车3平5
35. 车八退二　炮7退1
36. 炮五进三　士5退4
37. 炮五进一　炮7进2
38. 炮五平九（图92）

19. 炮八进二　车1进2
21. 车八退二　马8进7
23. 车七平八　炮6退3
25. 车八平七　车1退2

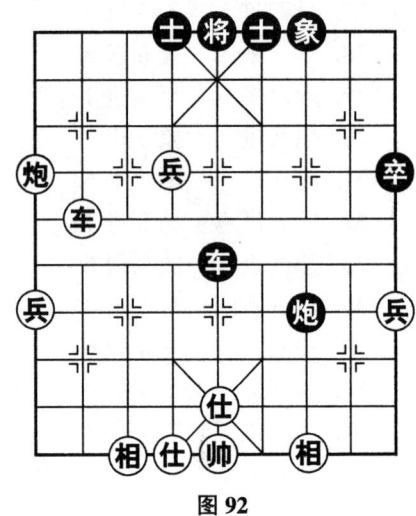

图92

第47局　陈军负康宏

1. 炮二平五　马2进3
3. 车一进一　马8进7
4. 车一平四　车9平8
5. 马八进七　士4进5
6. 兵五进一　卒3进1
7. 马七进五　马3进4
8. 兵七进一　马4进5
9. 马三进五　车8进4
10. 炮八进三　车8进2（图93）
11. 兵七进一　车8平7
12. 马五进七　象3进1
13. 兵五进一　炮6平5
14. 兵七平六　车1平3
15. 马七进六　车3进3

2. 马二进三　炮8平6

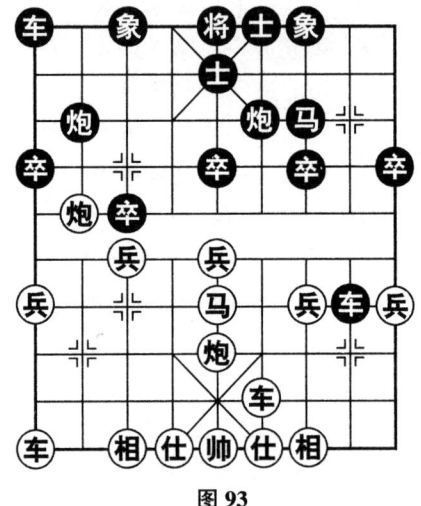

图93

16. 相七进九	炮2平4	17. 车九平七	车3平2
18. 车四进五	将5平4	19. 仕六进五	车7平4
20. 车四平三	卒5进1	21. 炮五平八?	车4平2
22. 后炮平三	马7退9	23. 车三进二	卒5进1!
24. 炮三平四	卒5平6	25. 相三进五	炮5进1
26. 车三平一	炮4平5		
27. 车七进二	后车平3!		
28. 炮八平七	象1进3		
29. 帅五平六	象3退1!		
30. 车七平六	后炮平4		
31. 车一平三	象7进9		
32. 车三退一	车2进3		
33. 相九退七	车2退5		
34. 车三平一	炮4进2		
35. 车六平九	车2进2		
36. 车九退二	车2平4		
37. 帅六平五	炮4平5		
38. 马六退五	后炮进2（图94）		

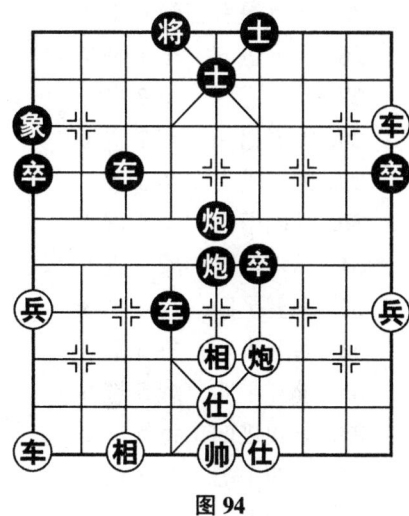

图94

第48局　刘新华负张强

1. 炮二平五　马2进3
2. 马二进三　炮8平6
3. 车一进一　马8进7
4. 车一平四　车9平8
5. 马八进七　士4进5
6. 兵五进一　炮6平5
7. 车九进一　炮2进4
8. 车九平六　炮2平7（图95）
9. 马三进五　车1平2
10. 车六进五?　炮7平3
11. 相七进九　卒3进1
12. 车四进五　车8进4
13. 车四平三　车8平4!

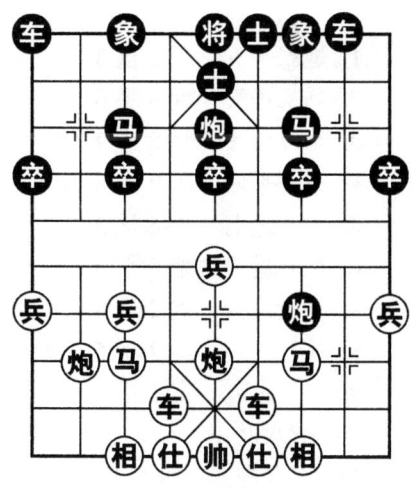

图95

14. 车六退一　马3进4
16. 马七进五　车2进7
18. 车三平五　车2平1
20. 仕六进五　炮3退4
22. 仕五退六　炮3进4
24. 仕五退六　炮6平4
26. 马五进三　车1平7
27. 马三进四　车7退1
28. 帅五退一　车7退1
29. 帅五进一　卒3进1
30. 马四退六　士5进4
31. 马六进五　象7进5
32. 车五平四　炮4平5
33. 兵五进一　象5退7
34. 帅五平四　炮5进6
35. 车四进四　将5进1
36. 车四平七　车7进1
37. 帅四退一　车7退3
38. 车七平四　卒3平4（图96）

15. 车三进一　马4进5
17. 车三退二　卒5进1
19. 马五进三　炮3进3
21. 马三退五　车1进2
23. 仕六进五　炮3平6
25. 帅五进一　炮4退8

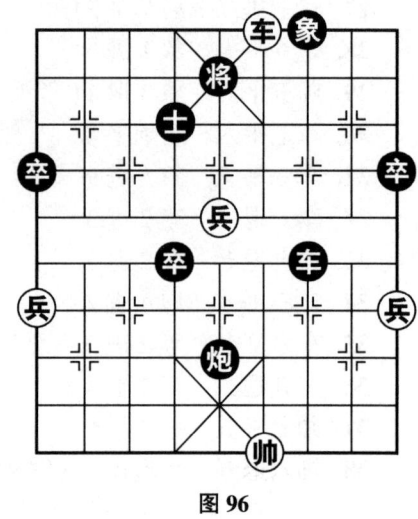

图96

第49局　许银川胜洪智

1. 炮二平五　马2进3
2. 马二进三　炮8平6
3. 车一进一　马8进7
4. 车一平四　车9平8
5. 马八进七　士4进5
6. 兵五进一　炮6平5
7. 马七进五　炮2进4
8. 兵五进一　炮2平5
9. 马三进五　车1平2
10. 炮八退一　车8进4（图97）
11. 车九进二　炮5进2
12. 车九平六　炮5进3

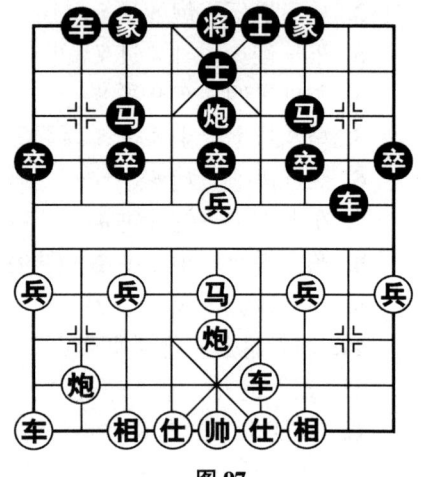

图97

13. 相七进五	卒 5 进 1	14. 炮八平五	马 7 进 5
15. 马五进三	象 3 进 5	16. 马三进五	车 2 平 4
17. 车六进七	将 5 平 4	18. 车四进五	卒 3 进 1？
19. 马五退六！	卒 9 进 1	20. 炮五进五	车 8 平 4
21. 马六进四	车 4 进 5	22. 帅五进一	车 4 退 6
23. 车四平三	车 4 进 5	24. 帅五退一	车 4 进 1
25. 帅五进一	车 4 平 6	26. 马四进二	车 6 退 5
27. 马二进三	车 6 平 4		
28. 炮五平七	车 4 进 4		
29. 帅五退一	车 4 进 1		
30. 帅五进一	车 4 退 3		
31. 兵三进一	卒 1 进 1		
32. 车三平四	马 3 退 2		
33. 马三退四	马 2 进 1		
34. 炮七平九	马 1 退 3		
35. 兵三进一	车 4 平 3		
36. 车四平七	马 3 进 1		
37. 车七进一	马 1 退 2		
38. 车七平八	马 2 进 4		
39. 车八退一（图 98）			

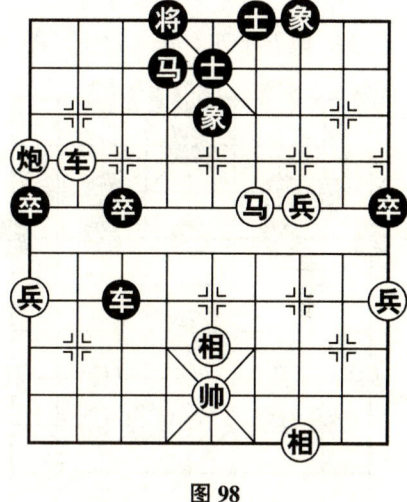

图 98

第 50 局　张景山负沈俊斌

1. 炮二平五	马 2 进 3	2. 马二进三	炮 8 平 6
3. 车一进一	马 8 进 7	4. 马八进七	车 9 平 8
5. 兵五进一	士 4 进 5	6. 车九进一	车 8 进 4
7. 车一平二	车 8 平 4	8. 车九平二	炮 6 进 5（图 99）
9. 车二平七	象 3 进 5	10. 炮八进二	炮 6 平 3
11. 车七进一	卒 3 进 1	12. 兵七进一	卒 3 进 1
13. 车七进二	马 3 进 4	14. 兵五进一	卒 5 进 1
15. 车七平六	车 1 平 4	16. 炮五平六	卒 5 进 1
17. 炮八平五	马 7 进 5	18. 炮五进一	炮 2 平 4
19. 车六进一	炮 4 进 5	20. 车六平八	马 5 退 3
21. 车八进二	车 4 进 4	22. 炮五退四？	车 4 平 3

23. 马三进五	炮4退5		24. 车八退一	车3进5
25. 马五进三	车3退5		26. 马三进四	炮4退1
27. 车八平六	炮4平2		28. 车六平八	炮2平4
29. 炮五进一	卒1进1		30. 仕四进五	车3平5
31. 车八进二	炮4进5		32. 车八平七	马3进5
33. 车七退二	马5进3		34. 车七平六	车5平6
35. 马四进三	车6退3		36. 马三退四	车6进1
37. 车六平七？	炮4平5		38. 帅五平四	炮5退3！
39. 炮五平四	车6进1（图100）			

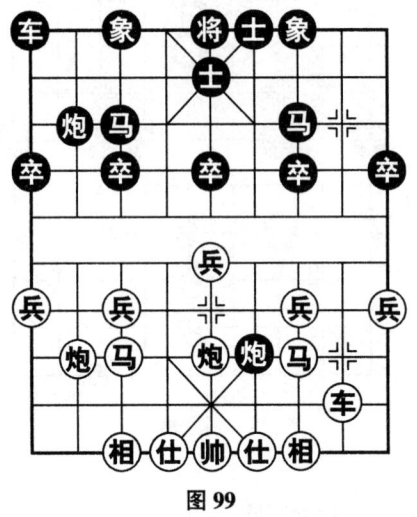

图 99

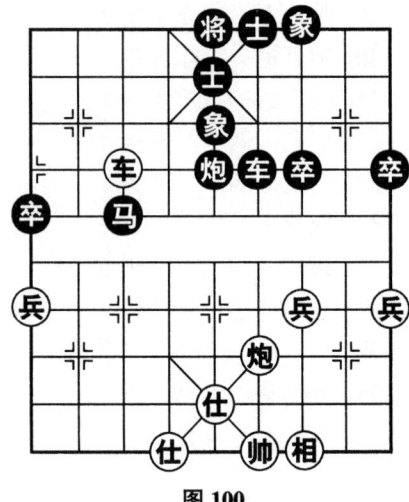

图 100

第51局　姚淳负马迎选

1. 炮二平五	马2进3		2. 马二进三	炮8平6
3. 车一进一	马8进7		4. 马八进七	车9平8
5. 车一平四	士4进5		6. 车九进一	炮2平1
7. 兵五进一	车1平2		8. 炮八退一	炮6平5（图101）
9. 炮八平五	车8进4		10. 马三进五	卒3进1
11. 兵五进一？	炮5进2		12. 前炮进三	卒5进1
13. 车四进五	卒5进1		14. 马五进三	卒7进1
15. 马三进五	马3进5		16. 兵七进一	卒3进1
17. 马五退七	马5进3		18. 车四平七	象3进5

19. 车九平六	车2平3	20. 后马进八	车3进3
21. 马八进七	炮1平3	22. 后马进五	车8退1
23. 相七进九	马7进6	24. 车六进七	马6进7
25. 马七进九	炮3平2	26. 马九进八	炮2进4!
27. 马五退七	马7进8	28. 马八退九	炮2退4
29. 车六退六	象5退3	30. 马九进八	炮2平7!
31. 相三进五	车8平6	32. 炮五平七	车6进6
33. 帅五进一	马8退9	34. 炮七进四	马9进7
35. 帅五平六	炮7平4	36. 车六平七	卒5平4
37. 炮七平六	卒4平3	38. 炮六平五	士5退4
39. 相五进七	马7退5	40. 车七平五	车6退1（图102）

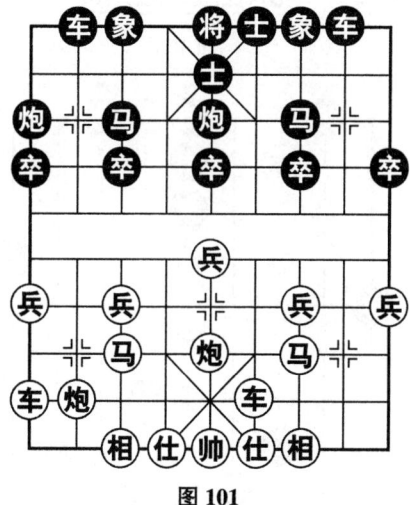

图 101

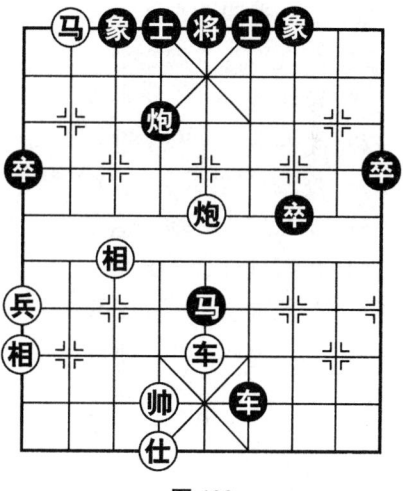

图 102

第 52 局 陈昌建胜汪洋

1. 炮二平五	马2进3	2. 马二进三	炮8平6
3. 车一进一	马8进7	4. 车一平四	车9平8
5. 马八进七	士4进5	6. 兵五进一	卒3进1
7. 马七进五	马3进4	8. 兵七进一	马4进5
9. 马三进五	车8进4	10. 炮八进三	车8平2（图103）
11. 车四进二	炮6退1?	12. 车四进五	车8平7
13. 马五退七	卒3进1	14. 兵九进一	卒3进1

15. 马七进九　象3进5
16. 兵九进一　卒3平2
17. 马九退八　车1平3
18. 马八进六　卒2进1
19. 炮五平四　卒2平3
20. 马六退四　车7平2
21. 炮八平六　车3进4
22. 炮六进一　卒1进1
23. 炮六平三　象7进9
24. 相七进九　车3平7
25. 炮三平二　炮2退1
26. 车四退四　车2平8
27. 车九平八　炮2平4
28. 车四进二　车7平6
29. 车四退一　马7进6
30. 炮二平四　马6进4
31. 车八进八　炮4退1
32. 仕四进五　车8平7
33. 马四进二　车7平8
34. 马二退四　车8平6
35. 前炮平二　马4进2
36. 炮二退四　卒3平4
37. 帅五平四！卒4进1
38. 炮四平五　马2退4
39. 炮五进一　象9退7
40. 车八平六　马4进3
41. 炮五进三　炮4平2？

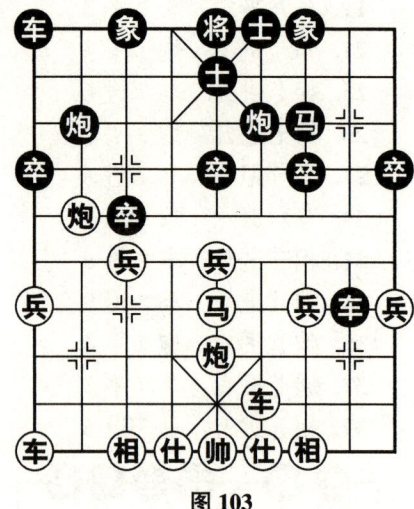

图103

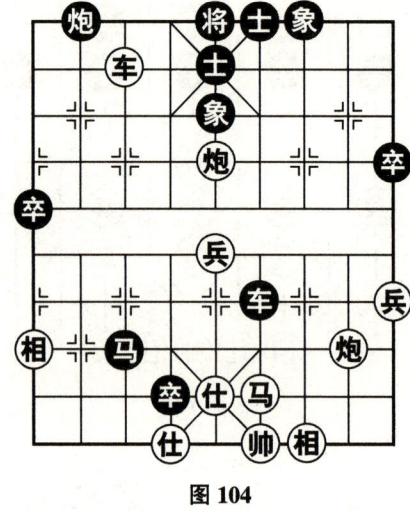

图104

42. 车六平七！（图104）

第53局　任建平胜于红木

1. 炮二平五　马2进3
2. 马二进三　炮8平6
3. 车一进一　马8进7
4. 车一平四　车9平8
5. 马八进七　士4进5
6. 兵五进一　卒3进1
7. 马七进五　马3进4
8. 兵七进一　马4进5

9. 马三进五　车8进4
10. 炮八进三　车8进2
11. 兵七进一　车8平7
12. 马五进七　车7平2（图105）
13. 兵五进一　炮6平5
14. 兵七平六　象3进1
15. 炮八进一　卒7进1
16. 马七进六！车1平3
17. 炮八平五！马7进5
18. 马六进八　车2退4
19. 炮五进四！车3平6
20. 相七进五　车3平9
21. 兵九进一　车9平4
22. 车四进三　将5平4
24. 车九平六　车4进3
26. 车四平六　炮8平4
28. 车七进三！卒1进1
30. 车九进二　将4进1
32. 炮三进二　士5进6
33. 车九平四　炮4平1
34. 车四退一　将4退1
35. 车四退一　炮1进7
36. 相五退七　卒2进1
37. 车四平九　炮1平2
38. 炮三平二　卒7进1
39. 炮二进一　象7进9
40. 车九平六　将4平5
41. 车六平五　将5平4
42. 兵五平四　车2退1
43. 车五进二　将4进1
44. 炮二退八（图106）

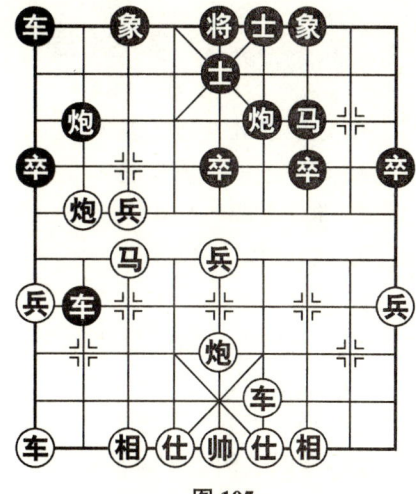

图 105

23. 仕六进五　炮5平8
25. 仕五退六　车2进2
27. 车六平七　卒1进1？
29. 车七平九　卒1平2
31. 炮五平三　车2退1

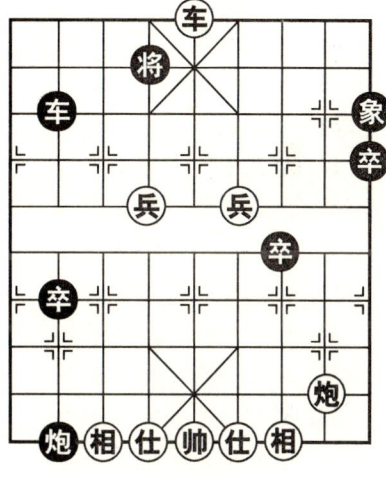

图 106

第54局　张致忠负洪磊鑫

1. 炮二平五　马2进3
2. 马二进三　炮8平6
3. 车一进一　马8进7
4. 兵七进一　车9平8
5. 车一平四　士4进5
6. 马八进七　车8进4
7. 兵五进一　象3进5
8. 炮八平九　车1平4（图107）
9. 车九平八　炮2进2
10. 兵五进一　车8平5
11. 马七进五　车5平8
12. 车四进四　车8平6
13. 马五进四　炮2平5
14. 仕六进五　车4进6
15. 兵三进一？卒7进1
16. 马四退五　卒7进1
17. 炮五进三　卒7进1！
18. 炮五平八　卒7进1
19. 马五进三　马7进6

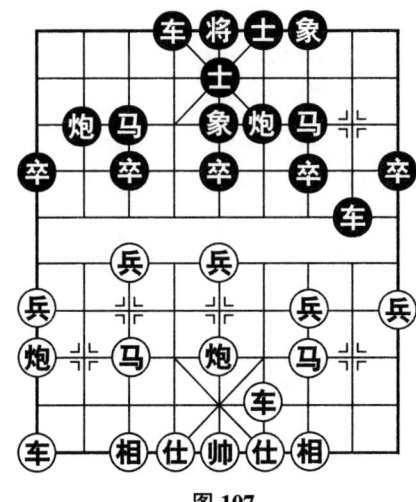

图107

20. 相七进五　卒7进1
21. 炮八进四　马3退2
22. 车八进九　士5退4
23. 炮九进四　马6进4
24. 兵九进一　象5进7
25. 炮九进三　将5进1
26. 车八平六　卒7平6
27. 马三退二　车4平8
28. 车六退五　车8进1
29. 炮九退三　炮6平7
30. 相三进一　炮7平5
31. 车六进二　车8退4
32. 车六平五　车8进3
33. 兵九进一　卒9进1
34. 相一退三　车8平7
35. 车五退一　车7进3
36. 兵九平八　车7退3
37. 炮九退六　车7平6
38. 炮九平七　将5平6
39. 炮七进一　炮5平8
40. 车五平三　炮8进7
41. 车三退五　炮8退2
42. 车三进八　将6进1
43. 车三进一　将6平5
44. 车三退七？炮8进2！（图108）

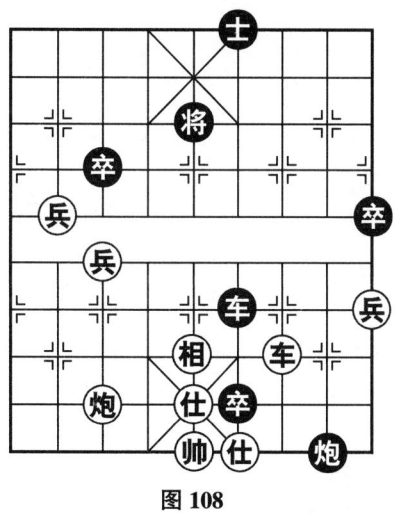

图 108

第55局　许银川胜杨德琪

1. 炮二平五　马2进3
2. 马二进三　炮8平6
3. 车一进一　马8进7
4. 车一平四　车9平8
5. 马八进七　士4进5
6. 兵五进一　炮6平5
7. 马七进五　炮2进4
8. 兵五进一　炮2平5
9. 马三进五　车1平2
10. 炮八退一　卒5进1（图109）
11. 马五进六　炮5进5？
12. 马六进七！车2进2
13. 相七进五　车2平3
14. 炮八进八　士5退4
15. 车九平八　象7进5
16. 兵三进一　士6进5
17. 车四进五　卒5进1
18. 车四平三　车8平7
19. 车八进八　车3平4
20. 兵七进一　卒5进1
21. 兵三进一　卒5进1
22. 相三进五　马7退6
23. 车三平四　车7进1

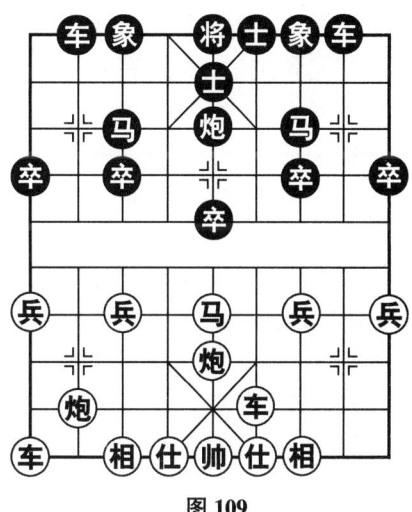

图 109

24. 兵三进一	卒3进1	25. 兵七进一	象5进3
26. 车四平七	象3退5	27. 仕六进五	车7平8
28. 车七平九	车4进4	29. 兵三平四	车8进2
30. 兵九进一	卒9进1	31. 兵九进一	车4平1
32. 兵四进一！	车8退2		
33. 兵四平五	马6进5		
34. 车九平五	车8进1		
35. 车八退三	车1平3		
36. 车八进二	车8平9		
37. 车八平五	车9平5		
38. 车五进一	车3平2		
39. 炮八平九	车2退6		
40. 炮九平七	车2平3		
41. 车五退二	车3进7		
42. 兵九平八	车3平2		
43. 兵八平七	车2平2		
44. 仕五退六	车2退3		
45. 车五平一	（图110）		

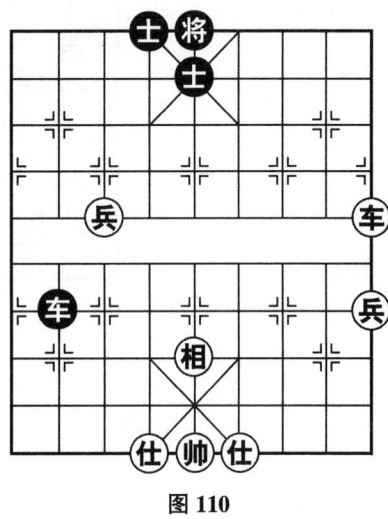

图 110

第56局　高明海胜何兆雄

1. 炮二平五　马2进3
2. 马二进三　炮8平6
3. 车一进一　马8进7
4. 车一平四　车9平8
5. 马八进七　车8进4
6. 兵五进一　炮6平5
7. 马七进五　卒3进1
8. 车九进一　士4进5
9. 车九平六　炮2进2
10. 车四进五　马3进4　（图111）
11. 车四平三　炮5平4
12. 车六平七　象3进5
13. 炮五退一　马4进6

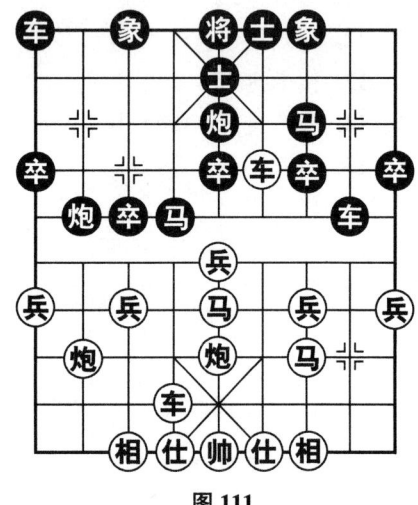

图 111

14. 车三平四　马6进7　　15. 马五退三　车8平4
16. 兵五进一　车4平5　　17. 车七平六　车5平4
18. 车六进四　炮2平4　　19. 马三进五　前炮平7
20. 相三进一　车1平2　　21. 炮八平五　车2进6
22. 兵三进一　炮7平9?　23. 相一退三　车2平3
24. 车四平三!　车3平4　25. 马五进四　炮4平3
26. 后炮平三　车4退2　　27. 兵三进一!　炮9平7
28. 兵三平四　马7退8　　29. 车三平五　将5平4
30. 车五平七　车4进5　　31. 帅五进一　炮3平4
32. 车七平九　象5退3
33. 兵四进一　车4平6
34. 兵四平五　车6平7
35. 炮三平四　马8进7
36. 炮四进七!　车7退1
37. 帅五退一　马7进5
38. 车九平五　车7平6
39. 炮四平一　车6退2
40. 兵九进一　车6平1
41. 炮一进一　车1退1
42. 炮五进六　车1退4
43. 帅五平四　卒3进1
44. 车五平三　车1进3
45. 炮五平二（图112）

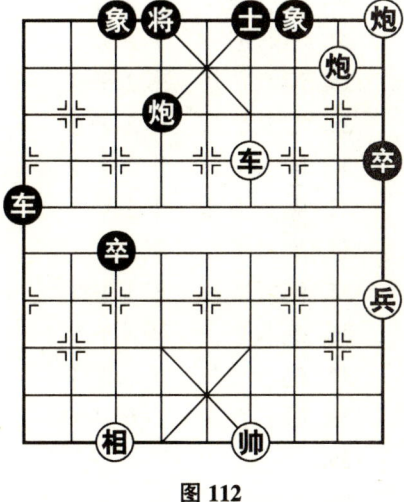

图112

第57局　赵鑫鑫负于幼华

1. 炮二平五　马2进3　　2. 马二进三　炮8平6
3. 车一进一　马8进7　　4. 车一平四　车9平8
5. 马八进七　士4进5　　6. 兵五进一　炮6平5
7. 马七进五　炮2进4　　8. 车四进五　卒3进1
9. 车四平三　车8进2　　10. 兵七进一　马3进4（图113）
11. 兵七进一?　马4进6!　12. 车三平四　马7进8
13. 车四退一　炮2平7　　14. 相三进一　车8平7
15. 车四平六　马6进5　　16. 相七进五　马8进6

17. 相一进三	炮5进3		
18. 车六退一	卒5进1		
19. 仕六进五	马6进5!		
20. 相三退五	炮5进2		
21. 帅五平六	卒5进1		
22. 车六进一	卒5进1		
23. 车九平八	车1平2		
24. 兵七平八	车2平1		
25. 兵八平七	车1平2		
26. 炮八进四	象3进5		
27. 车八进五	车6进1		
28. 炮八平五	车2平3		
29. 炮五平八	车3平2		

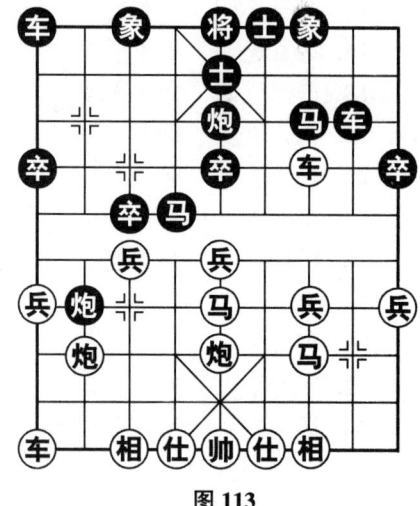

图113

30. 炮八平五	车2平3	31. 炮五平八	车3平2
32. 炮八平五	车2平3	33. 炮五平八	车3平2
34. 炮八平五	车2平3		
35. 炮五平八	车3平2		
36. 炮八进二	卒5平6		
37. 炮八平九	车2进4		
38. 兵七平八	卒6进1!		
39. 马三退一	卒6进1		
40. 马一进三	车6进3		
41. 炮九进一	士5进4		
42. 车六进二	车6平2		
43. 车六进二	将5进1		
44. 车六退四	炮7平8		
45. 炮九平八	车2平7		
46. 马三退二	车7进3（图114）		

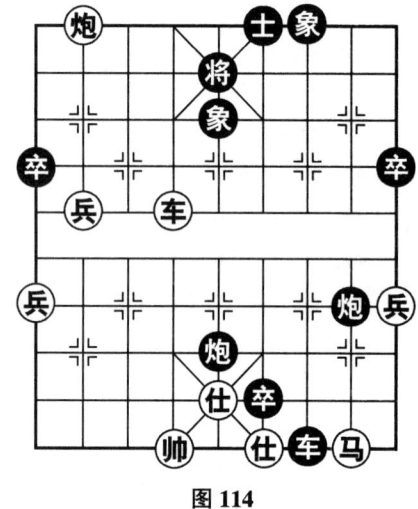

图114

第58局　陶汉明胜李智屏

1. 炮二平五	马2进3	2. 马二进三	炮8平6
3. 车一进一	马8进7	4. 马八进七	士4进5
5. 兵五进一	卒3进1	6. 马七进五	车9平8

7. 车一平四　车8进4
8. 兵七进一　象3进5
9. 兵五进一　卒5进1
10. 兵七进一　象5进3（图115）
11. 车四进五　炮6平5
12. 炮八平七　卒5进1
13. 炮七进五！卒5进1
14. 马三进五　炮5进5
15. 相七进五　车8平5
16. 车九平八　车5进2
17. 车八进七　车1平3
18. 炮七退一　车5退3
19. 车四平五　马7进5
20. 炮七平三　马5进6
22. 炮六退四　车3平4
24. 兵三进一　车4平9
26. 车八平九　卒9进1
28. 车九平四！卒9进1
30. 相三进一　车8进1
32. 相一退三　卒8平7
34. 车四平六！将4平5
35. 帅五平六　车2进3
36. 帅六进一　车2退9
37. 兵九进一　卒7进1
38. 车六平四　车2平4
39. 仕五进六　车4平5
40. 车四退二　卒7进1
41. 帅六平五　将5平4
42. 兵九进一　象7进9
43. 兵九平八　象9退7
44. 兵八平七　象7进9
45. 帅五退一　车4进2
46. 车四进二（图116）

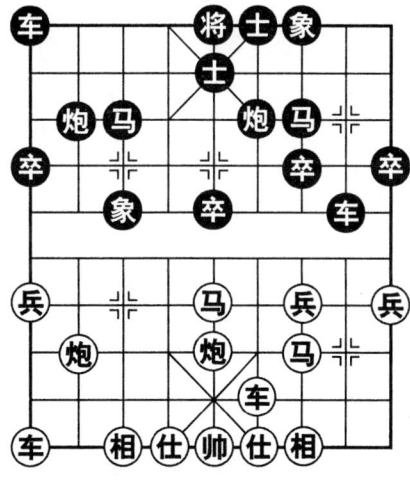

图 115

21. 炮三平六　车3进3
23. 仕六进五　车4进3
25. 车八退三　车9平6?
27. 车九进二　象3退5
29. 兵九进一　卒9平8
31. 炮六进二　将5平4
33. 炮六平五　车6平2

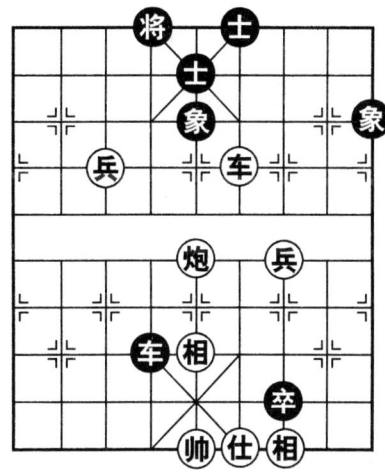

图 116

第59局 赵文轩胜张德魁

1. 炮二平五　马2进3
2. 马二进三　炮8平6
3. 车一进一　马8进7
4. 车一平四　士4进5
5. 马八进七　象3进5
6. 兵五进一　车1平4
7. 炮八平九　炮2进2
8. 兵五进一　卒5进1（图117）
9. 车九平八　炮2平3
10. 马七进五　卒5进1
11. 炮五进二　炮3平5
12. 炮九平五　炮5退1
13. 车四进五　车4进6
14. 前炮平三　炮5进4
15. 相七进五　马7退9
16. 车四平七　车9平8
17. 马五进四　卒7进1
18. 炮三平七　车8进3？
19. 车八进六　车8平7

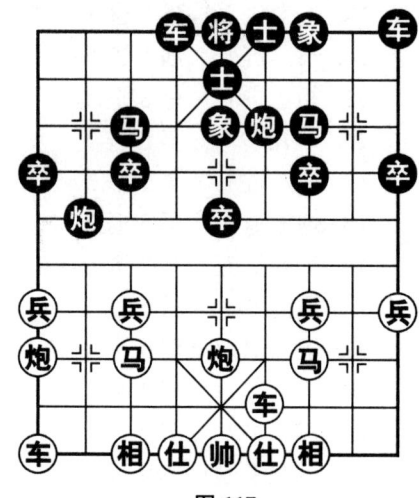

图117

20. 车八平七　马3退2
21. 车七平一　炮6平9
22. 炮七平二　象5退3
23. 兵七进一　卒1进1
24. 兵七进一　将5平4
25. 仕四进五　马2进1
26. 兵一进一　车4退4
27. 兵一进一　车4平3
28. 车一平六　炮9平4
29. 炮二进四！将4平5
30. 马三进五　象3进5
31. 车六平一　车3进2
32. 车一进二　炮4平2
33. 车一退二　炮2进7
34. 相五退七　车3进5
35. 车一平八　炮2平1
36. 相三进五　车3退6
37. 车八退六　炮1退1
38. 炮二退四　象5退3
39. 马五进七　车3平8
40. 炮二平五　象7进5
41. 马四进六　车8进4
42. 车八进一　炮1进1
43. 相五退七　将5平4
44. 炮五平六　士5进4
45. 马六进四　士4退5
46. 马七进六　士5进4
47. 车八进六（图118）

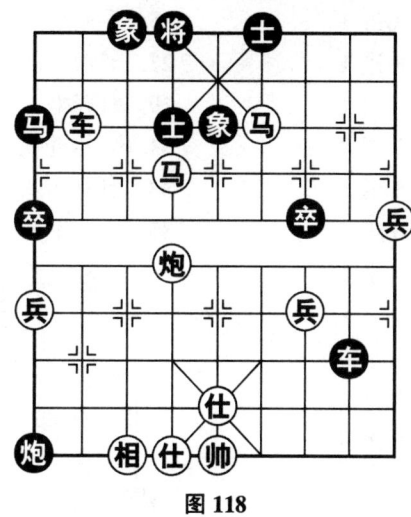

图 118

第60局 蒋志梁胜孙恒新

1. 炮二平五　马2进3
2. 马二进三　炮8平6
3. 车一进一　马8进7
4. 车一平四　车9平8
5. 马八进七　士4进5
6. 车九进一　卒7进1
7. 兵五进一　卒3进1
8. 车九平六　车8进6（图119）
9. 炮八进一　车8退3
10. 车六进七　炮2进2
11. 马七进五　马7进6
12. 车四平七　炮6退1
13. 车六退六　马3进4
14. 兵七进一　马4进5
15. 马三进五　马6进5
16. 兵七进一　炮2退2
17. 车七进二　炮6进5?
18. 车七平五　炮6平9
19. 兵三进一　炮9平2
20. 车五平八　炮2平7
21. 车八进三！卒7进1
22. 炮五进四　象3进5
23. 相七进五　卒7平6

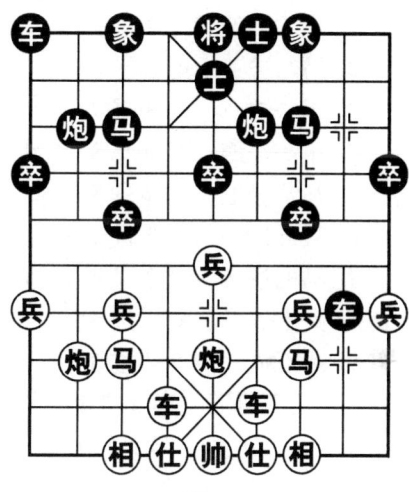

图 119

24. 兵五进一　车8进1　　25. 兵七平六　卒1进1
26. 车六进二　车8进1　　27. 车六平八　车1平4
28. 前车进三　车8进1　　29. 炮五平九！车4平2
30. 车八进五　士5退4　　31. 炮九进三　车8平3
32. 车八退六　车3退6　　33. 炮九平八　卒9进1
34. 兵五进一　士6进5　　35. 兵五平四　炮7进4
36. 兵六进一　炮7平1
37. 兵四平三　卒9进1
38. 兵六平七　卒9平8
39. 兵七进一　卒1进1
40. 兵三进一　象7进9
41. 兵七进一　车3平2
42. 车八进六　炮1平5
43. 仕六进五　象9进7
44. 车八退六　卒6平5
45. 兵三进一　将5平6
46. 兵七平六　象5退7
47. 车八进六　（图120）

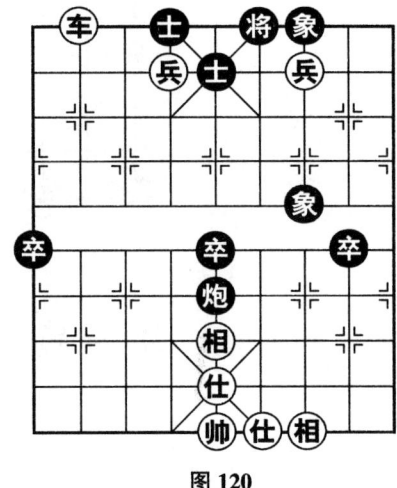

图 120

第61局　柳大华胜徐天红

1. 炮二平五　马2进3
2. 马二进三　炮8平6
3. 车一进一　马8进7
4. 车一平四　车9平8
5. 马八进七　士4进5
6. 兵五进一　卒3进1
7. 马七进五　马3进4
8. 兵七进一　象3进5
9. 兵五进一　马4进5
10. 马三进五　卒5进1（图121）
11. 马五进六　车1平4
12. 兵七进一　象5进3
13. 车四进六　象3退5

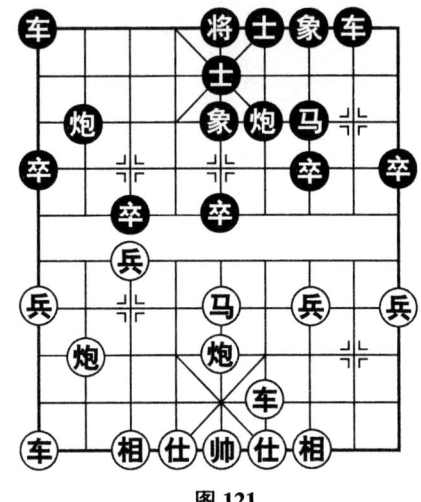

图 121

14. 马六进七！	士5进6	15. 马七进六	将5平4
16. 炮八平九	车8进5？	17. 车九平八	炮2平3
18. 车八进九	将4进1	19. 车八退四	车8平4
20. 仕六进五	卒5进1	21. 车八进三	将4退1
22. 车八进一	将4进1	23. 炮五平六	将4平5
24. 车八退三	将5退1	25. 炮九进四	卒7进1
26. 车八进三	将5退1	27. 炮九平五	象5进3
28. 车八退一	车4退4	29. 车八退一	车4进1
30. 炮六平七	象3退1	31. 炮五平七	象1退3
32. 前炮平八	象3退5	33. 炮八平五	将5平6
34. 炮五平七！	车4进1	35. 车八平七	马7进6
36. 后炮平八	将6平5		
37. 炮八进四	车4进3		
38. 炮七平五	将5平4		
39. 车七退一	将4退1		
40. 炮八退四	车4平1		
41. 炮五退一	士6进5		
42. 车七平六	将4平5		
43. 车六平八	将5平4		
44. 炮八平二	卒5进1		
45. 炮二进六	车1平3		
46. 相七进九	士5进4		
47. 炮五进一	车3进1		
48. 炮五平三（图122）			

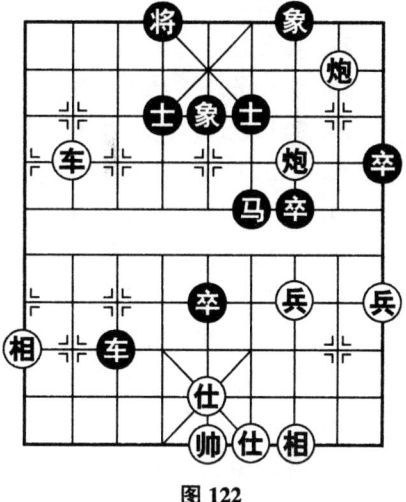

图122

第62局　张晓平负邓颂宏

1. 炮二平五	马2进3	2. 马二进三	炮8平6
3. 车一进一	马8进7	4. 车一平四	士4进5
5. 马八进七	车9平8	6. 兵五进一	卒3进1
7. 马七进五	车8进4	8. 兵七进一	象3进5
9. 炮八平七	马3进2	10. 兵五进一	卒5进1（图123）
11. 兵七进一	卒5进1	12. 兵七平八	卒5进1
13. 马三进五	车8平2	14. 马五进七	车1平4

15. 车四进五　车2平4
16. 相七进九　卒7进1
17. 车四平三　炮6退1
18. 炮七平六　前车平3
19. 炮六平七　车3平4
20. 车九平八　炮6平7
21. 车三平四　炮2退1
22. 炮五进三　前车进1
23. 炮七平六　后车平3
24. 车八进五　卒7进1
25. 仕四进五　马7进8
26. 车四平一　卒7进1
27. 马七进六　车4平6
28. 车一平二　马8进9
30. 马六进四　炮7平6
32. 车二平四　车6平8
34. 马二进四　炮8平6
36. 车八退一？车8进4
38. 车四退四　车7平6
39. 仕五退四　马7进6
40. 帅五进一　车3进8
41. 帅五进一　车3退2
42. 马四退五　车3进1
43. 车八平七　车3平2
44. 车七进五　炮4退1
45. 仕六进五　车2退4
46. 车七退三　车2进1
47. 马五退四　车2进2
48. 马四进五　马6退5！
49. 炮六平七　马5进7
50. 马五退四　象7进9（图124）

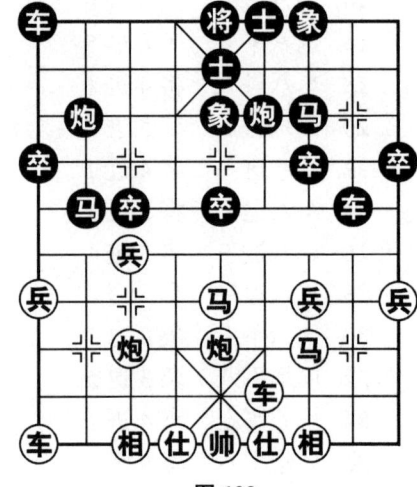

图123

29. 车二进一　炮2平4
31. 马四退二　炮6平8
33. 车四退一　马9退7！
35. 车四退二　卒7进1
37. 炮五进一　车8平7

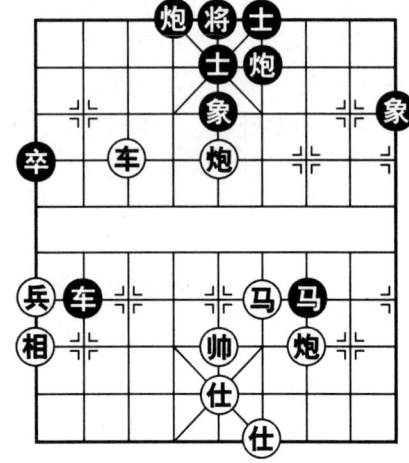

图124

第63局 孟立国胜林宏敏

1. 炮二平五　马2进3
2. 马二进三　炮8平6
3. 车一进一　马8进7
4. 车一平四　车9平8
5. 马八进七　士4进5
6. 车九进一　炮2平1
7. 车九平六　车1平2
8. 炮八平九　车8进6（图125）
9. 兵七进一　卒7进1
10. 车六进七　车8平7
11. 马七进六　车2进7
12. 马三退五　车2进1
13. 马六进五　马3进5
14. 炮五进四　象7进5
15. 兵五进一　车2退1
16. 兵五进一　卒7进1
17. 车四进二　车7平6
18. 马五进四　卒7平6
19. 马四进二　炮6退1
20. 车六退三　炮6平8
21. 马二进四　炮8进3?
22. 车六进一!　马7进6
23. 兵五平四　炮1进4
24. 仕六进五　车2退3
25. 兵四进一　炮1平5
26. 帅五平六　炮8平4
27. 炮九平二!　炮5平8
28. 相三进五　卒6平5
29. 帅六平五　炮4进1
30. 车六平七　炮4退5
31. 兵七进一　车2进2
32. 车七进三　车2平6
33. 兵四平三　车6平7
34. 兵三平四　车7进1
35. 炮二退二　炮8平5
36. 车七退三　炮4进6
37. 兵七平六　炮5退3
38. 车七平五　卒5平4
39. 车五进一　炮4退2
40. 车五退二　炮4退2
41. 兵四进一　炮4平2
42. 炮二进六　炮2进7
43. 仕五退六　将5平4
44. 相五进三!　车7退2
45. 车五平六　将4平5
46. 炮二进三　车7平5
47. 车六平八　卒4平5
48. 炮二退八　车7进8
49. 车八退四　车7退2

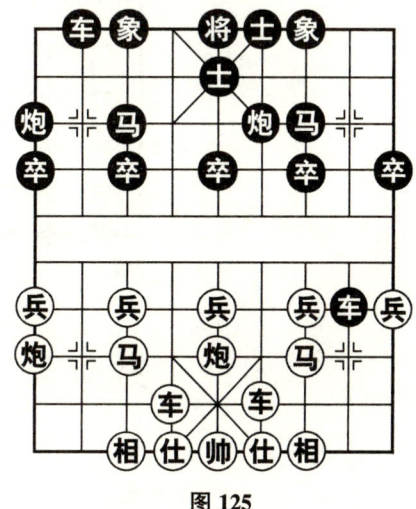

图125

50. 车八进八　士5退4　51. 车八退九（图126）

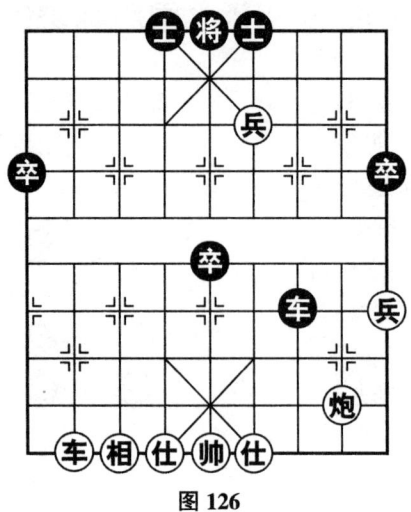

图126

第64局　黄福负胡荣华

1. 炮二平五　马2进3
2. 马二进三　炮8平6
3. 车一进一　马8进7
4. 车一平四　车9平8
5. 马八进七　士4进5
6. 兵五进一　卒3进1
7. 兵五进一　卒5进1
8. 车四进五？卒5进1（图127）
9. 炮八进二　象3进5
10. 兵七进一　马3进4
11. 车四平三　炮6进5
12. 兵七进一　炮6平3
13. 马三退五　炮3退1
14. 兵七平六　炮3平5！
15. 车三退二　车1平3
16. 车三平五　车3进6
17. 相七进九　车8进4
18. 车九平七　车3平4
19. 车五退一　车4平5
20. 马五进三　车5退3
21. 车七进三　车8退1

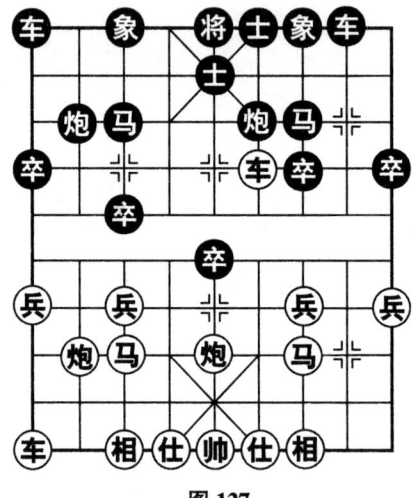

图127

22. 马三进五	车5平3		23. 车七平六	车8平6
24. 马五进三	车6进2		25. 兵六进一	车3进1
26. 马三进二	炮2进1		27. 马二进三	车6退4
28. 炮八平三	马7退9		29. 马三进一	马9进8
30. 车六平八	炮2进1		31. 炮三进二	车6平9
32. 炮三平九	马8进6		33. 炮九退一	马6进4
34. 车八进一	马4进3		35. 车八退二	炮2进1
36. 炮九退一	炮2平5		37. 仕六进五	车3退4
38. 相九进七	马3退2		39. 车八进一	车9退1
40. 车八平五	炮5进2			
41. 相三进五	马2退1			
42. 车五平八	马1进3			
43. 车八进二	车9平8			
44. 兵一进一	车8进6			
45. 炮九进一	马3进5			
46. 车八平五	马5进7			
47. 车五退二	车8平9			
48. 车五平四	车3平2			
49. 炮九平六	车2进9			
50. 仕五退六	马7进8			
51. 车四退二	车9平4			
52. 仕四进五	马8退7（图128）			

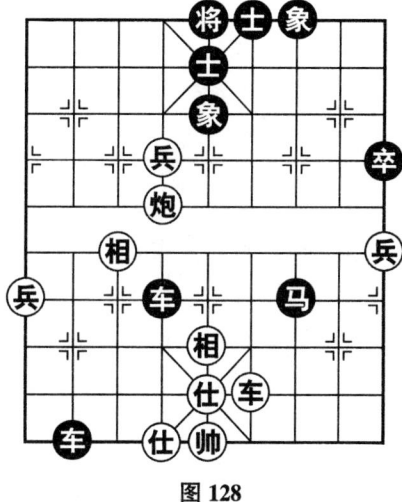

图128

第65局　高华胜单霞丽

1. 炮二平五	马2进3		2. 马二进三	炮8平6
3. 车一进一	马8进7		4. 车一平四	车9平8
5. 马八进七	士4进5		6. 炮八平九	车1平2
7. 兵五进一	卒3进1		8. 马三进五	马3进4（图129）
9. 车九平八	车8进6		10. 兵五进一	马4进5
11. 马七进五	车8平7		12. 马五进四！	车7平4
13. 马四进三	炮2进3		14. 仕四进五	炮2平3
15. 车八平九	炮3平5		16. 兵五平六	车2进8
17. 车四进三	炮5进1		18. 炮九进四	车4退2

19.	车四退一	车4进2	
20.	炮九平三	将5平4	
21.	炮三进三	将4进1	
22.	车四平五	车4平5	
23.	车九进二	车5平4?	
24.	炮五平六	车4平8	
25.	马三退四	卒5进1	
26.	炮三退八	车2退5	
27.	炮六退一!	士5退4	
28.	车九平六	将4平5	
29.	车六进三	车2平6	
30.	车六平五	炮6平5	
31.	相三进五	车8进3	

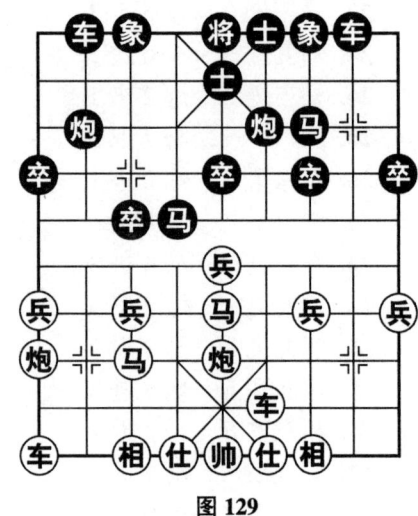

图129

32.	炮三退一	车8退5	
33.	炮六进四	将5退1?	
34.	炮三平四	车6平4	
35.	车五进二!	象3进5	
36.	炮六平二	车4退1	
37.	马四进二	士4进5	
38.	马二进三	将5平4	
39.	炮四进八	士5进6	
40.	炮二进四	将4进1	
41.	马三退二	车4进1	
42.	马二进四	车4平7	
43.	马四退五	车7平8	
44.	炮二平一	车8平5	
45.	马五退三	象5进7	
46.	炮四退六	车5平1	
47.	兵七进一	卒3进1	
48.	相五进七	车1进3	
49.	炮四平一	车1退3	
50.	前炮平三	象7退5	
51.	炮三平二	车1进3	
52.	炮二退八	(图130)	

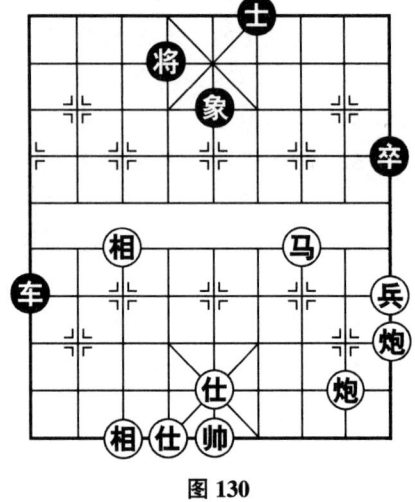

图130

第66局　于红木胜殷全寿

1. 炮二平五　马2进3　　2. 马二进三　炮8平6

3. 车一进一　马8进7　　　　4. 车一平四　车9平8
5. 马八进七　士4进5　　　　6. 兵五进一　车8进4
7. 车四进五　炮6平5
8. 马七进五　卒3进1（图131）
9. 车四平三　马7退9
10. 炮八进四　卒1进1
11. 炮八平七　炮2进5
12. 车九平八　车1平2
13. 车三平一　象7进9
14. 兵五进一　马9进7
15. 车一平三　炮2平7
16. 车八进九　炮7退4？
17. 车八平七　马3退4
18. 炮七平三　车8平7
19. 马五进六　炮5进2

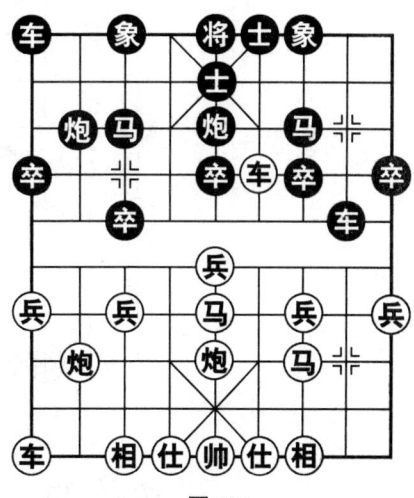

图131

20. 炮五平八！车7退1　　21. 炮八进七　车7进3
22. 车七退一　马4退2　　23. 马六进七　车7平8
24. 仕四进五　车5平4　　25. 相三进五　车4退4
26. 炮八平九！马7进8　　27. 炮九退二　车4退2
28. 车七平八　车4平1　　29. 车八退二　象9退7
30. 炮九退一　马8进6　　31. 炮九平五　马6退5
32. 车八平五　车1平2　　33. 马七退六　炮5平6
34. 兵一进一　车1平4　　35. 马六进四　车4平7
36. 车五退一　炮6进2　　37. 兵一进一　车7平6
38. 马四退三　象7进5　　39. 车五退二　炮6退1
40. 车五进三　炮6进1　　41. 车五退三　炮6进1
42. 兵一平二　炮6平2　　43. 马三进二　车6平8
44. 车五进四　车8平5　　45. 马二进三　将5平4
46. 马三退五　炮2退1　　47. 兵二进一　炮2退1
48. 马五退六　炮2平3　　49. 马六进七　将4平5
50. 马七退九　炮3平2　　51. 兵二平三　士5退4
52. 兵三平四　士6进5　　53. 兵四平五　炮2平3
54. 马九退七　炮3进3　　55. 马七进八（图132）

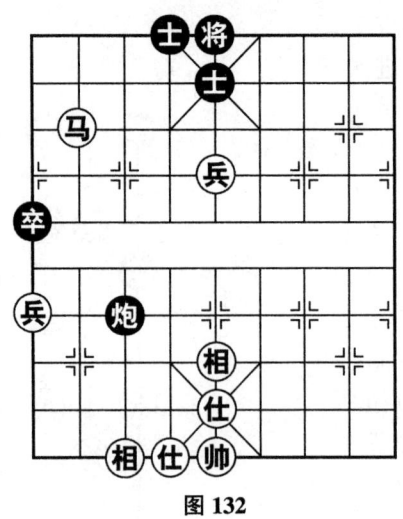

图 132

第67局 刘元成负胡荣华

1. 炮二平五	马2进3	2. 马二进三	炮8平6
3. 车一进一	马8进7	4. 车一平四	车9平8
5. 马八进七	车8进4	6. 车四进五	士4进5
7. 炮八进二	卒3进1	8. 炮八平三	马7退9（图133）
9. 车九平八	象3进5	10. 车四平三	车1平2
11. 兵五进一？	炮2进1
12. 车三进二	马9进8
13. 车三平二	车8进2
14. 兵五进一	车8平7
15. 马三进五	马8进7
16. 车二平三	车7平5！
17. 马七进五	马7进5
18. 兵五进一	马5退4
19. 兵五平六	马4进3
20. 车八进四	后马进2
21. 车八平四	马3进5
22. 相三进五	车2平4
23. 兵六平七	炮2退3

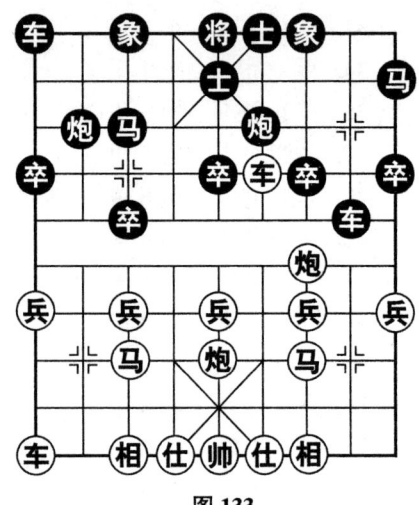

图 133

24. 车三退五	车4进8		25. 仕四进五	卒1进1
26. 兵九进一	卒3进1!		27. 兵九进一	马2进4
28. 相五进七	马4退3		29. 兵九进一	马3进4
30. 兵九平八	炮2平3		31. 相七进九	马4退5
32. 车四进二	马5进3		33. 车四平一	车4退3
34. 车一平三	车4平8		35. 后车进一	车8进4
36. 仕五退四	炮6进2		37. 后车平六	炮6平7
38. 相七退五	马3进2		39. 车六退三	炮7平5
40. 仕六进五	车8退2		41. 车三退三	马2退3
42. 车三平五	炮5进3		43. 仕五进四	炮5平3
44. 仕四进五	车8进2			
45. 仕五退四	车8退6			
46. 车六平八	前炮平4			
47. 兵八进一	炮4退4			
48. 兵八平七	炮4平5			
49. 仕四退五	炮5平7			
50. 仕五进六	炮7进6			
51. 仕四进五	炮7退7			
52. 兵一进一	炮7平3			
53. 车八进三	象5进7			
54. 车八进五	后炮平4			
55. 相九退七	炮3平5			
56. 相七进五	车8进6			
57. 仕五退四	车8退3（图134）			

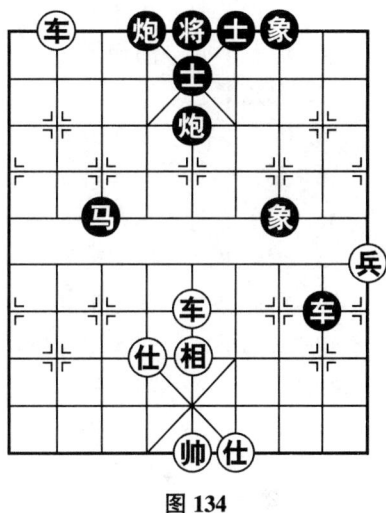

图134

第68局 李智屏胜阎文清

1. 炮二平五	马2进3		2. 马二进三	炮8平6
3. 车一进一	马8进7		4. 车一平四	车9平8
5. 马八进七	士4进5		6. 兵五进一	卒3进1
7. 马七进五	马3进4		8. 兵七进一	马4进5
9. 马三进五	车8进4		10. 炮八进三	车8进2
11. 车四进二	卒3进1		12. 马五进七	象3进5（图135）
13. 炮五进四!	车1平4		14. 相七进五	车8退1

15. 兵五进一　炮6进3
16. 炮五平六　车4平3
17. 仕六进五　车3进4
18. 炮八退四　炮6平4
19. 车四平五　卒7进1
20. 炮六退一　炮2平4
21. 炮八平七　车3平2
22. 车九平七　车8退2
23. 车七平六　车2进4
24. 炮七进一　车2平3
25. 车六平七　车3平2
26. 炮七平九　前炮平8
27. 炮九平七　炮8进4
28. 炮七退一　车2退4
30. 车五平六　炮4进7
32. 后车平七　车8平6
34. 车六平二　炮8平9
36. 马七退六　车2退4
38. 炮七平九　车5退1
40. 兵一进一　卒7进1
42. 车一进四　象5进3
44. 兵九进一　车5平6
46. 车七平八　象3退1
47. 车三平六　马4退6
48. 车八进三　前车平2
49. 马六进八　马6进8
50. 兵一平二　车6进3
51. 马八退六　车6平1
52. 炮九平八　卒7平6
53. 车六平二　卒6进1
54. 仕五进四　马8进6
55. 帅五平六　马6退8
56. 车二平六　马8进7
57. 相五退七（图136）

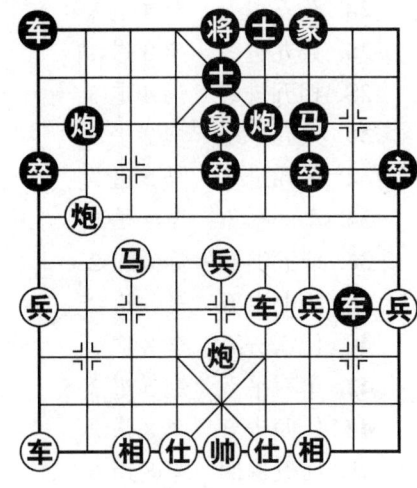

图 135

29. 炮六退五　卒9进1
31. 车七平六　车2进4
33. 兵三进一！卒7进1
35. 车二退三　车6进3
37. 车二平一　车2平5
39. 马六进七　马7进8
41. 兵一进一　马8进6
43. 车一平三　象7进5
45. 马七退六　马6进4

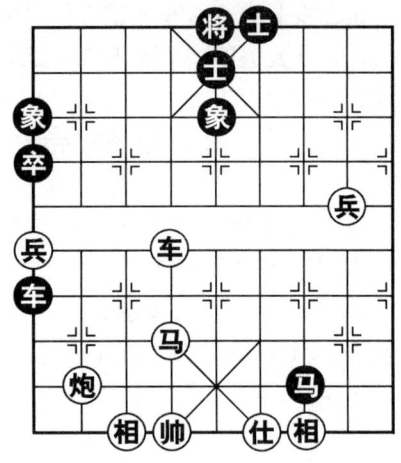

图 136

第69局　林世伟负吕钦

1. 炮二平五　马2进3
2. 马二进三　炮8平6
3. 车一进一　马8进7
4. 车一平四　车9平8
5. 马八进七　士4进5
6. 兵五进一　炮6平5
7. 车四进五　卒3进1
8. 车四平三　马3进4
9. 兵五进一　炮5进2
10. 仕六进五　象3进5（图137）
11. 马七进五　炮5进3
12. 相七进五　马4进6
13. 车三退二　马6进4
14. 车九平六　马4退5
15. 车三平五　车8进6
16. 马五进三　车8平7
17. 前马进二？　马7进8
18. 车五平三　车7退1
19. 相五进三　马8退6！
20. 炮八进四　马5进7
21. 马二退四　马6退8

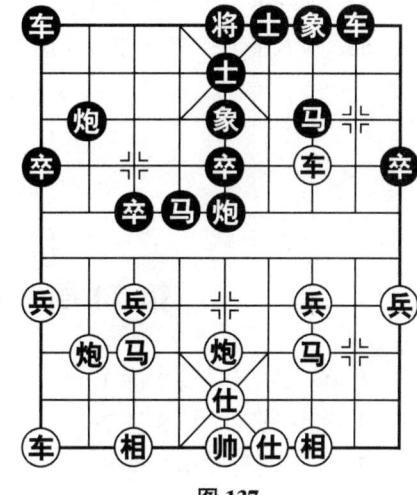

图137

22. 车六进六　马8进7
23. 炮八平五　炮2进2
24. 马三进五　前马进5
25. 马四退五　车1平4
26. 车六平八　炮2进1
27. 车八退二　马7退5
28. 兵七进一　车4进5
29. 车八进五　士5退4
30. 兵七进一　马5进3
31. 马五进四　车4进1
32. 马四进二　士6进5
33. 车八退三　车4平7
34. 相三进五　卒9进1
35. 相五进三　车7平6
36. 马二进三　车6退5
37. 马三退二　将5平6
38. 车八平六　卒1进1
39. 车六退一　车6平8
40. 车六平四　将6平5
41. 车四进一　士5进4
42. 车四平八　车8平3
43. 马二进四　将5平6
44. 车八平六　马3进5！
45. 车六进一　士4进5
46. 马四进二　将6平5
47. 车六退三　马3进8
48. 车六退四　车3退6
49. 车六进五　马5退3

50. 帅五平六　车3平2
51. 相三退五　卒1进1！
52. 帅六平五　卒1进1
53. 车六平一　车2平8
54. 马二退一　马3进2
55. 仕五进六　马2进4
56. 帅五平六　马4退2
57. 车一退一　车8平4
58. 帅六平五　将5平4（图138）

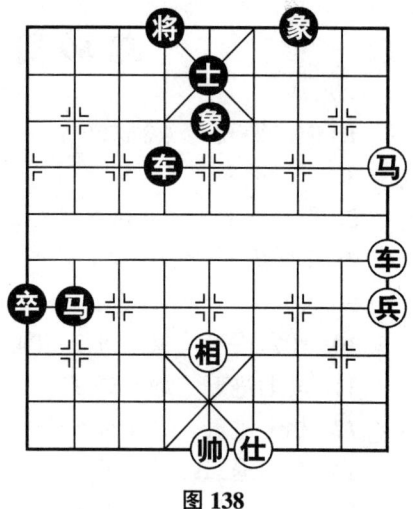

图 138

第70局　黄志强胜陈启明

1. 炮二平五　马2进3
2. 马二进三　炮8平6
3. 车一进一　马8进7
4. 车一平四　士4进5
5. 马八进七　车9平8
6. 兵五进一　炮6平5
7. 马七进五　炮2进4
8. 兵七进一　炮2平7
9. 相三进一　车1平2
10. 炮八平七　车2进6（图139）
11. 兵七进一　卒5进1
12. 兵七平六　卒5进1
13. 炮五进二　车8进5？
14. 炮七平五　马7进5
15. 前炮进三　象3进5
16. 马五进四　车8平6
17. 车九进一　车2平4
18. 兵六进一！车6进3
19. 车九平四　马5进4
20. 马四退六　车4退1
21. 车四进五！卒3进1
22. 兵六平七　马3退2
23. 车四平三　车4进1

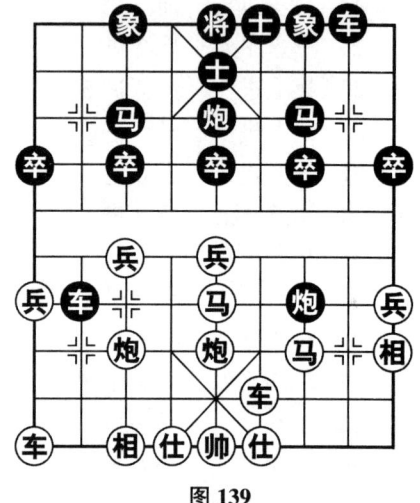

图 139

24. 仕四进五	将5平4	25. 兵九进一	炮7退2
26. 马三进四	车4退1	27. 车三平四	卒3进1
28. 炮五平二	炮7平5	29. 帅五平四	炮5进1
30. 炮二进七	车4退1	31. 马四进三	马2进4
32. 兵七进一	马4退2	33. 兵七平八	马2进4
34. 兵八平七	马4退2	35. 兵七平八	马2进4
36. 兵八平七	车4平3	37. 车四平九！	车3退2
38. 车九进三	马4退2	39. 车九平八	象5退3
40. 炮二退四	车3进2	41. 炮二进三	卒3平4
42. 兵九进一	卒4进1	43. 车八退五	车3平6
44. 仕五进四	车6进3	45. 帅四平五	车6平5
46. 仕六进五	车5退1		
47. 帅五平六	炮5退3		
48. 马三进五	象7进5		
49. 帅六平五	将4平5		
50. 车八平三	象5退7		
51. 相一退三	卒4进1		
52. 相七进五	车5平8		
53. 炮二平四	车8平6		
54. 炮四平一	卒4进1		
55. 车三平六	卒4平3		
56. 兵九平八	象3进5		
57. 兵八进一	士5退4		
58. 炮一进一（图140）			

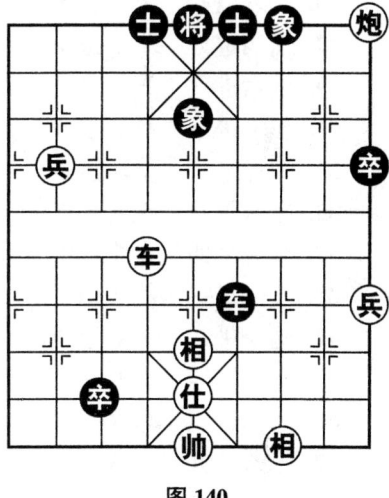

图 140

第71局　柳大华负胡荣华

1. 炮二平五	马2进3	2. 马二进三	炮8平6
3. 车一进一	马8进7	4. 车一平四	士4进5
5. 马八进七	车9平8	6. 兵五进一	卒3进1
7. 马七进五	马3进4	8. 兵七进一	马4进5
9. 马三进五	车8进4	10. 炮八进三	车8进2
11. 兵七进一	车8平7	12. 马五进七	象3进5（图141）
13. 兵七平六？	车1平3！	14. 相七进九	车7平2

15. 马七进六	车2平4		
16. 兵五进一	卒5进1		
17. 马六进四	士5进6		
18. 兵六平五	士6退5		
19. 车九平七	车3进9		
20. 相九退七	车4平5		
21. 车四进五	车5退2		
22. 车四平八	炮2平4		
23. 炮八退四	车5退1！		
24. 车八进三	炮4退2		
25. 炮八平三	马7退9		
26. 车八退六	卒7进1		

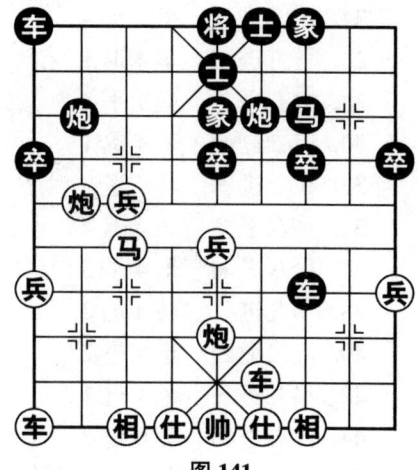

图 141

27. 仕四进五	卒7进1	28. 炮五平六	卒7平6
29. 炮六进六	马9进8	30. 炮六平九	象5退3！
31. 相七进五	马8退6	32. 炮九平八	车5平7
33. 炮三平一	炮4进4	34. 炮八进一	士5退4
35. 车八平六	炮4平5	36. 车六进六	将5进1
37. 帅五平四	车7进3	38. 车六平七	炮5平8
39. 车七退一	将5退1	40. 车七进一	将5进1
41. 炮一平二	马6进7	42. 炮八退八	车7平9
43. 车七平四	车9平7	44. 帅四平五	象7进5
45. 车四退三	炮8平9	46. 炮二平一	卒1进1
47. 炮八平九	卒6平5		
48. 车四退三	马7进6		
49. 炮一进五	炮9进5		
50. 仕五退四	卒5进1		
51. 相五退七	马6进7		
52. 炮九平四	卒5平6		
53. 仕六进五	炮9退1		
54. 炮一平四	将5平4		
55. 相七进九	炮9退2		
56. 前炮平六	炮9平7		
57. 相三进一	马7退9		
58. 仕五进六	炮7平1（图142）		

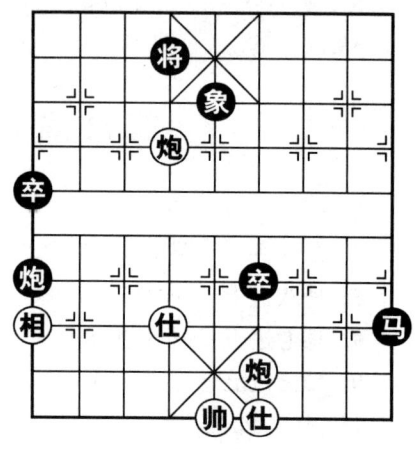

图 142

第72局　黄福胜蔡福如

1. 炮二平五　马2进3
2. 马二进三　炮8平6
3. 车一进一　马8进7
4. 车一平四　车9平8
5. 马八进七　士4进5
6. 兵五进一　炮6平5
7. 兵七进一　车8进4
8. 马七进五　卒3进1（图143）
9. 相七进九　象3进1
10. 炮八进四　卒3进1
11. 马五进七　炮5进3
12. 仕六进五　马3进4
13. 炮八平三　象7进5
14. 车九平八　炮2平4
15. 兵三进一　车8进2?
16. 兵三进一！马4进3
17. 炮五进一　车1平3
18. 车八进二　车3进4
19. 车四进四！车3平6
20. 兵三平四　车8平7
21. 兵四进一　象1进3
22. 炮三平五　马7进5
23. 兵四平五　士5退4
24. 车八平七　士6进5
25. 车七进一　车7进1
26. 炮五退一！象5退7
27. 帅五平六　炮4平7
28. 仕五进四　车7平2
29. 炮五退二　车7退5
30. 马七进五！象3退5
31. 车七平六　车7平6
32. 车六进一　炮5进1
33. 马五退七　象5进3
34. 兵五平六　将5平6
35. 帅六进一　炮5退4
36. 炮五平八　炮5平2
37. 仕四进五　炮7平6
38. 仕五进六　车6平7
39. 车六平四　将6平5
40. 炮八平五　炮2平5
41. 兵六进一　炮5平2
42. 兵六进一　象7进5
43. 马七进五　车7平5
44. 炮五平八！士5进4
45. 车四平三　车7平8
46. 车三平二　炮8平7
47. 车二进五　炮7退8
48. 炮八进九　士4进5
49. 炮八平三　象5退7

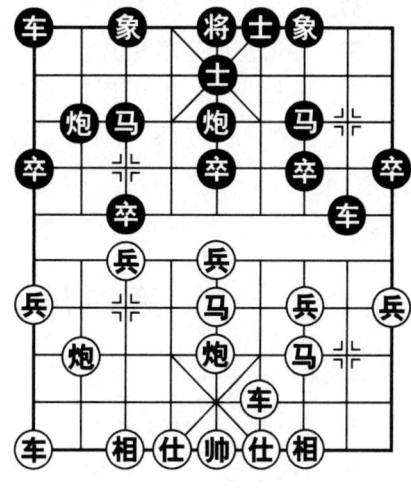

图143

50. 车二平三　士5退6
51. 车三退三　士4退5
52. 车三平九　士5退4
53. 车九平一　车5进2
54. 兵九进一　车5平1
55. 车一退二　象3退5
56. 车一平六　车1平9
57. 兵六进一　将5进1
58. 兵九进一　车9退2
59. 兵九进一　车9退1
60. 兵九进一　（图144）

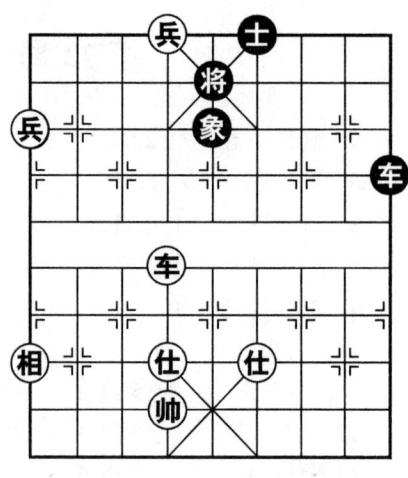

图144

第73局　黎金福负李来群

1. 炮二平五　马2进3	2. 马二进三　炮8平6
3. 车一进一　马8进7	4. 车一平四　车9平8
5. 马八进七　士4进5	6. 兵五进一　炮6平5
7. 马七进五　炮2进4	8. 车四进五　炮2平5
9. 马三进五　车1平2	10. 车九进二　卒3进1（图145）

11. 兵五进一？卒5进1
12. 马五进三　卒7进1
13. 炮五进五　象3进5
14. 马三进五　车8进5
15. 炮八平五　车8平5
16. 马五进七　马7进5！
17. 仕四进五　马5进4
18. 兵七进一　卒3进1
19. 马七退六　卒3平4
20. 车四平七　马3退4
21. 炮五平一　车2进6
22. 炮一进四　车2平7
23. 相七进五　车7平9

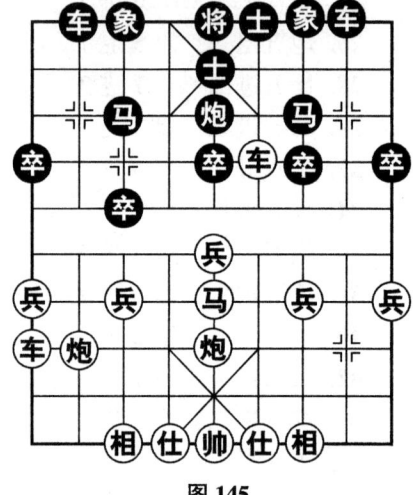

图145

24. 兵九进一	卒7进1		25. 车九平八	卒1进1
26. 兵九进一	卒7进1		27. 车七平六	车9进3
28. 仕五进四	车9退5		29. 车八进七	车9平5
30. 仕六进五	后车退1!		31. 车六平五	车5退2
32. 炮一退一	卒4进1		33. 炮一平八	卒4平3
34. 炮八退五	卒3进1		35. 车八退六	车5平7
36. 车八平七	卒3平2		37. 车七进一	车7平6
38. 车七退一	车6平7		39. 车七进一	车7平8
40. 车七退一	卒7进1		41. 车七平三	卒7平8
42. 车三平八	卒2平3		43. 车八平七	卒3平2
44. 炮八平六	卒2平1		45. 仕五进六	象5进3
46. 炮六进九	士5退4		47. 车七平五	象7退5
48. 相五进七	车8平2!			
49. 车五退二	卒8平7			
50. 相三进五?	卒7平6			
51. 相五退七	车2进4			
52. 相七退五	象5进7			
53. 相五进七	士4进5			
54. 相七退五	将5平4			
55. 车五平六	将4平5			
56. 车六平五	士5进6			
57. 相五进七	将5平4			
58. 车五平六	车2平3!			
59. 车六平八	车3进2			
60. 帅五进一	车3退4			
61. 帅五平六	卒6平5 (图146)			

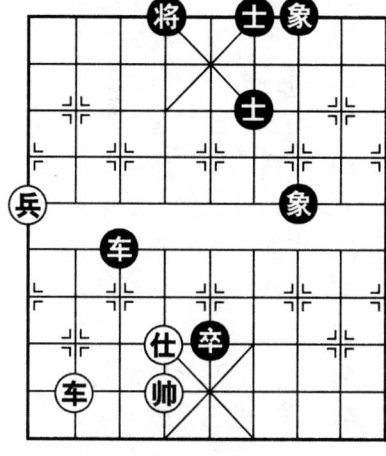

图146

第74局　张致忠胜邹立武

1. 炮二平五	马2进3		2. 马二进三	炮8平6
3. 车一进一	马8进7		4. 车一平四	车9平8
5. 马八进七	士4进5		6. 兵五进一	象3进5
7. 马七进五	车1平4		8. 兵五进一	卒5进1
9. 炮五进三	车4进7		10. 车九进二	车8进4 (图147)

11. 仕四进五　车4平7？
12. 马五退三　车8平5
13. 炮八平五　卒7进1
14. 车四进五　马7进6
15. 车九平八　炮2退2
16. 炮五平四　卒3进1
17. 车八进二　卒3进1
18. 兵七进一　马3进2
19. 车四平八　炮2平3
20. 相七进五　马2进4
21. 炮四进五　士5进6
22. 后车退一　士6退5
23. 前车平一　卒1进1
24. 车一平四　炮3进2
26. 兵一进一　炮3平7
28. 马三进五　炮7平4
30. 车四退二　马4退5
32. 车四进二！车2平6
34. 车七平八　卒7平6
36. 车八平七　士5退4
38. 马四进二　马6进7
40. 车七平五　将5平6
42. 马二进三　炮4退1
44. 马四进三　炮4退1
46. 车五进一　炮4退1
48. 车五退一　炮8退1
50. 马二进四！象7进9
52. 兵七平八　卒6平7
54. 相五进三！马5退4
56. 车三进六　将6进1
58. 车三退一　马4进5
60. 车五平六　炮5进3
62. 兵一平二　士4进5
64. 车六平九　炮5进3

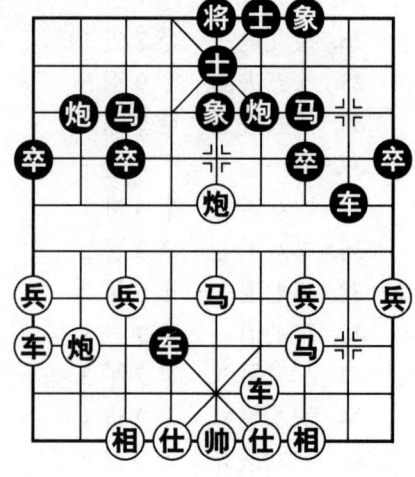

图147

25. 兵一进一　象5退3
27. 车八平六　车5平2
29. 车六平七　马6进7
31. 车四退一　卒7进1
33. 马五进四　马7退5
35. 车八进六　后马进7
37. 车七退三　马7进6
39. 帅五平四　士6进5
41. 车五退一　炮4进1
43. 马三退四　炮4进1
45. 马三退二　炮4进1
47. 兵七进一　炮4平8
49. 车五平三　炮8平6
51. 车三退四　士5进6
53. 帅四平五　炮6平5
55. 相三退五　马4进2
57. 帅五平四　马2退4
59. 车三平五　马5退7
61. 兵一进一　炮5退2
63. 车六退一　马7进6
65. 车九平四　马6退8

66. 车四退三　将6退1　　67. 相五进三（图148）

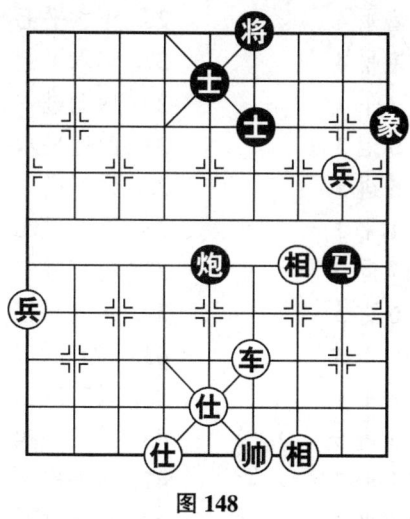

图148

第75局　任建平胜傅光明

1. 炮二平五　马2进3
2. 马二进三　炮8平6
3. 车一进一　马8进7
4. 车一平四　车9平8
5. 马八进七　士4进5
6. 兵五进一　车8进4
7. 马七进五　卒3进1
8. 炮八进四　象3进5（图149）
9. 车九进一　车1平4
10. 车九平六　车8平4
11. 车六进四　马3进4
12. 车四平六　炮6进5?
13. 车六进三　卒3进1
14. 马五进七　炮6退2
15. 兵五进一　炮6平3
16. 兵五平六!　炮3平4
17. 仕六进五　卒7进1
18. 马三进五　车4平3
19. 兵七进一　车3平3
20. 炮八退一　车3平2
21. 兵七进一!　卒1进1

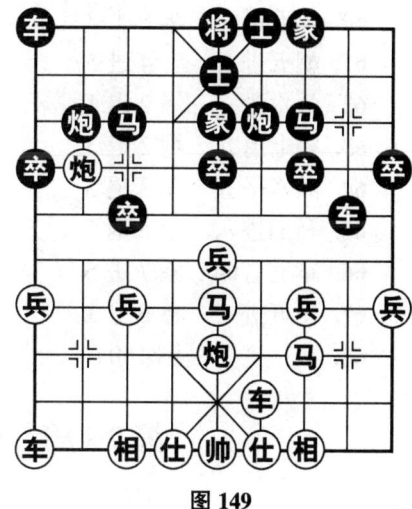

图149

22. 仕五进四	炮2平4	23. 车六平七	炮4平3
24. 车七平六	后炮平4	25. 车六平七	炮4平3
26. 车七平六	后炮平4	27. 车六平七	炮3平1
28. 炮五平八	车2平1	29. 兵七进一	炮4退2
30. 前炮进四	象5退3	31. 前炮平六	士5退4
32. 兵六进一	士6进5	33. 兵三进一	车1退1
34. 兵三进一	车1平2	35. 炮八进四	卒5进1
36. 兵三进一	马7退6	37. 马五进三	车2平8
38. 马三进五	马6进5	39. 兵六平五	车8平4
40. 车七平五	马5退3	41. 马五退三	马3进2
42. 兵七平八	车8平1	43. 马三进二	车1平6
44. 车五平三	象3进5	45. 兵三平四	将5平6
46. 相三进五	炮1退3	47. 兵一进一	车6进1
48. 车三平五	炮1平4	49. 仕四进五	车6平8
50. 马二退三	车8退5	51. 兵八平七	炮4平9
52. 仕五进六	炮9平6	53. 兵四平三	炮6平2
54. 车五平四	将6平5	55. 马三进四	士5进6
56. 车四平五	象5退3		
57. 兵五平六	将5平6		
58. 兵六进一	车8进7		
59. 帅五进一	车8退1		
60. 帅五退一	车8平3		
61. 相五进七	士4进5		
62. 兵六进一	炮2退1		
63. 相七退九	炮2平4		
64. 兵六平五	车3退5		
65. 马四进六	士6退5		
66. 车五进四	象7进5		
67. 车五进一	将6进1		
68. 兵三进一	(图150)		

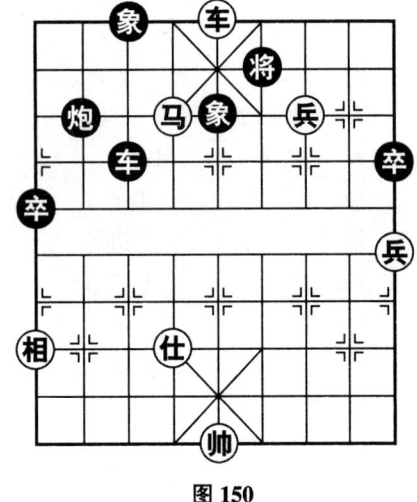

图 150

第76局　张致忠负马迎选

1. 炮二平五　马2进3　　　2. 马二进三　炮8平6

3. 兵七进一　马8进7
5. 车一平四　士4进5
7. 兵五进一　象3进5
8. 炮八平九　车8平2（图151）
9. 车四进五　炮2进1
10. 车四平三　马7退8
11. 马七进五　马8进9
12. 车三平一　车1平4
13. 兵五进一　卒3进1
14. 兵七进一　车2平3
15. 车一退二　卒5进1
16. 车一进二　炮2平5
17. 马五进三　车3平4
18. 仕四进五　后车进3
19. 炮五进四　后车平5
20. 车一平五　马3进5
22. 车八进九　士5退4
24. 马二进四　士5进6
26. 兵九进一　卒5进1
28. 相七进五　马9进7
30. 马二进一　车7平1
32. 相七进五　马3进2
34. 车八退五　马6进4
36. 相五进七　卒5平4
38. 马一退三　士6退5
40. 相三进五　马4退6
42. 兵一进一　马2退3
44. 炮九进四　车3平1
46. 炮六平九　马3退5
48. 车四进一　马5进3
50. 炮九平五　将5平4
52. 马三进四　士5进6
54. 兵一平二　马3进2
56. 车四退三　车5退2

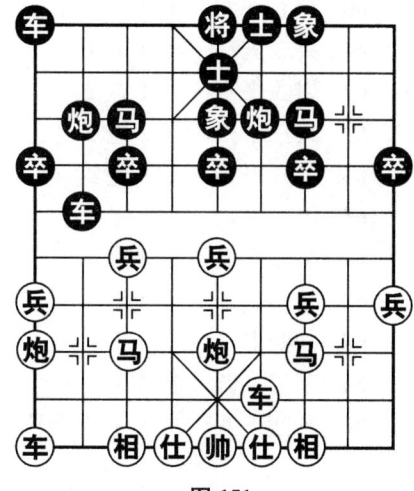

图 151

4. 车一进一　车9平8
6. 马八进七　车8进4

21. 车九平八　马5进3
23. 前马进二　士6进5
25. 兵三进一　车4进2！
27. 兵一进一　车4平7
29. 马三退二　马7进6
31. 相五退七　车1平3
33. 炮九平八　卒5进1
35. 仕五进六　马4退3
37. 仕六退五　马3进5
39. 马三进四　马5退4
41. 车八进一　士5进4
43. 炮八平九？　车3退1！
45. 炮九平六　车1平3
47. 车八平四　士4进5
49. 马四进三　车3进2
51. 炮五平六　将4平5
53. 车四退一　士4退5
55. 炮六平四？　车3平5
57. 兵三进一　象7进9

58. 兵三进一　卒4进1！
59. 车四进一　马2进3
60. 帅五平四　卒4平5
61. 兵二进一　马3退1
62. 炮四平六　马1退2
63. 兵三平四　马2进3
64. 炮六平五　马3进4！
65. 仕五退六　车5平4
66. 车四平五　车4进4
67. 帅四进一　车4退1
68. 帅四退一　卒5平6
69. 车五平四　卒6平5
70. 车四平八　将5平4（图152）

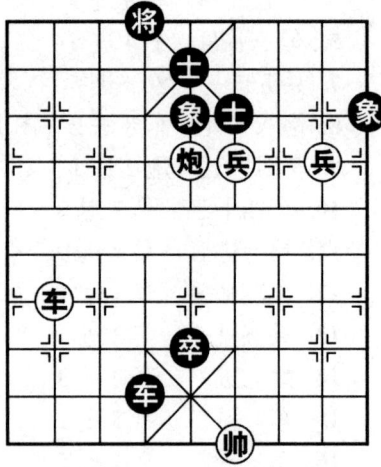

图152

第二章 七路马

第77局 许立勋负邱志源

1. 炮二平五　马2进3
2. 马二进三　炮8平6
3. 车一进一　马8进7
4. 车一平四　车9平8
5. 炮八进四　士4进5
6. 马八进七　车8进6
7. 兵七进一　车8平7
8. 车四进一　象3进5（图153）
9. 炮八退五　卒7进1
10. 车九进二　车1平4
11. 相三进一？车4进8
12. 炮八平九　马7进6!
13. 车四进三　车7进1
14. 马七进八　炮6平8!
15. 仕四进五　炮8进7（图154）

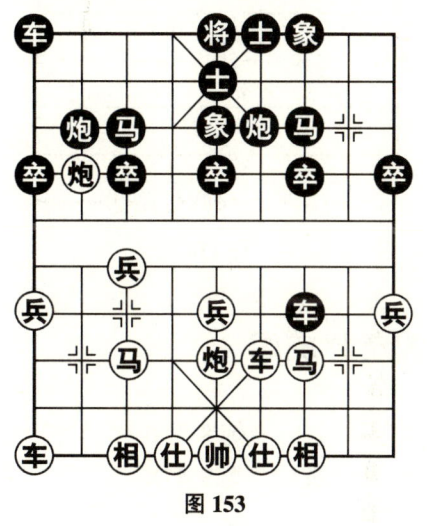

图153

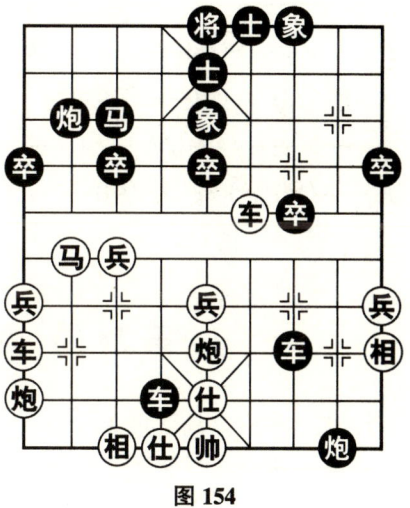

图154

第 78 局 黄子君负高华

1. 炮二平五　马 2 进 3
2. 马二进三　炮 8 平 6
3. 车一进一　马 8 进 7
4. 兵七进一　车 9 平 8
5. 车一平四　士 4 进 5
6. 马八进七　车 8 进 4
7. 兵三进一　卒 3 进 1
8. 兵七进一　车 8 平 3（图 155）
9. 马七进六　象 3 进 5
10. 车九进一　车 1 平 4
11. 车四平六　卒 7 进 1
12. 兵三进一　象 5 进 7
13. 马三进四　马 7 进 6
14. 马六进五　马 3 进 5
15. 炮五进四　象 7 退 5
16. 车六进八　将 5 平 4
17. 车九平六　炮 2 平 4
18. 炮五平四？车 3 退 1
19. 车六进四　车 3 平 6
20. 马四进二　车 6 平 2（图 156）

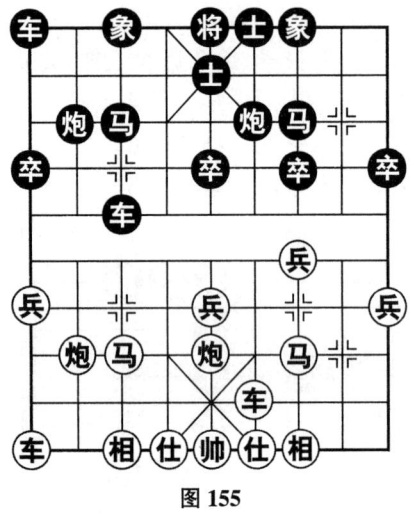

图 155

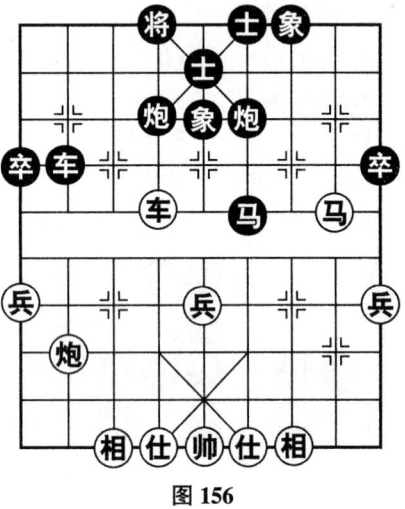

图 156

第 79 局 孟立国负赵庆阁

1. 炮二平五　马 2 进 3
2. 马二进三　炮 8 平 6
3. 车一进一　马 8 进 7
4. 兵七进一　车 9 平 8
5. 车一平四　士 4 进 5
6. 马八进七　象 3 进 5
7. 炮八平九　车 8 进 4
8. 车九平八　车 1 平 2（图 157）
9. 兵五进一　卒 3 进 1
10. 兵五进一　卒 3 进 1

11. 马七进五　卒3平4	12. 车四平六　卒5进1
13. 车八进六？卒5进1！	14. 马五进三　马3进2
15. 后马进五　马2进3	16. 车六平七　车2平3
17. 炮五退一　车8平6	18. 炮九进四　卒7进1
19. 车七进一　卒4进1	20. 炮九退一　车6进2！（图158）

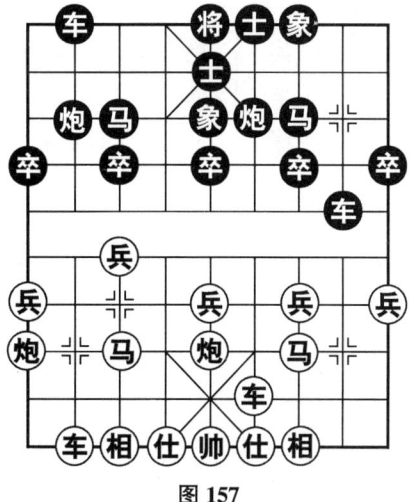

图 157

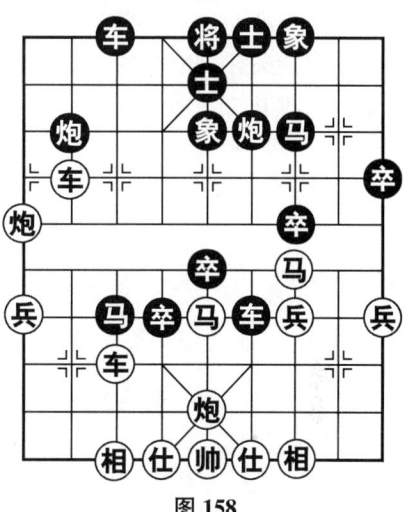

图 158

第 80 局　郑国庆胜葛维蒲

1. 炮二平五　马2进3
2. 马二进三　炮8平6
3. 车一进一　马8进7
4. 车一平四　车9平8
5. 马八进七　车8进4
6. 炮八进二　士4进5
7. 炮八平三　车8平7
8. 车九平八　车1平2（图159）
9. 车八进六　炮2平1
10. 车八进三　马3退2
11. 炮五进四　炮6平5
12. 炮五退二　马2进3
13. 车四进五！马7进5

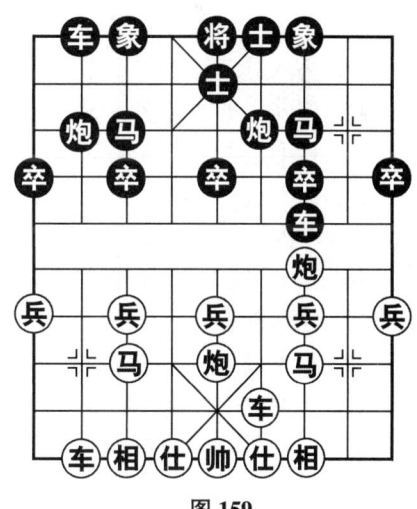

图 159

14. 马三退五　象7进9
15. 炮三进二　马5进6
16. 炮三平二　车7平8
17. 兵七进一　象9退7
18. 兵三进一！卒1进1
19. 兵三进一　车8进3
20. 相三进五　炮1进1
21. 车四退二（图160）

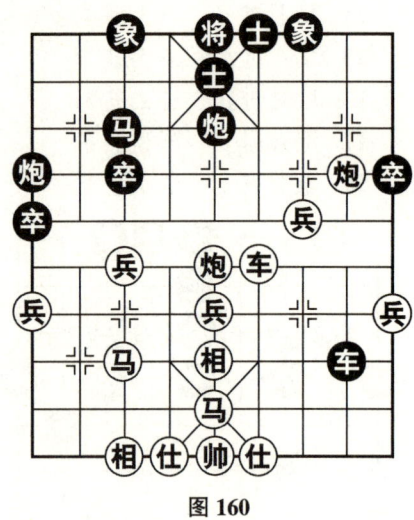

图160

第81局　谢添顺负甄达新

1. 炮二平五　马2进3
2. 兵七进一　卒7进1
3. 马二进三　炮8平6
4. 车一进一　马8进7
5. 车一平四　士4进5
6. 马八进七　象3进5
7. 炮八平九　车1平4
8. 车九平八　炮2平1（图161）
9. 车八进七　炮1退1
10. 马七进八　车9平8
11. 马八进九　车4平3
12. 炮九平七？车8进5
13. 相七进九　车8平4
14. 兵七进一　车4进2
15. 车四平七　炮6进6！
16. 车七退一　车4平5
17. 仕六进五　马3退4
18. 相九进七　车5平7
19. 兵七进一　炮1进5
20. 车八退四　炮1进3
21. 车七平九　车7平3（图162）

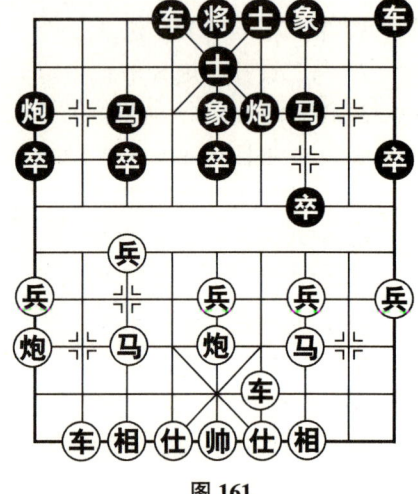

图161

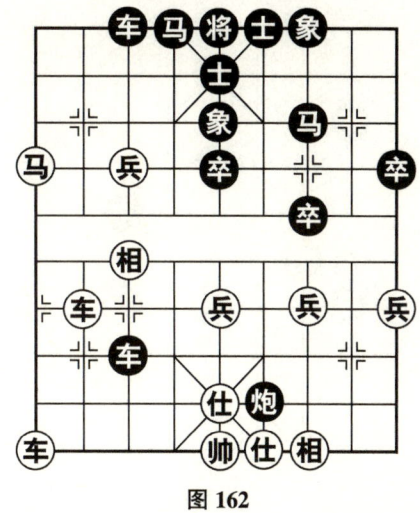

图 162

第 82 局 蔡志强负黄海林

1. 炮二平五　马 2 进 3
2. 马二进三　炮 8 平 6
3. 兵七进一　马 8 进 7
4. 车一进一　车 9 平 8
5. 车一平四　士 4 进 5
6. 马八进七　车 8 进 4
7. 炮八进二　卒 3 进 1
8. 兵七进一　车 8 平 3（图 163）
9. 车九进二　卒 7 进 1
10. 炮八退三　象 3 进 5
11. 炮八平七　车 3 平 4
12. 马七进八　车 4 平 2
13. 车九平七　马 7 进 6！
14. 车四平六　车 2 进 1
15. 炮七进六　车 1 平 3
16. 车六平七　马 6 进 4
17. 前车进一　马 4 进 2！
18. 炮五平八　炮 6 平 3
19. 仕四进五？　炮 3 进 6
20. 车七进六　象 5 退 3
21. 炮八进二　炮 3 退 3（图 164）

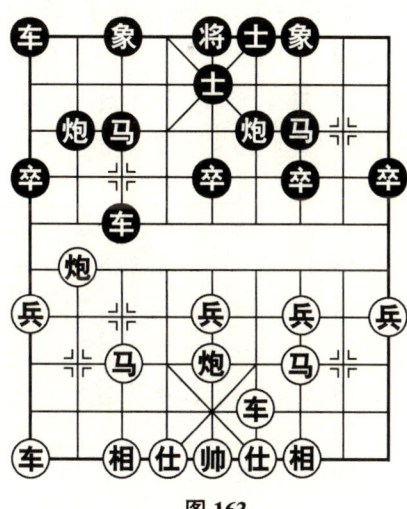

图 163

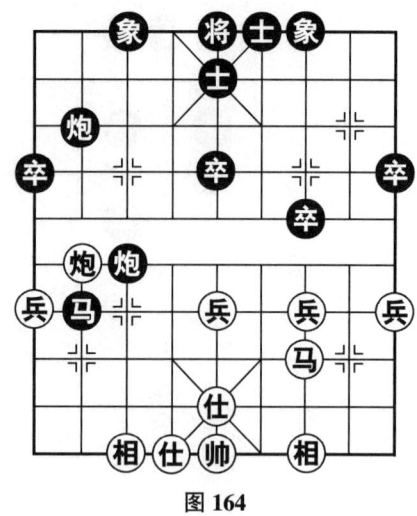

图 164

第83局　高华负单霞丽

1. 炮二平五　马2进3
2. 马二进三　卒7进1
3. 兵七进一　炮8平6
4. 车一进一　马8进7
5. 车一平四　士4进5
6. 马八进七　象3进5
7. 炮八平九　炮2进2
8. 车四进五　马7进8
9. 车九平八　炮2平1
10. 车四退二　马8进7（图165）
11. 炮五平四？炮1进3
12. 炮四进五　炮1平7
13. 炮四平七　车9平8
14. 马七进六　卒7进1！
15. 车四进四　车8进8
16. 马六进四　象5进7！
17. 车八进二　车8平7
18. 炮七平五？象7退5
19. 马四进五　车1平3
20. 车四进一　将5平6
21. 车八平四　卒7平6（图166）

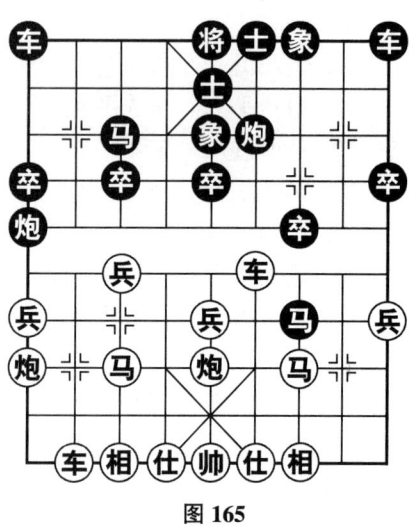

图 165

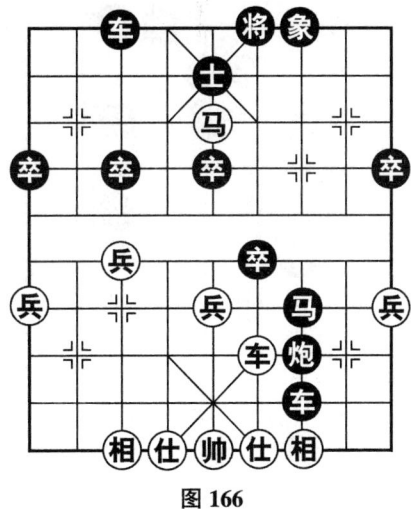

图 166

第84局　梁达民负林见志

1. 炮二平五　马2进3
2. 兵七进一　卒7进1
3. 马二进三　炮8平6
4. 车一进一　马8进7
5. 车一平四　士4进5
6. 马八进七　车9平8
7. 马七进六　象3进5
8. 马六进五　马3进5（图167）
9. 炮五进四　车1平4
10. 炮八平五　车4进4
11. 前炮退一　车8进6
12. 兵五进一　车8平7
13. 马三进五？车4进2
14. 车九平八　炮2进4！
15. 车四进五　炮2平5
16. 仕六进五　将5平4
17. 前炮退二　车7平5
18. 车八进九　象5退3
19. 车八平七　将4进1
20. 车四平七　车5退1
21. 前车平八　炮6平5！
22. 车七进一　车5平3（图168）

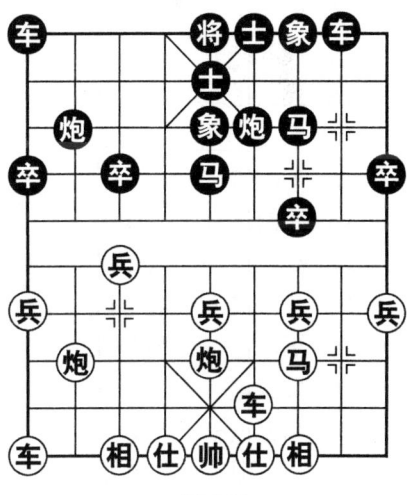

图 167

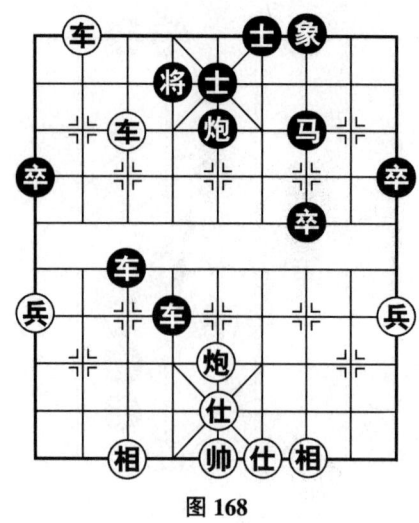

图 168

第85局　阎文清负胡荣华

1. 炮二平五　马2进3
2. 马二进三　卒7进1
3. 兵七进一　炮8平6
4. 车一进一　马8进7
5. 马八进七　车9平8
6. 炮八平九　炮2进4
7. 马七进六　炮2平7
8. 马六进五　象7进5（图169）
9. 相三进一　马3进5
10. 炮五进四　士6进5
11. 车九平八　车1进2
12. 兵五进一　车8进6
13. 兵五进一　卒7进1!
14. 炮五平九　炮7平2
15. 车八进二　车1平4
16. 仕四进五　车4平2
17. 车一退一　炮2平9!
18. 车八进五　炮9进3
19. 车八进二　卒7进1
20. 兵五进一　卒7进1
21. 兵五进一　炮6进7!
22. 相一退三　炮6退6（图170）

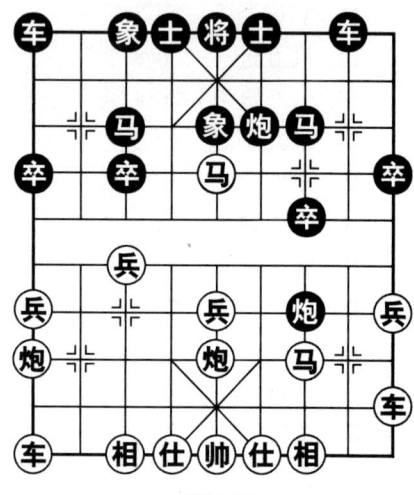

图 169

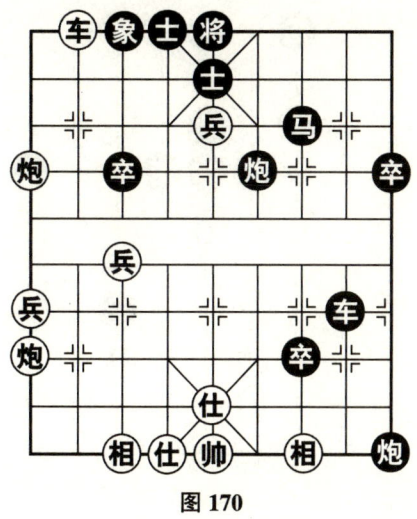

图 170

第86局　金海英负陈丽淳

1. 炮二平五　马2进3
2. 马二进三　炮8平6
3. 车一进一　马8进7
4. 车一平四　车9平8
5. 马八进七　士4进5
6. 车九进一　炮2进2
7. 兵七进一　象3进5
8. 车九平六　卒7进1（图171）
9. 车四进五　马7进8
10. 车四退一　卒3进1
11. 车四退一　卒3进1
12. 车四平七　马8进7
13. 马七进六　炮2退4
14. 马六进七　炮2平3
15. 车六进二　车1平2
16. 炮八平七　卒7进1
17. 炮五退一?　车8进8!
18. 兵五进一　炮6进1
19. 兵五进一　车2进3
20. 车七平三　车2平3
21. 炮七平六?　车3平4!
22. 炮五平六　车8平4（图172）

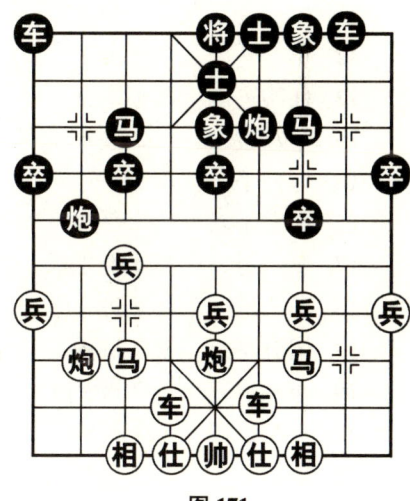

图 171

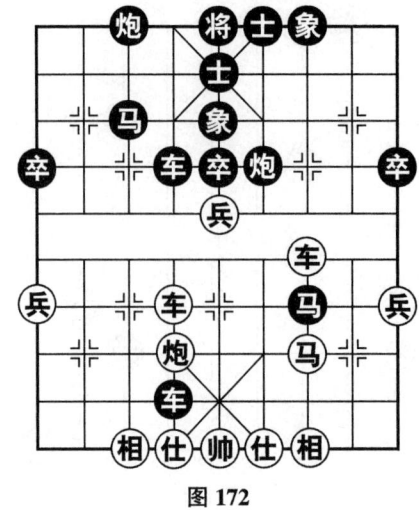

图 172

第 87 局　黄有义负徐天利

1. 炮二平五　　马 2 进 3
2. 马二进三　　炮 8 平 6
3. 兵七进一　　卒 7 进 1
4. 车一进一　　马 8 进 7
5. 马八进七　　士 4 进 5
6. 马七进六　　车 9 平 8
7. 炮八平九　　象 3 进 5
8. 车九平八　　车 8 进 5（图 173）
9. 马六进五　　马 3 进 5
10. 炮五进四　　车 8 平 3
11. 相三进五　　车 3 平 4
12. 车一平七　　卒 3 进 1
13. 仕四进五　　车 1 平 3
14. 车八进六　　马 7 进 6
15. 炮九平七　　车 3 平 4
16. 炮七平六　　后车平 3
17. 车八退一　　车 4 退 1
18. 车八进一　　马 6 进 7
19. 炮五平三?　卒 7 进 1
20. 车八退二　　马 7 进 9!
21. 马三进四　　卒 7 平 6
22. 炮六平一　　车 3 进 3
23. 炮三退六　　车 3 平 7!

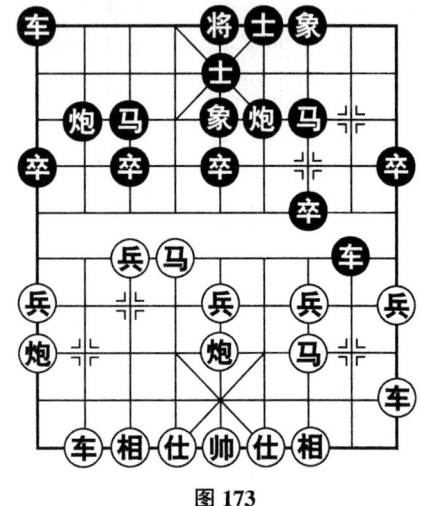

图 173

24. 炮三平四　炮 6 平 8（图 174）

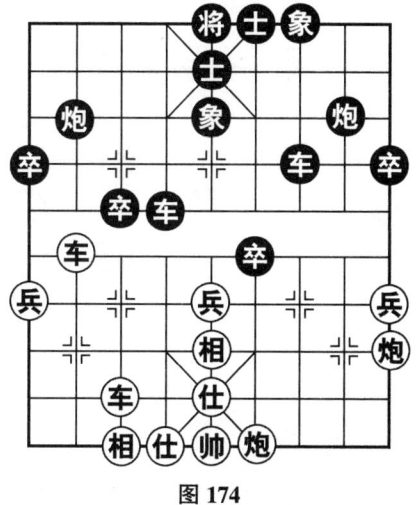

图 174

第 88 局　孟立国负李定威

1. 炮二平五　马 2 进 3
2. 马二进三　炮 8 平 6
3. 车一进一　马 8 进 7
4. 车一平四　车 9 平 8
5. 马八进七　车 8 进 4
6. 炮八进二　车 8 平 3
7. 炮八平三　马 7 退 9
8. 相七进九　卒 7 进 1（图 175）
9. 兵七进一　车 3 平 4
10. 炮三平六　马 9 进 7
11. 车四进五　车 1 平 2
12. 车九平八　士 4 进 5
13. 车八进六？炮 6 平 4！
14. 炮六进三　炮 2 平 4
15. 车八平七　车 4 进 3
16. 马七退九　车 4 平 1
17. 马九退七　车 1 进 2
18. 马三退五　车 2 进 8！
19. 车七平六　马 3 进 2
20. 兵七进一　马 2 进 3
21. 炮五平七　马 3 进 1

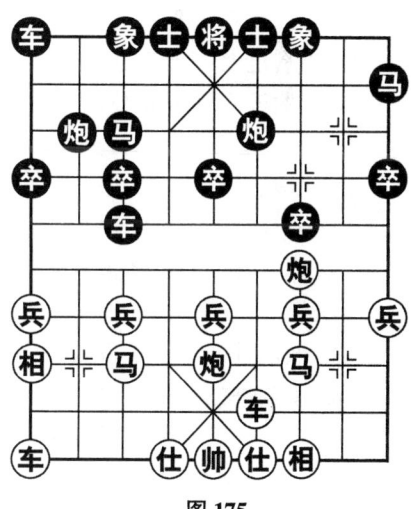

图 175

22. 炮七进七　炮4平3！　　　23. 车四退四　马1进3
24. 车六退五　车1平3（图176）

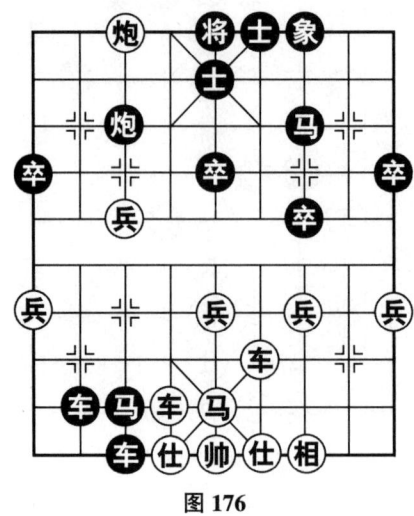

图176

第89局　刘晋玉负朱从思

1. 炮二平五　马2进3　　　2. 马二进三　炮8平6
3. 车一进一　马8进7　　　4. 车一平四　车9平8
5. 马八进七　士4进5　　　6. 车九进一　炮2平1
7. 车九平六　车1平2
8. 车六进七　车8进6（图177）
9. 兵七进一　车8平7
10. 马三退一　炮1进4
11. 车六退五　炮1退2
12. 炮八进一　车7退2
13. 马一进二　车7进5
14. 兵五进一　炮6平5
15. 炮八进一　车2进4
16. 车四进二　卒7进1
17. 车六进五　炮5平6
18. 马二退四　车7平8
19. 车六平七　象3进5

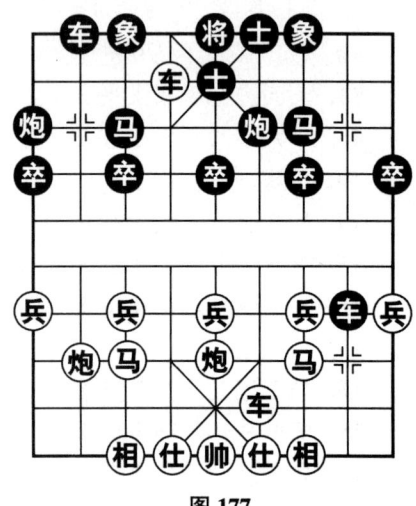

图177

20. 仕六进五	卒 3 进 1	21. 相七进九	卒 3 进 1
22. 相九进七	马 7 进 6	23. 车四平六?	车 2 退 2!
24. 车六进五	炮 1 平 3	25. 车七退一	炮 6 平 3（图 178）

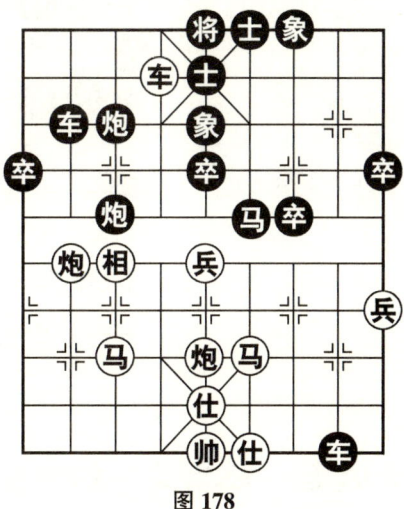

图 178

第 90 局　徐永嘉负钱洪发

1. 炮二平五　马 2 进 3
2. 马二进三　炮 8 平 6
3. 车一进一　马 8 进 7
4. 车一平四　车 9 平 8
5. 马八进七　士 4 进 5
6. 车九进一　象 3 进 5
7. 车九平六　炮 2 进 2
8. 兵七进一　卒 7 进 1（图 179）
9. 车四进五　马 7 进 8
10. 车四退三　炮 6 平 7
11. 相三进一　马 8 进 7
12. 兵五进一　卒 3 进 1
13. 兵七进一　象 5 进 3
14. 车六进五　马 7 退 6
15. 车六平七　象 7 进 5
16. 炮五进四　车 8 进 3
17. 炮五平三　车 1 平 4

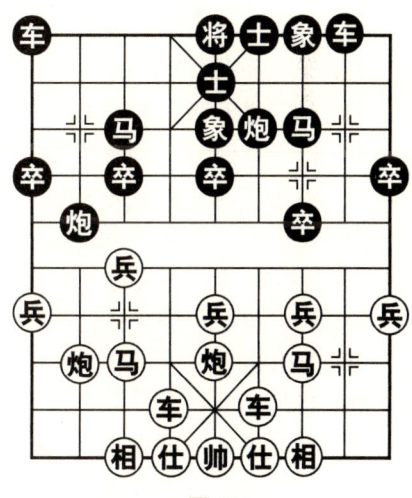

图 179

18. 兵五进一　马6进7
19. 兵五进一？马7进9！
20. 兵五平四　卒7进1
21. 马三进五　卒7进1
22. 车四退二　马9进8
23. 车四进三　车4进6
24. 炮八退一　卒7平6！
25. 车四退一　车8进4（图180）

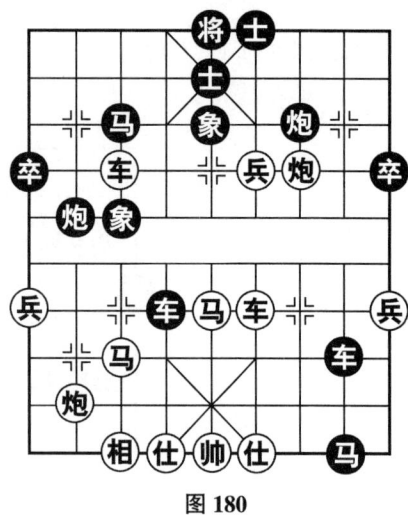

图180

第91局　杨官璘胜刘美松

1. 炮二平五　马2进3
2. 马二进三　卒7进1
3. 车一进一　炮8平6
4. 车一平四　马8进7
5. 马八进七　卒3进1
6. 炮八平九　士4进5
7. 车九平八　车9平8
8. 车八进六　车8进6（图181）
9. 炮五退一　炮2平1
10. 兵五进一　车8平7
11. 兵五进一　卒5进1
12. 车八平七　象3进5
13. 马三进五　车1平4
14. 炮五进四　马3退2
15. 炮九进四　炮6进4
16. 车七退一　车7平8
17. 炮九平三　马7进5
18. 车七退一　马2进3
19. 马五进七　车4进4
20. 后马进五　车4进2
21. 马五进四　炮6平3
22. 马七进六　车4退2
23. 炮五退三　炮1进2？

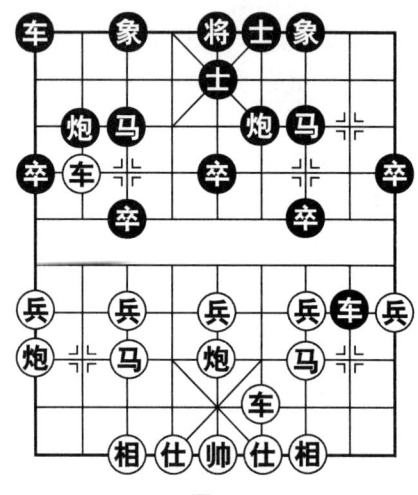

图181

24. 炮五进五！ 象 7 进 5　　　　25. 马四进五　炮 3 平 7
26. 车七进一（图 182）

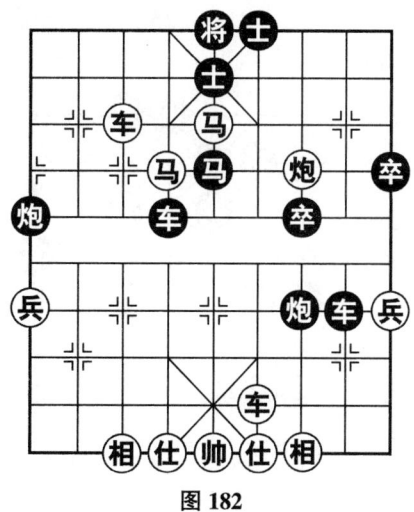

图 182

第 92 局　刚秋英胜董波

1. 炮二平五　马 2 进 3　　　　2. 马二进三　炮 8 平 6
3. 车一进一　马 8 进 7　　　　4. 车一平四　士 4 进 5
5. 马八进七　车 9 平 8　　　　6. 兵三进一　象 3 进 5
7. 炮八平九　车 8 进 4
8. 车九平八　车 1 平 2（图 183）
9. 炮九进四　卒 7 进 1
10. 车四进三　卒 3 进 1？
11. 炮九退一！车 8 进 2
12. 兵三进一　车 8 平 7
13. 马三退五　象 5 进 7
14. 炮九进二！车 2 平 3
15. 炮九平七　车 3 进 2
16. 炮五进四　将 5 平 4
17. 车四平六　炮 6 平 4
18. 炮五平九　炮 2 平 1
19. 车八进九　将 4 进 1

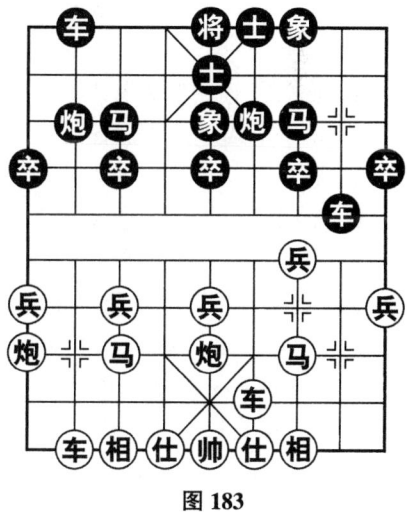

图 183

20. 车六平八　炮4进2　　　21. 后车进四　将4进1
22. 后车退一　车3平2　　　23. 车八退二　将4退1
24. 车八平九　象7退5　　　25. 马五进六　车7退2
26. 炮九退一（图184）

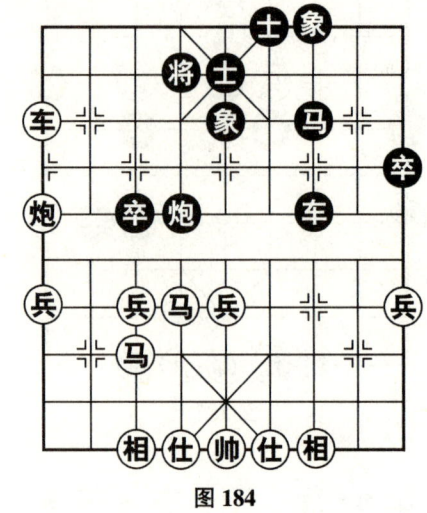

图184

第93局　李雪松负许银川

1. 炮二平五　马2进3　　　2. 兵七进一　卒7进1
3. 马二进三　炮8平6
4. 车一进一　马8进7
5. 马八进七　车9平8
6. 车一平四　士4进5
7. 炮八平九　炮2进2
8. 车四进五　马7进8
9. 车九平八　车1平2
10. 炮五进四　马3进5（图185）
11. 车四平五　炮2进4
12. 马七进六　马8进7
13. 车五平七?　车8进8
14. 仕六进五　炮2退1
15. 相七进五　马7进9!

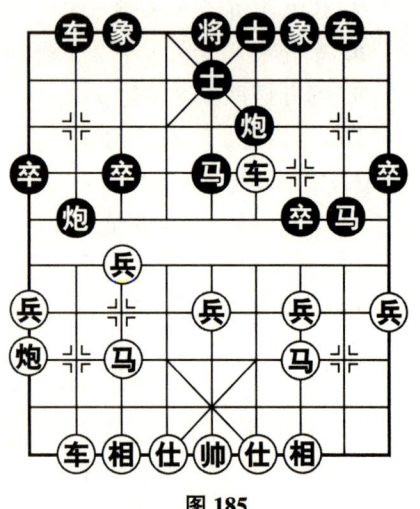

图185

16. 炮九退一　炮2进1
17. 马六退四　卒7进1！
18. 马四进五　马9进7
19. 帅五平六　车8退6
20. 仕五进六　炮2退2
21. 仕六退五　炮2进2
22. 仕五进六　炮2退2
23. 仕六退五　炮2进2
24. 相五进三　炮6平4！
25. 车七进一　炮2退7
26. 马五进六　炮2平4（图186）

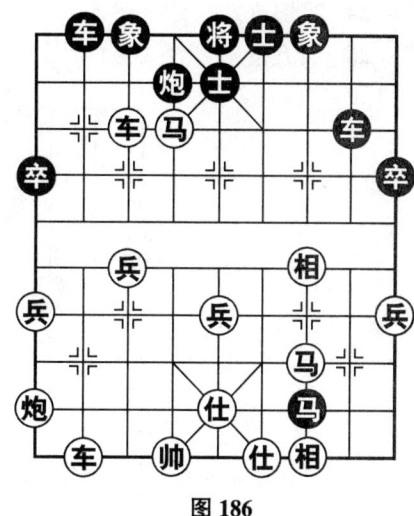

图186

第94局　张江胜陈启明

1. 炮二平五　马2进3
2. 马二进三　炮8平6
3. 兵七进一　卒7进1
4. 车一进一　马8进7
5. 马八进七　车9平8
6. 炮八平九　炮2进4
7. 马七进六　炮2平7
8. 马六进五　象7进5
9. 相三进一　士6进5
10. 车九平八　车8进3（图187）
11. 马五进七　炮6平3
12. 车一平四　炮3进3？
13. 兵五进一　车1进2
14. 马三进五　卒3进1
15. 兵五进一　车8进3
16. 兵五进一　炮7进3
17. 相一退三　车8平5
18. 兵五进一　象3进5
19. 炮五退一！车5平4
20. 炮九平五　车1平4
21. 相七进九　炮3平7
22. 车四进六　马7退6
23. 车四进一　炮7进1

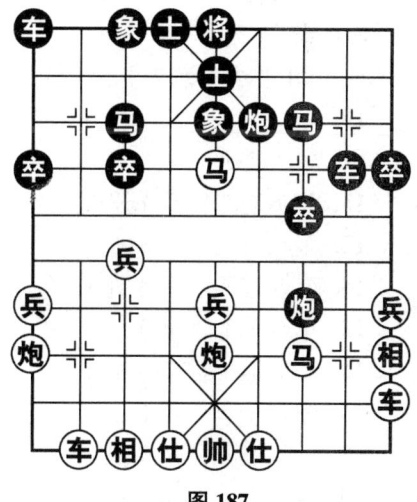

图187

101

24. 前炮进六！ 炮 7 平 5　　　25. 前炮退五　前车平 5
26. 炮五进一（图 188）

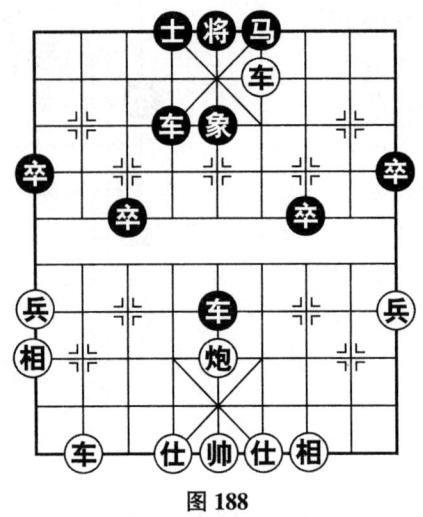

图 188

第 95 局　宋国强胜聂铁文

1. 炮二平五　马 2 进 3
2. 马二进三　炮 8 平 6
3. 车一进一　马 8 进 7
4. 马八进七　车 9 平 8
5. 兵七进一　士 4 进 5
6. 炮八平九　车 8 进 4
7. 兵五进一　卒 3 进 1
8. 马七进五　马 3 进 4
9. 车九平八　炮 2 平 5？
10. 车一平八　马 4 进 5（图 189）
11. 马三进五　卒 3 进 1
12. 前车进八！车 1 平 2
13. 车八进九　卒 3 平 4
14. 炮九进四　卒 4 进 1
15. 车八平七　士 5 退 4
16. 车七退三！车 8 平 1
17. 炮九平五　士 6 进 5
18. 马五进三　卒 7 进 1
19. 马三进五　车 1 平 4

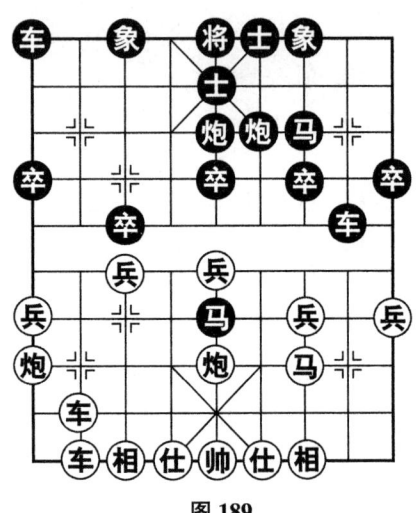

图 189

20. 仕四进五　炮6进4
21. 前炮平二　炮5进1
22. 炮五平八　将5平6
23. 炮八进七　将6进1
24. 相三进五　车4进1
25. 炮二退六！车4平5
26. 炮二平四　炮6平1
27. 仕五进四　士5进6
28. 车七平五　卒4进1
29. 仕四退五（图190）

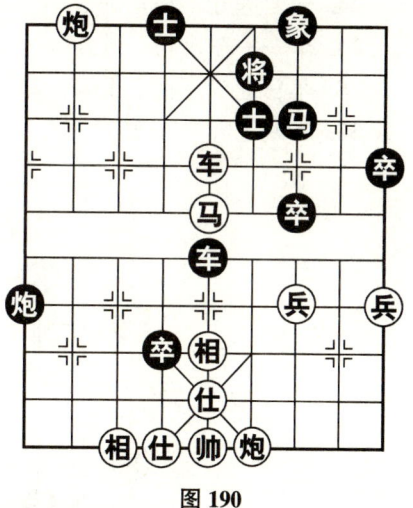

图190

第96局　张德魁胜万启友

1. 炮二平五　马2进3
2. 马二进三　炮8平6
3. 车一进一　马8进7
4. 车一平四　车9平8
5. 兵七进一　车8进4
6. 马八进七　士4进5
7. 马七进六　象3进5
8. 炮五平六　炮2进4
9. 相七进五　炮2平7
10. 车四进二　车1平2（图191）
11. 车九平八　炮7退2
12. 车四进二　车8进2
13. 炮八进一　车8平7？
14. 炮八平三！车2进9
15. 炮三进三　马7退8
16. 马六进七　车2退3
17. 马七进五！炮7平5
18. 炮三退六　象7进5
19. 兵七进一　车2平3
20. 车四平二　马8进9
21. 车二进二！车3退2
22. 车二平一　马3进4
23. 炮三平二　车3进3

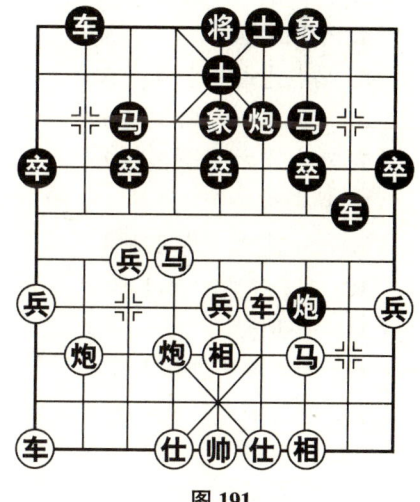

图191

103

24. 仕四进五	马4进3	25. 炮二进九	象5退7
26. 车一平三	马3进5	27. 马三进四	炮6平3
28. 车三进二	将5平4	29. 车三退二	将4进1
30. 马四进五	（图192）		

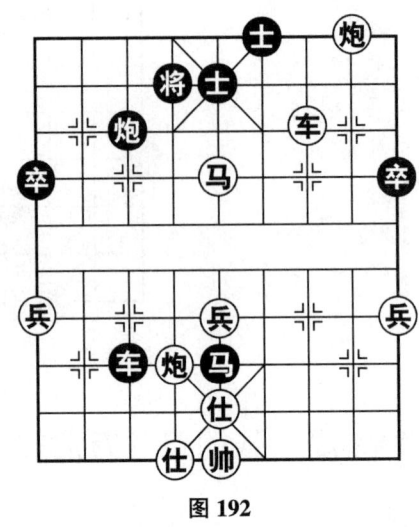

图192

第97局　林宏敏负李国勋

1. 炮二平五	马2进3	2. 马二进三	炮8平6
3. 车一进一	马8进7		
4. 车一平四	车9平8		
5. 马八进七	士4进5		
6. 车九进一	象3进5		
7. 车九平六	炮2平2		
8. 兵七进一	卒7进1（图193）		
9. 马七进六	炮2平4		
10. 炮八平六	车1平4		
11. 车四进三	车8进6		
12. 炮六进三	车4进4		
13. 炮五平六	车4平2		
14. 相三进五	车8平7		
15. 车六平二	卒3进1		

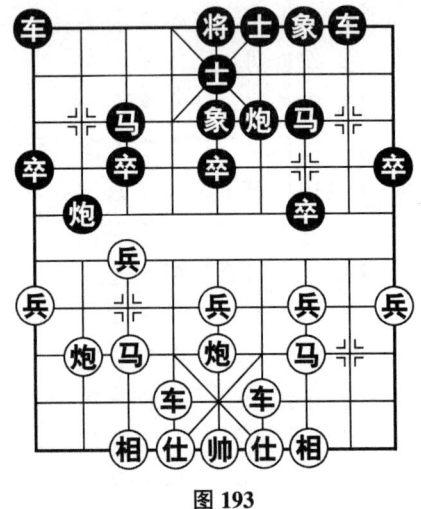

图193

16. 车二进一？ 卒3进1！
17. 炮六进一　卒7进1！
18. 相五进三　马7进8
19. 车二进三　车2平8
20. 炮六平三　卒3平4
21. 相三退五　车8进2
22. 炮三进三　卒4进1
23. 车四平八　卒4平5
24. 相五进三　前卒平6
25. 马三进四　卒6进1
26. 车八平五　卒6进1
27. 仕六进五　炮6平9
28. 相三退五　车8平7
29. 炮三平二　炮9进4
30. 马四进五？ 炮9进3！
31. 炮二退六　车7进3（图194）

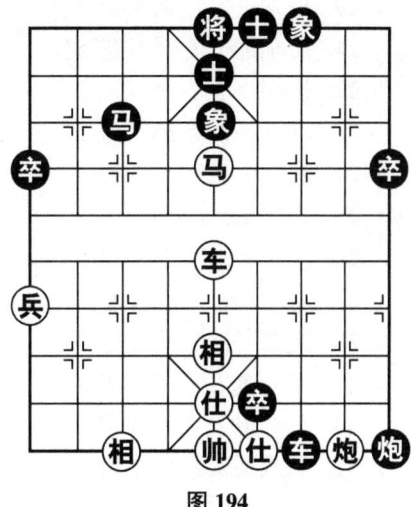

图194

第98局　王方虎负王嘉良

1. 炮二平五　马2进3
2. 马二进三　炮8平6
3. 兵七进一　卒7进1
4. 车一进一　马8进7
5. 马八进七　士4进5
6. 车一平四　象3进5
7. 兵五进一　车1平4
8. 炮八平九　炮2进2
9. 车九平八　炮2平6
10. 车四平八　前炮进3（图195）
11. 前车平七　车9平8
12. 兵五进一　前炮平3
13. 马三进五　卒5进1
14. 马五退七　车8进6
15. 车七平八　车8平7
16. 马七进八？ 炮6进3！
17. 马八进七　炮6平5！
18. 炮五进三　马7进6
19. 马七进九　车7平4

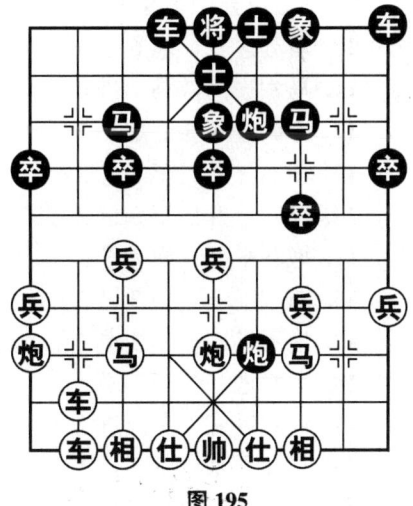

图195

20. 马九进七　前车退5
21. 前车进七　马6进5！
22. 仕四进五　马5进3
23. 帅五平四　前马进2
24. 炮九平三　马3进5
25. 炮三平二　前车平3
26. 车八平七　车4进6
27. 车七平八　车4平6
28. 炮二平四　马2退3
29. 相七进五　卒7进1
30. 车八退六　马3退2
31. 车八平六　卒7进1
32. 车六进二　马5进7
33. 兵七进一　马2进4

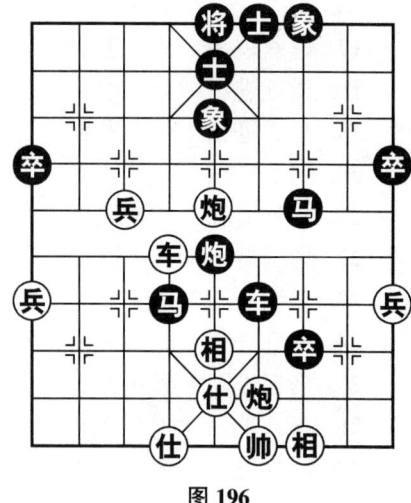

图 196

34. 炮四退一　卒7进1（图 196）

第99局　赵国荣胜张江

1. 炮二平五　马2进3
2. 马二进三　炮8平6
3. 车一进一　马8进7
4. 车一平四　士4进5
5. 马八进七　炮2进2
6. 兵七进一　卒7进1
7. 马七进六　炮2平4
8. 炮八进四　车9平8（图 197）
9. 马三退五　车8进5
10. 马五进七　炮6平4
11. 马六进四　马7进6
12. 车四进四　前炮平1
13. 相七进九　车8平3？
14. 车四平九！　车3进5
15. 炮八平五　炮4平5
16. 前车平六　马3进5
17. 炮五进四　车3退3
18. 车六进一　车3平5
19. 仕六进五　车5平2
20. 车九平六！　象3进1
21. 后车进五　车1平2

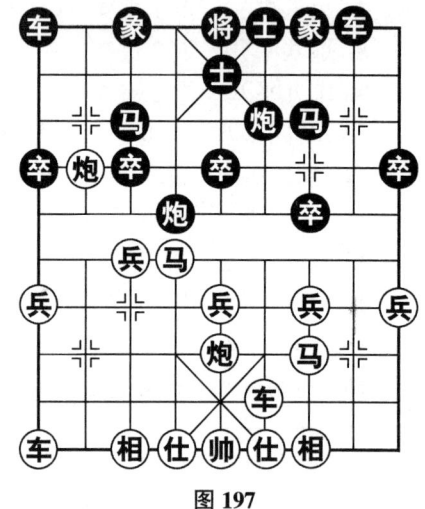

图 197

第二章 七路马

22. 相九退七　卒3进1
23. 帅五平六　车5退3
24. 前车平五　卒3进1
25. 相三进五　卒3进1
26. 车五平一　卒3进1
27. 车一平九　炮5进4
28. 兵一进一　炮5平2
29. 帅六平五　炮2进3
30. 仕五退六　炮2平1
31. 车九平七　车2进6
32. 车七退四　车2平7
33. 兵九进一　车7平1
34. 车七进二　象7进5
35. 车六退一（图198）

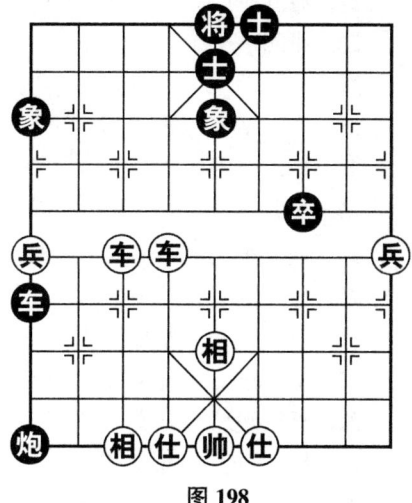

图198

第100局　虞文华负胡荣华

1. 炮二平五　马2进3
2. 马二进三　炮8平6
3. 车一进一　马8进7
4. 车一平四　车9平8
5. 马八进七　士4进5
6. 兵七进一　车8进4
7. 炮八平九　卒3进1
8. 兵七进一　车8平3（图199）
9. 马七进六　车3平4
10. 车四进三　炮2进5
11. 炮五平六　车4平3
12. 相三进五　卒7进1
13. 兵三进一　象3进5
14. 兵三进一　车3平7
15. 车九进一　车1平2
16. 车九平七　马3进4
17. 炮六进三　车7平4
18. 车七平八　车2进2
19. 仕四进五　象5进3！
20. 炮九进四？炮6平4
21. 马六退四　炮4平3

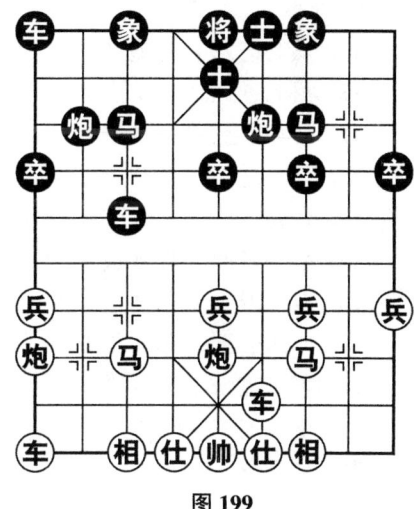

图199

22. 帅五平四	炮3平6!		
23. 帅四平五	马7进6		
24. 车四平三	炮6进4		
25. 车三平五	炮6进2		
26. 车八退一	车4退1		
27. 炮九退二	马6进4		
28. 车五平三	车4退1		
29. 马三退二	炮6平9		
30. 马二进一	炮2平9		
31. 车八进七	车4平2		
32. 车三退二	后炮平5		
33. 相七进五	车2平8		
34. 车三退二	马4进5		
35. 仕五进六	马5进7（图200）		

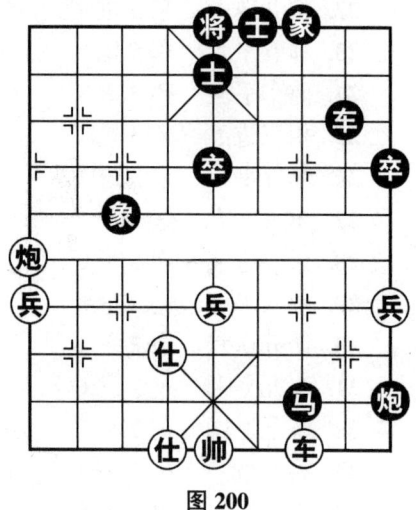

图 200

第101局　赵汝权胜李镜华

1. 炮二平五	马2进3	2. 兵七进一	卒7进1
3. 马二进三	炮8平6	4. 车一进一	马8进7
5. 车一平四	士4进5	6. 马八进七	象3进5
7. 炮八平九	炮2进2	8. 车九平八	炮2平6（图201）
9. 车四平二	前炮进3		
10. 马七进六	前炮平1		
11. 相七进九	车1平4		
12. 马六进五	马7进6		
13. 车二进二	卒9进1		
14. 兵五进一	马3进5		
15. 炮五进四	马6进4		
16. 炮五退一	车9进3		
17. 仕四进五	车9平6		
18. 车二进一	车6进3		
19. 车八进二	炮6进1		
20. 兵三进一	车6平7		
21. 兵三进一	车7退2		

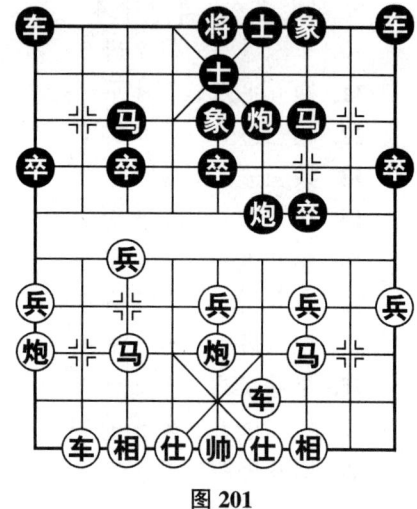

图 201

22. 车二平四　炮6平5
23. 帅五平四！卒1进1
24. 相三进一　车7进2
25. 马三进五　车7退2
26. 马五进三　车4进2
27. 相九退七　将5平4
28. 车八进七　象5退3
29. 车八平七　将4进1
30. 炮五平一！炮5平9
31. 炮一退一　车7平8
32. 马三退四　车4进1
33. 炮一平三　车8平7
34. 车四退一　炮9退1
35. 车四平六　炮9平6

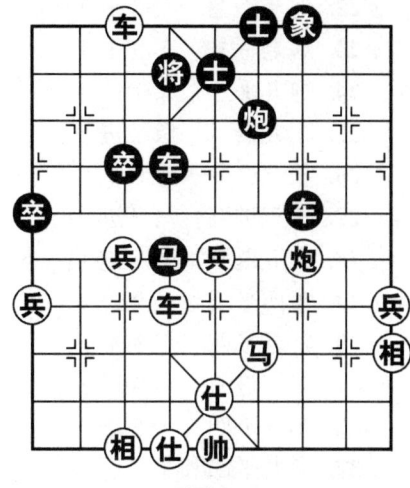

36. 帅四平五（图202）

图202

第102局　吕钦负徐天利

1. 炮二平五　马2进3
2. 兵七进一　卒7进1
3. 马二进三　炮8平6
4. 车一进一　马8进7
5. 车一平四　士4进5
6. 马八进七　象3进5
7. 炮八平九　炮2进2
8. 车四进五　马7进8（图203）
9. 车九平八　炮2平1
10. 炮九进三　卒1进1
11. 车四退二　马8进7
12. 炮五平六　车9平8
13. 车八进六　车1平2
14. 车八平七　车2进6
15. 马七进六　车2平4
16. 仕四进五　车4平3
17. 相七进五　车8进8
18. 马六进五　马3进5
19. 车七平五　车3平4
20. 车五平九　象5退3
21. 炮六平八　车4平2

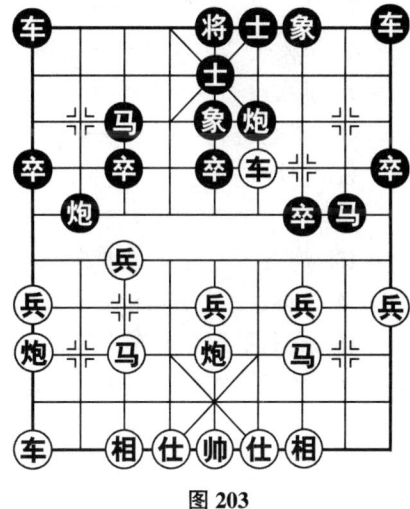

图203

22. 炮八平七　车2平3
23. 炮七平九　车3平1
24. 炮九平六　车1平4
25. 车九退一　象7进5
26. 相五退七　炮6平8
27. 相三进五？马7进9！
28. 相五退三　卒7进1！
29. 车四平三　马9进7
30. 帅五平四　炮8平6
31. 车三进三　车4退3
32. 车三平四　士5进6
33. 车九平四　车8进1
34. 相七进五　车8平9
35. 车四退三　车4平8
36. 炮六退一　马7退5
37. 帅四平五　车8进4（图204）

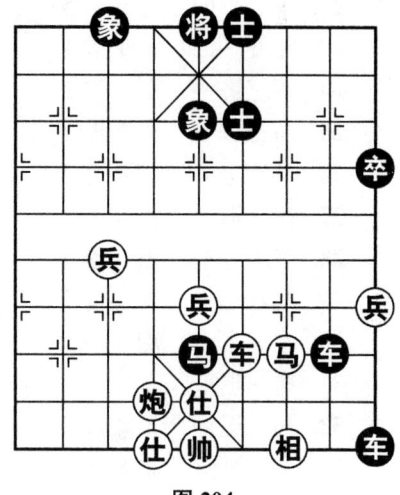

图 204

第103局　陈国良负何荣耀

1. 炮二平五　马2进3
2. 兵七进一　卒7进1
3. 马八进七　炮8平6
4. 车一进一　马8进7
5. 马七进六　象3进5
6. 炮八平七　车9平8
7. 马二进三　士4进5
8. 车九平八　车8进5（图205）
9. 车八进七　车8平4
10. 相七进九　车1平4
11. 仕四进五　后车进4
12. 车一平二　马7进6
13. 炮五平六　后车平5
14. 炮六平五　车5平4
15. 炮七平六　前车平6
16. 炮五平四？车4进3！
17. 仕五进六　车6进2
18. 马三退一　车6进2
19. 帅五进一　马6进5

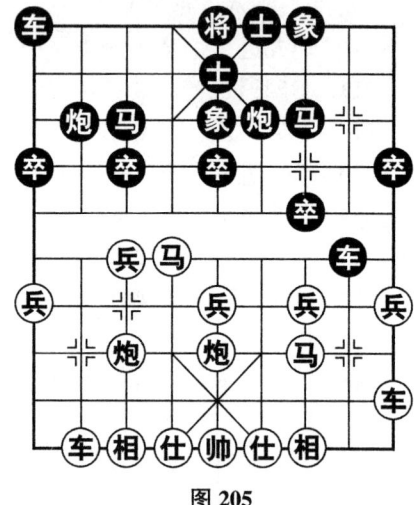

图 205

20. 车八退四	马5进7		21. 帅五平六	车6平7
22. 车二平四	马7进9		23. 车四平一	卒3进1
24. 车一平四	卒7进1			
25. 兵七进一	象5进3			
26. 车四进四	车7退1			
27. 仕六进五	炮6平4			
28. 车八平六	车7退2			
29. 车六进三	象3退1			
30. 帅六退一	车7平1			
31. 帅六平五	车1进1			
32. 仕五退六	炮4平5			
33. 仕六退五	车1平3			
34. 车四退二	车3平7			
35. 车四进二	马3进2!			
36. 车六退三	车7进2			
37. 车四退五	炮5平3（图206）			

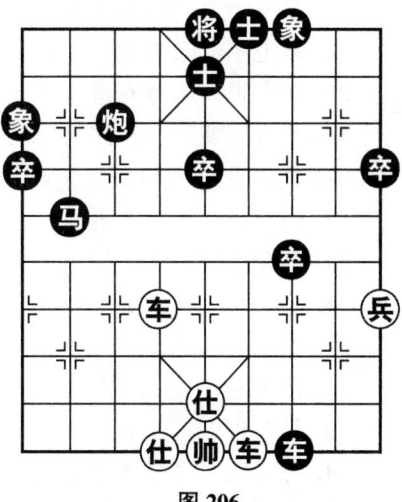

图 206

第104局　葛维蒲负邬正伟

1. 炮二平五	马2进3		2. 马二进三	炮8平6
3. 兵七进一	卒7进1		4. 车一进一	马8进7
5. 马八进七	马7进6			
6. 车一平六	象3进5			
7. 马七进六	马6进4			
8. 车六进三	车9平8（图207）			
9. 炮五平七	炮2平1			
10. 车九平八	车1平2			
11. 炮八进四	车8进6			
12. 相七进五	车8平7			
13. 车六进二	炮6进1			
14. 车六进二	士4进5			
15. 炮八进一	炮6退2			
16. 车六退二	炮6进2			
17. 车六进二	炮6退2			

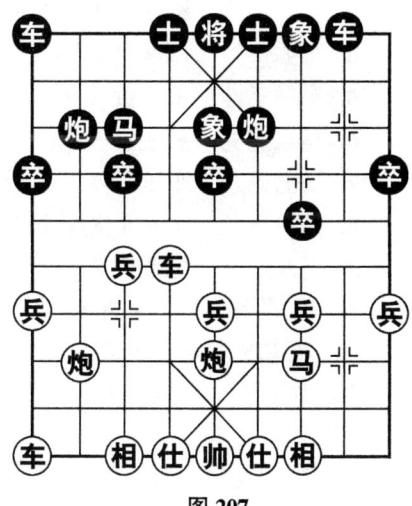

图 207

18. 车六退二　卒 7 进 1
20. 车六退二　象 5 进 3
22. 车三平九　炮 1 平 3
24. 车七平九　炮 1 平 3
25. 车九退一　炮 6 进 3
26. 车九平八　卒 9 进 1
27. 仕六进五　卒 1 进 1
28. 炮八进一　象 3 退 5
29. 前车进四　卒 3 进 1
30. 炮八平九　车 2 平 3
31. 炮七平九　士 5 退 4
32. 前炮进一　士 6 进 5
33. 后车进四　炮 6 退 4
34. 后车退一　卒 3 进 1
35. 前车进一　卒 1 进 1
36. 后车进三？卒 1 平 2！
37. 前炮退四　炮 3 平 2！（图 208）

19. 兵七进一　炮 6 进 2
21. 车六平三　炮 1 进 4
23. 车九平七　炮 3 平 1

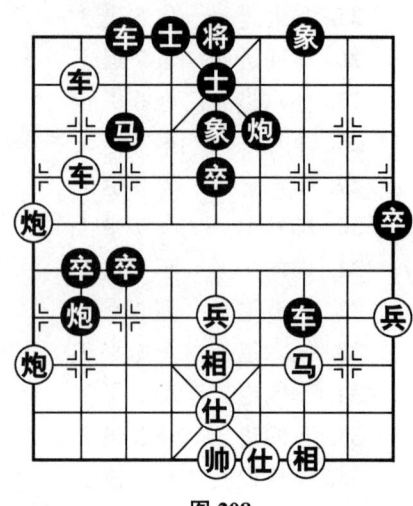

图 208

第 105 局　李梓汉胜陈有福

1. 炮二平五　马 2 进 3
3. 兵七进一　卒 7 进 1
4. 车一进一　马 8 进 7
5. 车一平四　士 4 进 5
6. 马八进七　象 3 进 5
7. 马七进六　车 1 平 4
8. 马六进七　车 9 平 8（图 209）
9. 车九进一　炮 2 进 4
10. 车四平六　车 4 进 8
11. 车九平六　车 8 进 5
12. 兵五进一　炮 2 平 3
13. 马七退六　车 8 平 5
14. 车六进二　炮 3 平 7
15. 马六进七　炮 7 退 1

2. 马二进三　炮 8 平 6

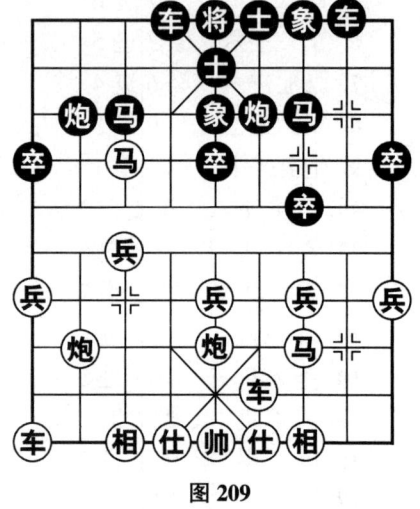

图 209

16. 相七进九	炮7进4
17. 帅五进一	车5平7?
18. 马七进九！	炮6退1
19. 炮八进六	车7进2
20. 炮五进五	士5进4
21. 马九进七	炮6平4
22. 车六进四	车7进1
23. 帅五进一	车7平2
24. 炮五平七	车2退7
25. 炮七平三	车7退7
26. 车六进一	士6进5
27. 帅五平六！	炮7平4
28. 兵七进一	卒5进1
29. 兵七进一	卒5进1
30. 兵七进一	卒5进1
31. 兵七平六	士5进4
32. 车六平四	将5平4
33. 马七退五	车2平5
34. 车四平五	卒5平4
35. 帅六退一	士4退5
36. 马五退七	卒7进1
37. 马七退五	卒7平8
38. 马五退六 （图210）	

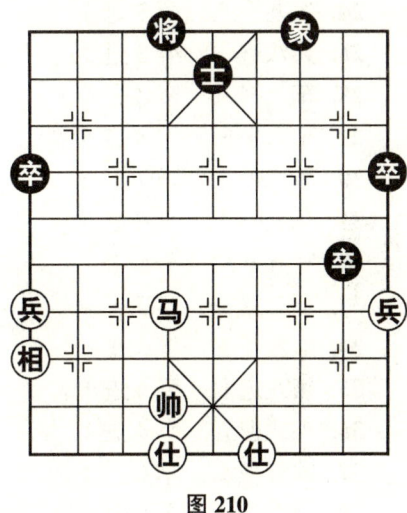

图 210

第 106 局　陈孝堃负胡荣华

1. 炮二平五　马2进3
2. 马二进三　卒7进1
3. 兵七进一　炮8平6
4. 车一进一　马8进7
5. 马八进七　士4进5
6. 车一平六　炮6平5
7. 车六平七　车9平8
8. 仕六进五　炮6进1 （图211）
9. 仕五进四　炮6平8
10. 炮八进二　象7进5
11. 马七进六　卒1进1
12. 炮五平九　车1进3
13. 兵九进一　炮2平1

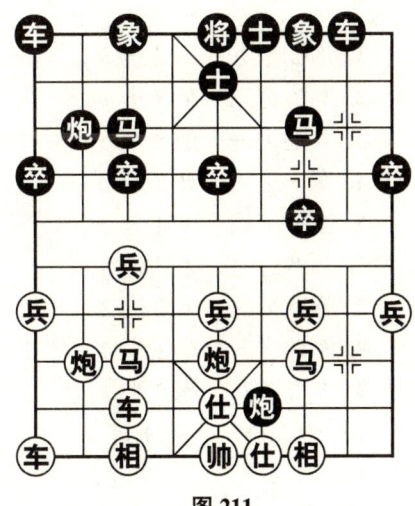

图 211

14. 车九平八	车1平2	15. 兵九进一	炮1进5
16. 相七进九	炮8退4	17. 兵七进一	卒3进1
18. 马六进八	车2平3	19. 马八进七	车3退1
20. 炮八进五	士5退4	21. 车七平六	士6进5
22. 兵九进一	车8平6！	23. 车八进二	卒3进1
24. 兵九平八	卒3进1	25. 兵八进一	车3进2
26. 兵八进一？	卒3进1	27. 车八进五	车6进7
28. 车八平五	卒3平4		
29. 车六平三	炮8进5！		
30. 车三平二	马7退6		
31. 车五平八	车6平5		
32. 帅五平六	车5平7		
33. 车二退一	车3退4		
34. 帅六平五	车3平6		
35. 相九进七	卒4进1		
36. 车八退五	卒4进1		
37. 帅五平六	车6进1		
38. 帅六进一	车6退1		
39. 帅六退一	车7进1（图212）		

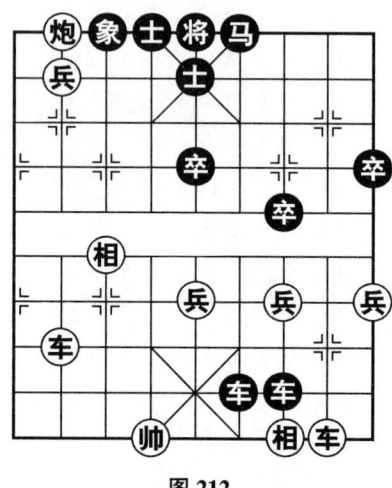

图 212

第 107 局　谢岿胜刘勇

1. 炮二平五　马2进3
2. 马二进三　卒7进1
3. 兵七进一　炮8平6
4. 车一进一　马8进7
5. 车一平四　士4进5
6. 马八进七　象3进5
7. 炮八平九　炮2进2
8. 车四进五　车1平4（图213）
9. 车九平八　炮2平1
10. 炮九进三　卒1进1
11. 车四平三　车9进2
12. 兵五进一　卒3进1

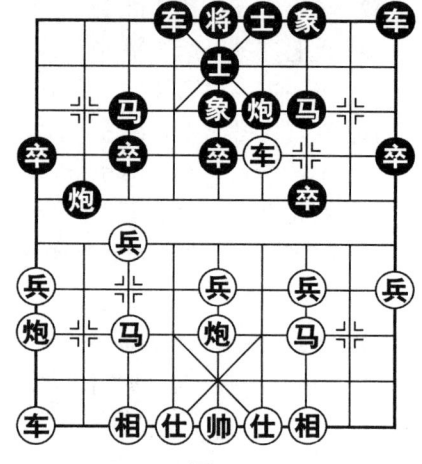

图 213

13. 兵七进一　象5进3　　　14. 马三进五　炮6平5?
15. 车三退一　马3进4　　　16. 车八进四　马4进6
17. 马五进三　马6进5　　　18. 相七进五　车9平8
19. 车三进一　车4进7　　　20. 车八平七　象3退1
21. 马三进四　士5进6　　　22. 马七进八　炮5退1
23. 车七进三　炮5平7　　　24. 车三退一！车8平9
25. 车三平九　士6进5　　　26. 车七平九　车4退7
27. 兵三进一　卒9进1
28. 兵五进一　卒9进1
29. 兵五进一　卒9进1
30. 后车平六　车4平2
31. 马八进九　车9进1
32. 马九进七　车2平3
33. 马七进五！将5进1
34. 车九平四　将5退1
35. 车四平三　炮7平6
36. 车三进二　炮6退1
37. 马四进三　将5进1
38. 兵五进一　将5平6
39. 车六进三（图214）

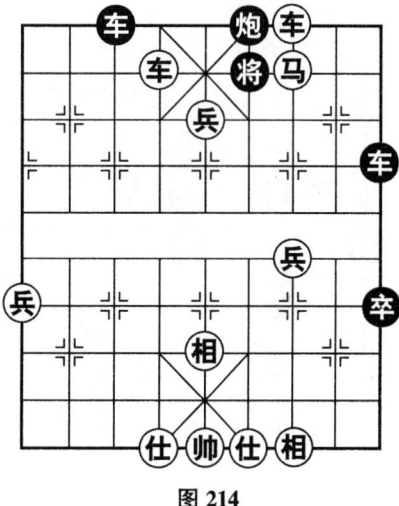

图214

第108局　白高成负邬正伟

1. 炮二平五　马2进3　　　2. 马二进三　炮8平6
3. 车一进一　马8进7　　　4. 车一平四　车9平8
5. 炮八进二　卒3进1　　　6. 车四进四?　士4进5
7. 炮八平三　马7退9　　　8. 马八进七　象3进5（图215）
9. 车九平八　炮2进2　　　10. 车四进一　卒7进1
11. 炮三平一　车8进3　　　12. 车四平二　马9进8
13. 车八进四　车1平4　　　14. 炮一平四　炮6平7
15. 炮四退二　马8进6　　　16. 仕四进五　车4进5
17. 车八平六　马6进4　　　18. 兵五进一　卒7进1！
19. 兵七进一　马4进5　　　20. 相三进五　卒3进1！
21. 相五进七　卒7进1　　　22. 马三退二　马3进4

23. 炮四平一	炮2平3	24. 相七退五	马4进3
25. 马七进五	马3退5	26. 马二进四	卒7平6
27. 马五进七	炮7进6！	28. 仕五退四	炮3平8
29. 炮一平二	炮8平6	30. 马四进六	马5进6
31. 帅五进一	炮7平9	32. 马六进五	马6退8
33. 帅五平六	炮6平4	34. 马五进四	卒6进1
35. 马七退五	炮4退1	36. 马四进三	将5平4
37. 帅六平五	炮4进4	38. 炮二退二	卒6平7
39. 帅五平六	卒7进1	40. 仕六进五	炮4退6（图216）

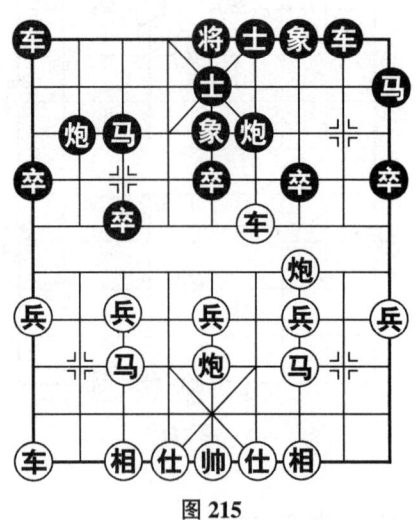

图215

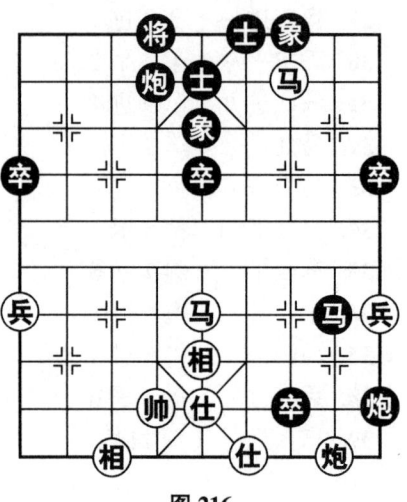

图216

第109局　冯华跃负胡荣华

1. 炮二平五	马2进3	2. 马二进三	炮8平6
3. 车一进一	马8进7	4. 车一平四	车9平8
5. 马八进七	车8进4	6. 车四进三	士4进5
7. 兵七进一	卒3进1	8. 兵七进一	车8平3（图217）
9. 马七进六	象3进5	10. 炮八平六	卒7进1
11. 仕四进五	炮6进2	12. 兵三进一	炮6平4
13. 马六退四	车1平2	14. 炮五平四	卒7进1
15. 车四平三	马7进8	16. 相三进五	车3进2
17. 马四进二	炮2平1	18. 炮四进一	车3退2

19. 炮四平二	炮4退4		20. 相五进七	车3平2
21. 相七进五	卒9进1		22. 炮六平七	后车进2
23. 炮七进五	炮1平3		24. 车三进二	马8退7
25. 炮二平三	炮4进3		26. 车三退二	马7进6
27. 车三平四	马6进8		28. 车四平二	前车平6
29. 车二平六	车6进2		30. 炮三进五	车2进1！
31. 车九进二	卒5进1		32. 车六平四	车6平7
33. 车四平三	车7退1		34. 相五进三	炮4进3
35. 相三退五？	车2平7		36. 马三进四	炮4平3！
37. 车九平七	车7退2		38. 马四进六	车7进5
39. 兵九进一	后炮进2		40. 仕五退四	卒5进1
41. 马六退七	车7平5（图218）			

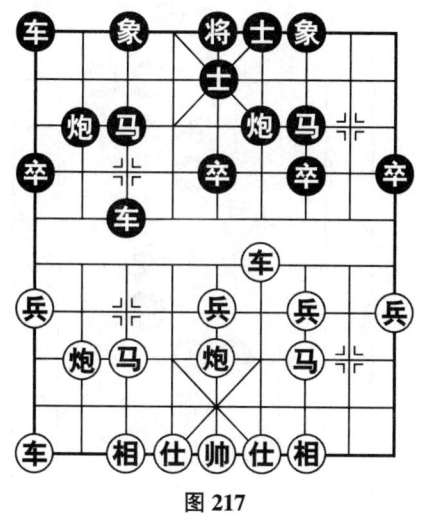

图 217

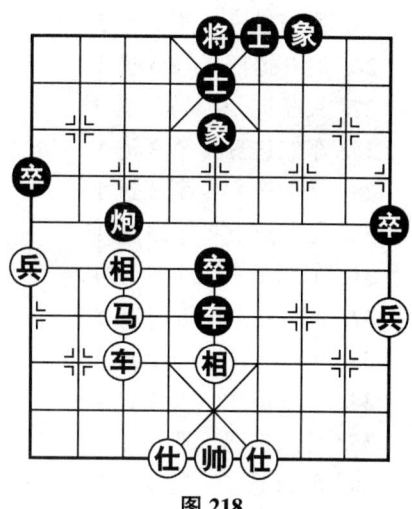

图 218

第 110 局 黄福胜罗权

1. 炮二平五	马2进3		2. 马二进三	炮8平6
3. 车一进一	马8进7		4. 车一平四	士4进5
5. 马八进七	车9平8		6. 炮八平九	车1平2
7. 车九平八	炮2进4		8. 车四进五	车8进8（图219）
9. 仕六进五	车8平7		10. 车四平三	象3进5
11. 炮五平六	马7退8		12. 相七进五	车7平6

13. 兵七进一	卒9进1		
14. 兵三进一	炮6进4?		
15. 马三进二	炮6平7		
16. 车三平二	马8进7		
17. 马二退一	车6退4		
18. 马一进三	炮2平7		
19. 车八进九	马3退2		
20. 车二退三	炮7进2		
21. 兵九进一	车6平2		
22. 炮九进四	车2进2		
23. 兵三进一！	马2进3		
24. 炮九进三	卒9进1		
25. 兵一进一	车2退5		
26. 炮九退四	马3进1		
27. 兵三进一	马7退9		
28. 车二进五	卒3进1		
29. 马七进六	卒3进1		
30. 马六进五	卒3进1		
31. 车二平一	卒3平4		
32. 炮六退二	卒4平5		
33. 车一平四	车2进3		
34. 马五退六	车2进1		
35. 马六进四	车2平6		
36. 车四退二	马1进3		
37. 车四平八	马3进4		
38. 车八进三	士5退4		
39. 车八平六	将5进1		
41. 车六退一	士6进5		
43. 炮九平四！(图220)		

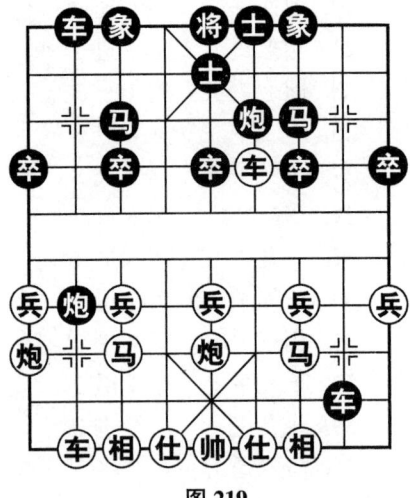

图219

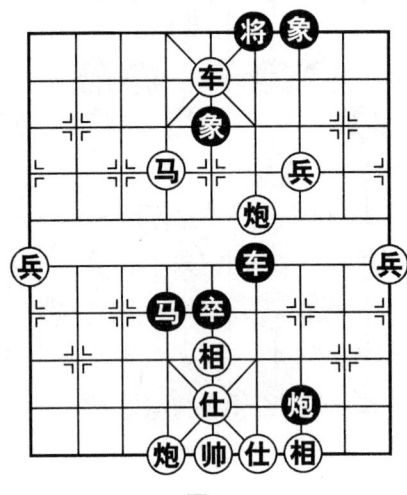

图220

40. 马四进六　将5平6
42. 车六平五　将6退1

第 111 局　李来群负吕钦

1. 炮二平五　马2进3
2. 马二进三　炮8平6
3. 兵七进一　卒7进1
4. 车一进一　马8进7

5. 马八进七　车9平8
6. 炮八平九　车1平2
7. 车九平八　炮2进4
8. 马七进六　炮6平5（图221）
9. 兵七进一　炮2平7
10. 车八进九　马3退2
11. 兵七进一　炮7进3
12. 仕四进五　卒7进1
13. 车一退一　炮7退1
14. 车一平三　车8进8
15. 马六退四　卒7进1
16. 车三进一　车8退4
17. 兵五进一　卒7平6
18. 马三进四　车8进5
20. 仕六进五　车8退4
22. 帅五平六　卒6平5
24. 车三平八　马2进1
26. 炮九进四　后卒进1
28. 炮九退一　象7进5
30. 炮一进二　象5退7
32. 兵九进一　车2平1
33. 车八平四　将5进1
34. 车四进二　象7进5
35. 车四平六　卒4进1
36. 兵八进一　马1进2
37. 兵八进一　车1进4
38. 炮一退一　车1平3
39. 仕五退六　马2进1
40. 兵八平七　将5平6
41. 车六退一　将6退1
42. 仕四进五　马1进3
43. 炮一平四　卒5进1
44. 帅五平四　将6平5
45. 炮四平三　卒5进1（图222）

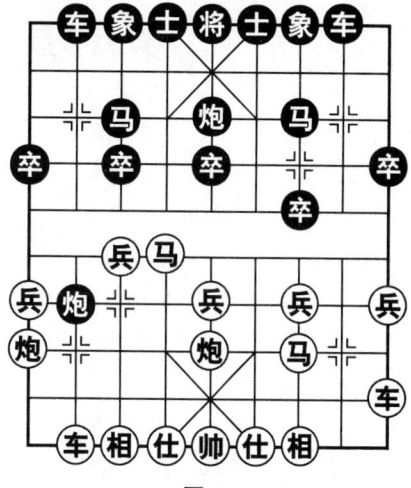

图221

19. 仕五退四　炮5进3
21. 车三进六　车8平6
23. 炮五进二　车6平5
25. 兵七平八？车5平2！
27. 帅六平五　卒9进1
29. 炮九平一　后卒进1
31. 炮一进二　后卒平4

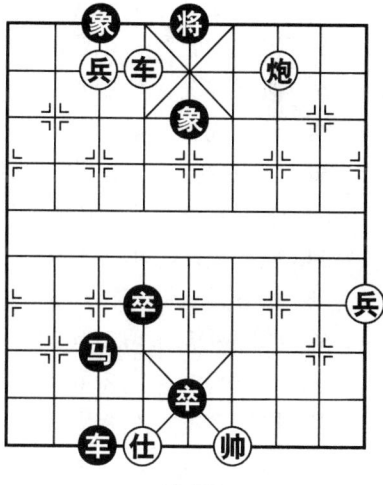

图222

第 112 局　吴将玮负许银川

1. 炮二平五　马2进3
3. 马二进三　炮8平6
5. 车一平四　士4进5
7. 炮八平九　炮2进2
8. 车四进五　马7进8（图223）
9. 车四退三？象3进5
10. 车九平八　炮2平4
11. 兵五进一　车8进3
12. 车八进六　车1平3
13. 兵五进一　卒5进1
14. 兵七进一　卒7进1！
15. 兵三进一　马8退6
16. 车四进三　车8平6
17. 兵七平六　卒5进1
18. 兵三进一　车3平2！
19. 车八进三　马3退2
20. 兵六平五　马2进3
22. 炮五退一　卒3进1
24. 相三进五　炮6平8
26. 炮五进三　车2平3
28. 马五进三　卒3进1
30. 仕四进五　车3平7
32. 炮五平三　士5进6
34. 炮七进四　车7平9
36. 相五进七　车3平6
38. 帅四平五　马3退2
40. 炮三平一　炮8平9
42. 炮二平三　车8进2
44. 炮七平五　炮9平3
46. 炮一进一　车8退3（图224）

2. 兵七进一　卒7进1
4. 车一进一　马8进7
6. 马八进七　车9平8

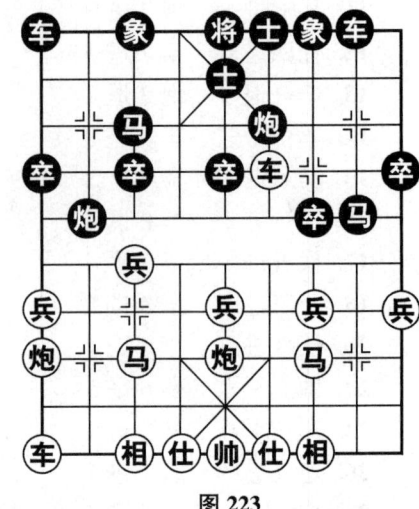

图 223

21. 兵三平四　车6平7
23. 炮五平三　车7平2
25. 炮三平五　车2进4！
27. 马三进五　车3退1
29. 马三进四　炮8进7
31. 帅五平四　卒3平4
33. 炮九平七　士6进5
35. 马四退六　车9平3
37. 仕五进四　车6进1
39. 炮三进四　车6平7
41. 炮一平二　车7平8
43. 帅五进一　车8退6
45. 炮三平五　马2进3

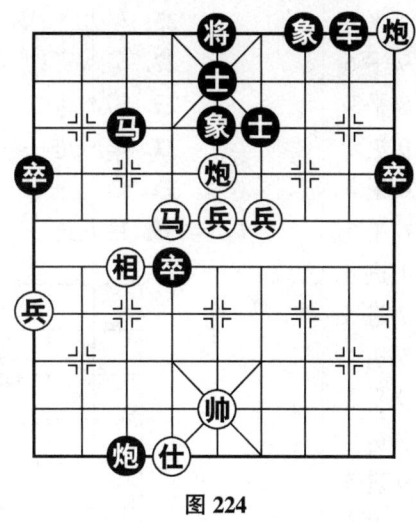

图 224

第113局　余望祖负吕钦

1. 炮二平五　马2进3
2. 马二进三　炮8平6
3. 车一进一　马8进7
4. 车一平四　车9平8
5. 马八进七　士4进5
6. 兵七进一　车8进4
7. 马七进六　卒3进1
8. 车四进四　车8进1（图225）
9. 炮八进二　卒3进1
10. 马六进五　卒3平2
11. 马五进七　象3进5
12. 马七退五　马7退8
13. 马五退七？　车1平4!
14. 马七退五　车8进3
15. 车四进一？　马8进9
16. 兵一进一　炮6平8
17. 车四平六　车8平7!
18. 炮五平六　车4进3
19. 马五进六　车7退1
20. 相七进五　车7退1
21. 马六进七　将5平4
22. 仕六进五　炮8退1
23. 马七退六　炮2平4

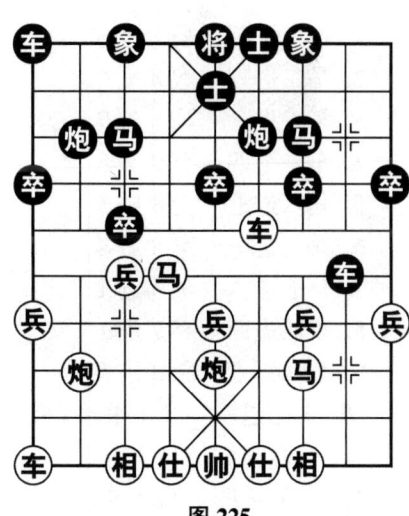

图 225

24. 马六退五	将4平5
26. 炮六进二	车9平6
28. 炮六进二	炮8平9
30. 炮六平九	卒9进1
32. 车八平七	车6退4
34. 车七进二	车6平1
36. 马五进七	车1进4
37. 仕五退六	象7进5
38. 马七进六	士5进4
39. 车七平八	炮9平5
40. 仕四进五	卒7进1
41. 兵五进一	马9进7
42. 车八退三	车1退9
43. 车八平三	炮5进4
44. 兵三进一	车1进6！
45. 车三平五	车1平5
46. 车五进一	士4进5
47. 车五平三	将5平6（图226）

25. 车九平八	车7平9
27. 车八进四	士5退4
29. 车八进二	卒9进1
31. 车八进一	士6进5
33. 炮九进三	象5退3
35. 兵九进一	车1进1

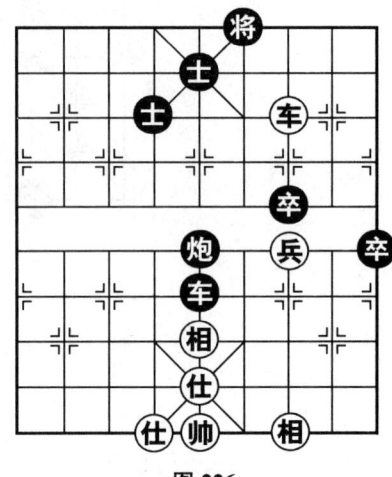

图226

第114局　孟立国负胡荣华

1. 炮二平五	马2进3
2. 马二进三	炮8平6
3. 车一进一	马8进7
4. 车一平四	车9平8
5. 马八进七	士4进5
6. 兵七进一	车8进4
7. 马七进六	卒3进1
8. 车四进四？	卒7进1
9. 车四平七	象3进5
10. 车七进一	车1平4（图227）
11. 马六进五	马3进5
12. 炮五进四	马7进6
13. 炮五退一	车8进2

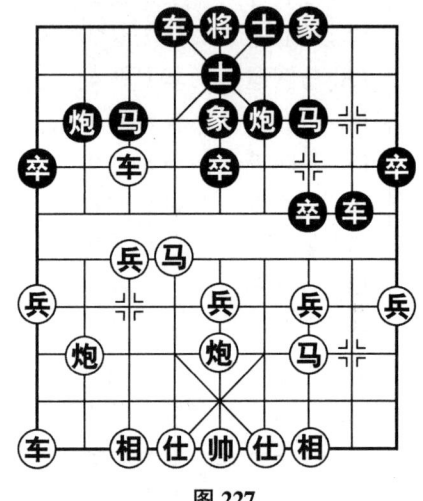

图227

14. 相七进五	车8平7		15. 仕六进五	卒7进1!
16. 车九平六	炮2平4		17. 车六进三	卒7平6
18. 兵七进一	马6进8		19. 马三退二	卒6平5
20. 马二进一	车7平9		21. 相五进三	卒5进1
22. 车六平八	炮6平7		23. 相三进五	卒9进1
24. 兵七平六	卒9进1		25. 兵六进一	炮4平1
26. 炮五平八	卒5进1!		27. 前炮进四	车4进3
28. 车七进三	车4退3		29. 车七退六	车4进2
30. 前炮平九	车9平3		31. 车八平七	车4平2
32. 车七退一	卒5进1		33. 帅五进一	车2进4
34. 马一进二	卒9平8		35. 车七进七	士5退4
36. 车七退一	士4进5			
37. 车七进一	士5退4			

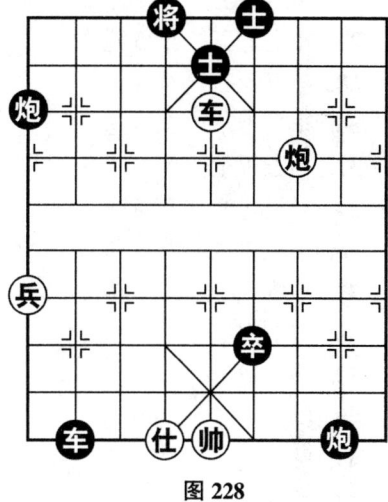

图228

38. 炮八平九　卒8平7
39. 车七退五　车2退6
40. 前炮退三　卒7进1
41. 后炮平五　士4进5
42. 炮九平三　炮7平8
43. 帅五退一　卒7平6
44. 车七平五　卒6进1
45. 炮五进五　象7进5
46. 车五进三　炮8进7
47. 仕四进五　车2平9
48. 仕五退六　将5平4（图228）

第115局　冯明光负柳大华

1. 炮二平五	马2进3		2. 马二进三	炮8平6
3. 车一进一	马8进7		4. 车一平四	车9平8
5. 马八进七	士4进5		6. 炮八进二	卒3进1
7. 炮八平三	马7退9		8. 车四进五?	卒7进1（图229）
9. 炮三平一	车8进3		10. 车四退一	炮2进2
11. 车四平七	象3进5		12. 车七进一	马9进7
13. 炮一平七	车1平3		14. 车七平八	车3平4

15. 车九平八　炮2平6
16. 兵五进一　车8进3
17. 兵五进一　前炮退1
18. 炮七进二　卒5进1
19. 炮七退二　前炮进2
20. 前车平七　车8平7
21. 马七进五　前炮平5
22. 炮七进三　炮6平3
23. 车七进一　车4进6！
24. 车八进九　士5退4
25. 车八退五　车7进1
26. 车八平五　车7平5
27. 相七进五　卒5进1
28. 马五退三　车4平7
30. 车七退一　马5进4
32. 马五退七　卒9进1
34. 马七进六　车9平4
36. 车九进二　马4进6
37. 车九平七　卒9进1
38. 车七退二　卒5进1！
39. 相三进五　马6进7
40. 帅五平六　马7退5
41. 帅六进一　卒9进1
42. 兵九进一　卒9平8
43. 兵九进一　卒8平7
44. 兵九平八　前卒平6
45. 兵八进一　卒6平5
46. 车七平四　马5退7
47. 兵七进一　卒5进1
48. 兵八平七　卒5平4
49. 仕五进六　车4平5（图230）

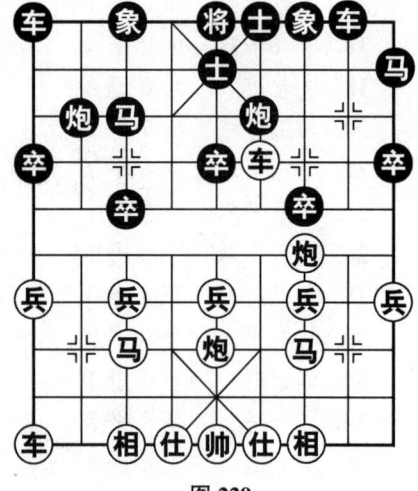

图229

29. 马三退五　马7进5
31. 车七退二　车7平9
33. 仕六进五　士6进5
35. 车七平九　卒5进1

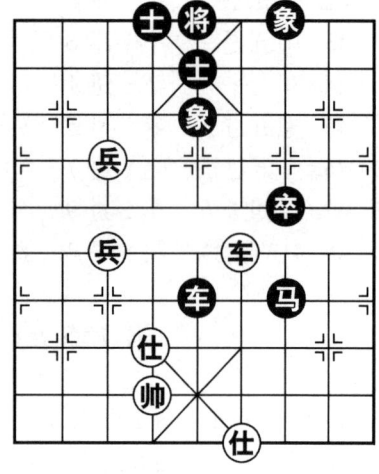

图230

第二章 七路马

第116局 季本涵负胡荣华

1. 炮二平五　马2进3
2. 马二进三　卒7进1
3. 兵七进一　炮8平6
4. 车一进一　马8进7
5. 车一平四　士4进5
6. 马八进七　象3进5
7. 炮八平九　炮2进2
8. 车四进五　马7进8（图231）

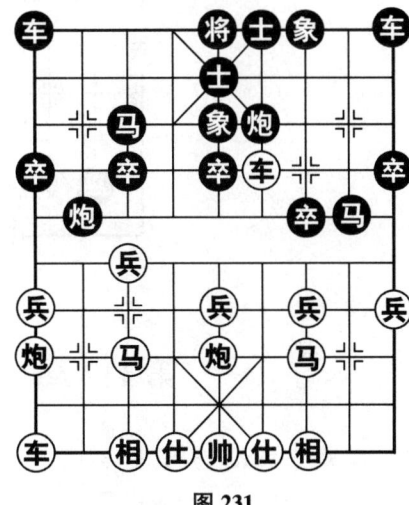

图231

9. 车九平八　炮2平1
10. 兵九进一　炮1进3
11. 炮五平九　车9平8
12. 车四退二　车1平4
13. 车八进六？马8进7
14. 车八平七　车8进8!
15. 仕六进五　车8平7
16. 兵七进一　车7进1
17. 兵五进一　车4进8
18. 马三进五　车4平3
19. 相七进五　车7退1
20. 车七平六　炮6平9!
21. 兵七进一　炮9进4
22. 车四平二　马7退6
23. 车二平一　炮9平8
24. 车一平二　炮8平9
25. 炮九进一　炮9进3
26. 车二退四　马6退4
27. 车二平一　马5进3
28. 炮九平七　前马进5!
29. 炮七进四　车3平2
30. 车一进六　马5退7
31. 车一平四　车7平9
32. 相五退七　车9进1
33. 车四退四　车2退1
34. 车四退一　车2进1
35. 车四进一　车2平8
36. 车六平五　卒7进1
37. 车五平四　卒7平6
38. 前车平三　马7退8
39. 车三平二　车8退2
40. 兵五进一　车8平5
41. 相七进五　卒6进1
42. 车四平二　马8进9!
43. 前车平四　马9进8
44. 车四平三　卒6平7
45. 兵七平八　马8退6
46. 车二平四　马6退4
47. 帅五平六　马4进2
48. 炮七退六　车5平3
49. 车三平七　车3退3

50. 兵八平七　车9退1（图232）

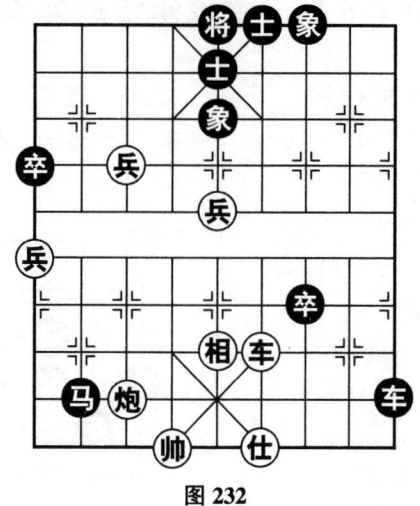

图 232

第117局　蒋志梁胜阎玉锁

1. 炮二平五　马2进3
2. 马二进三　炮8平6
3. 车一进一　马8进7
4. 马八进七　卒7进1
5. 车一平四　车9进1
6. 炮八平九　车9平4
7. 车九平八　士4进5
8. 车四进五　车1平2
9. 车八进六　车4进5
10. 车八平七　象3进5（图233）
11. 炮五平四　马3退4
12. 车四平三　炮2平3
13. 相三进五　车2进4
14. 仕四进五　马4进2
15. 车七平五　炮6退1？
16. 车五进一！炮6平7
17. 车五平七　炮7进2
18. 车七平三　炮7进3
19. 车三平二　车4平3
20. 车二退四　卒7进1
21. 相五进三　车3进1

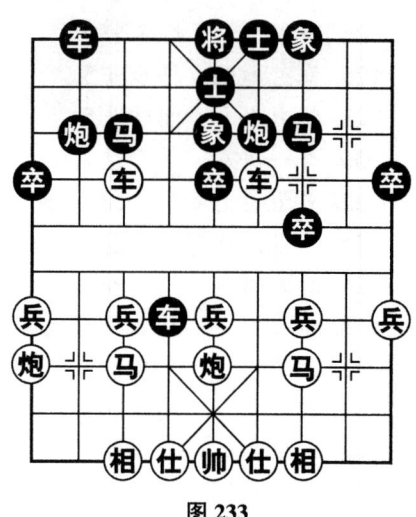

图 233

22. 相三退五　车3退3　　　23. 车二平三　车3平7
24. 相五进三　车2进2　　　25. 相七进五　车2平1
26. 炮九平六　马2进4　　　27. 车三平二　车7平6
28. 炮六进二　车1平4　　　29. 炮六平四　车6平5
30. 后炮进一　车4退3　　　31. 后炮平三　象7进5
32. 车二进四　将5平4　　　33. 炮三平二　车4平6
34. 炮二平四　车6平7　　　35. 前炮平六　将4平5
36. 马三进四！车7进1　　　37. 炮六平五　马4进3
38. 炮五进三　将5平4
39. 马四退六！车7平8
40. 马六进五　车8退2
41. 马五进七　士5进4
42. 炮五退二　车8进7
43. 仕五退四　车8退6
44. 马七进五　士4退5
45. 炮五平六　车8平5
46. 马五进七　车5平3
47. 炮四进三　车5平4
48. 马七退五　马3退2
49. 炮四平三　车4平6
50. 炮三进三　将4进1
51. 马五退七（图234）

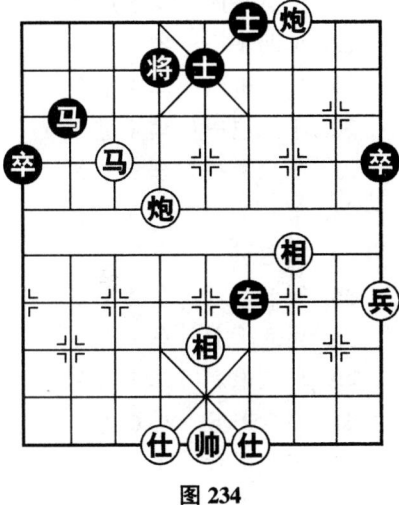

图 234

第118局　杨官璘胜胡荣华

1. 炮二平五　马2进3　　　2. 马二进三　卒7进1
3. 兵七进一　炮8平6　　　4. 车一进一　马8进7
5. 车一平四　士4进5　　　6. 马八进七　象3进5
7. 炮八平九　炮2进2　　　8. 车四进五　马7进8（图235）
9. 车九平八　炮2平1　　　10. 炮九进三　卒1进1
11. 车四退二　马8进7　　　12. 炮五平六　车9平8
13. 马七进六　车8进8　　　14. 仕六进五　卒1进1
15. 兵九进一　车1进5　　　16. 马六进七　车1退2
17. 炮六平七　车8平7　　　18. 相七进五　炮6平8

19. 车四进四　马3退4
20. 马七退六　车1进5
21. 车四平二　炮8平7
22. 马六进五　马7进5
23. 相三进五　炮7进5
24. 炮七平三　车7退1
25. 马五退四　车7平9
26. 马四进六　车1退6
27. 车二平四　象5退3
28. 车四平三　象7进9
29. 马六进八　车1平2？
30. 车三退一！马4进5
31. 车三平一　车9平5
32. 车一退一　车5退1
34. 兵七进一　卒7进1
36. 兵七平六　车2平3
38. 兵六平七　车3平2
40. 马八退六　车3进3
41. 马六退五　马6进5
42. 车八进六　车3进4
43. 仕五退六　马5退3
44. 车八平七　象3进5
45. 仕四进五　卒7进1
46. 车七平五　象5退3
47. 车五退四　卒7平6
48. 车五平四　卒6平7
49. 车一平三　卒7平8
50. 车三退三　车3退1
51. 车四平二　卒8平9
52. 车二进一（图236）

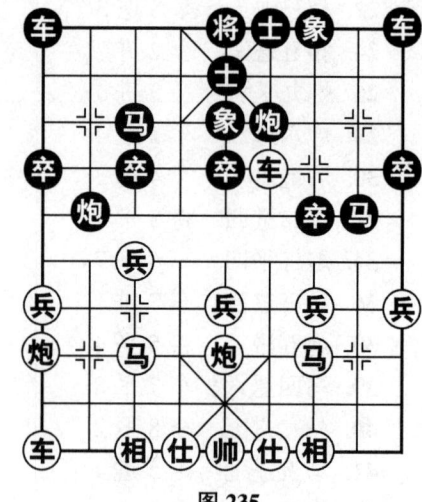

图235

33. 车八进五　卒7进1
35. 兵七进一　卒7进1
37. 车八退五　马5进6
39. 兵七进一！车2平3

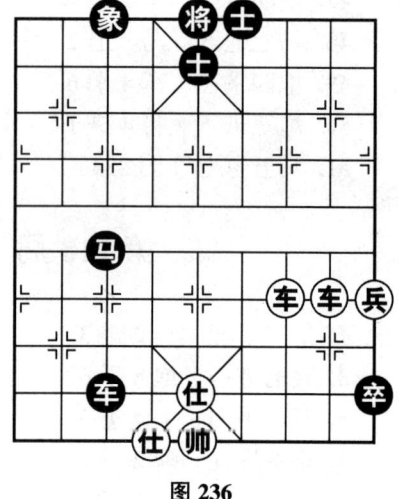

图236

第119局　胡荣华负吕钦

1. 炮二平五　马2进3
2. 兵七进一　炮8平6

第二章 七路马

3. 马二进三　卒7进1
5. 马八进七　炮6进5
7. 仕六进五　炮6退4
8. 马七进六　炮2进3（图237）
9. 车七平六　炮2平4
10. 车六进三　车1平2
11. 车九进二　车2进4
12. 炮五平七　车9进1
13. 炮七退一　马7进6
14. 车六退一　炮6平7
15. 相七进五　车2退2
16. 炮七平八　车2平1
17. 前炮进四　炮7退1
18. 车九平六　车9平6
19. 兵五进一？马6进7
20. 前炮平五　士6进5
22. 炮五平三　马7退5
24. 炮八平七　车2进7
26. 炮三进一　马5退4
28. 车五进二　马4退6
30. 马三退二　马3进5
32. 炮三进一　马5进6
34. 车六退六　象5退7
36. 帅六平五　前马5!
38. 炮三退七　车6平7
40. 车二平三　车2退3
42. 马一进二　车7平8
44. 车三平五　炮6进8!
46. 车五进一　炮6平9
48. 帅五进一　车2平2
50. 炮六进二　车2退1
52. 帅五进一　车8平9

4. 车一进一　马8进7
6. 车一平七　象7进5

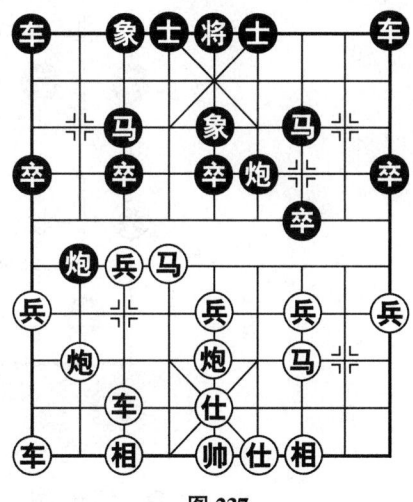

图237

21. 帅五平六　炮7退2!
23. 前车平五　车1平2
25. 炮七退一　车6进2
27. 车六进二　卒7进1
29. 车五平二　卒7进1
31. 车六进四　车6进3
33. 车二进四　炮7平6
35. 车二退五　车6平6
37. 炮七平六　马5进7
39. 马二进一　车7进1
41. 兵一进一　象7进5
43. 车六进四　马6进7
45. 马二退一　车8退2
47. 仕五进四　炮9进1
49. 帅五进一　卒7平6
51. 帅五退一　车2进1
53. 车六平四　炮9平7（图238）

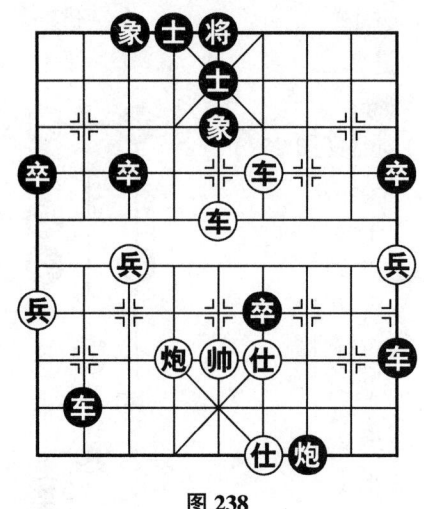

图 238

第 120 局 牛殷栓负汪士龙

1. 炮二平五　马 2 进 3
2. 马二进三　炮 8 平 6
3. 车一进一　马 8 进 7
4. 车一平四　车 9 平 8
5. 马八进七　车 8 进 4
6. 炮八进二　卒 3 进 1
7. 炮八平三　马 7 退 9
8. 车九平八　车 1 平 2（图 239）
9. 车八进六　士 4 进 5
10. 炮五进四　马 3 进 5
11. 车八平五　象 3 进 5
12. 车四进五　车 2 平 4
13. 车五平六　车 4 进 3
14. 车四平六　卒 7 进 1
15. 炮三平八　炮 2 平 3
16. 炮八进四？ 车 8 退 1！
17. 车六平二　马 9 进 8
18. 兵五进一　卒 3 进 1！
19. 马七进五　卒 3 平 4
20. 兵五进一　炮 3 进 7
21. 仕六进五　炮 6 进 4
22. 相三进五　炮 3 平 2
23. 马五进六　炮 6 平 4

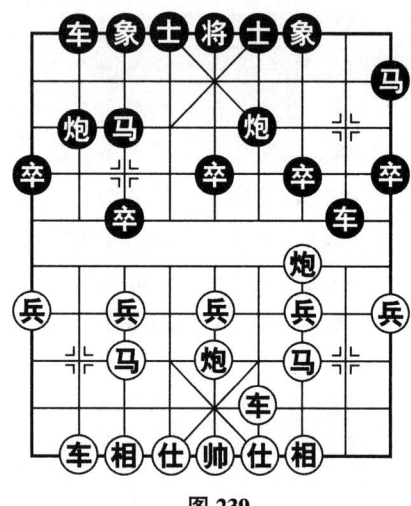

图 239

24. 炮八平六	炮4退2	25. 兵五平六	马8进6
26. 兵三进一	马6进7	27. 炮六退四	马7进5
28. 炮六退二	卒7进1	29. 马三进五	卒7平6
30. 马五进七	士5进6	31. 马七进八	士6进5
32. 兵六平五	马5退4	33. 马八进七	将5平6
34. 炮六平二	象5退3	35. 炮二进二	马4进5
36. 炮二进一	士5进4	37. 兵五进一	士6退5
38. 兵五平四	马5退7	39. 炮二进四	象7进5
40. 兵七进一	炮2退3		
41. 兵七进一	象5进3		
42. 兵九进一	象3进5		
43. 炮二退三	炮2平9		
44. 仕五退六	马7退5		
45. 炮二平九	卒9进1		
46. 兵四平五	马5进6		
47. 帅五进一	马6退4		
48. 帅五平六	炮9退1		
49. 仕六进五	马4进2		
50. 帅六进一	炮9平1		
51. 帅六平五	卒6进1		
52. 兵五平六	炮1进2		
53. 仕五进六	马2进3（图240）		

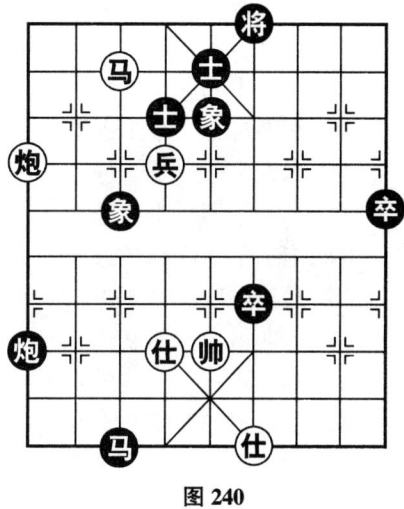

图 240

第121局 何顺安胜刘忆慈

1. 炮二平五	马2进3	2. 马二进三	炮8平6
3. 兵七进一	卒7进1	4. 车一进一	马8进7
5. 马八进七	士4进5	6. 车一平四	象3进5
7. 炮八平九	车1平4	8. 车九平八	炮2平1
9. 车四进三	车9平8	10. 车八进七	炮1退2（图241）
11. 炮五平四！	炮6进5	12. 车四退二	车4平3
13. 马七进八	车8进6	14. 马八进七	炮1进6
15. 车八退四	炮1退2	16. 仕四进五	车8平7
17. 炮九进一	卒7进1	18. 兵七进一	象5进3

19. 车四平七　卒7平6
20. 车八进二！卒6进1
21. 车八平七　士5退4
22. 马三退四　马7退5
23. 前车平四　马5进7
24. 车四平七　马7退5
25. 后车平六　马5进7
26. 相三进五　车7平9？
27. 车六进五　车9平7
28. 马七退九！卒1进1
29. 车六平七　车3进2
30. 车七进二　卒1进1
31. 炮九平七　卒1进1
32. 车七平四　士4进5
34. 炮七平四　马7进6
36. 马三进四　马6进4
38. 炮四退一　卒9进1
40. 马四进三　士5进6
42. 马三退四　卒9平8
44. 炮三平九　马4进3
45. 炮九进三　马3退5
46. 炮九平二　马5退6
47. 炮二平一　将5平4
48. 仕五进六　马6退8
49. 炮一退三　卒5进1
50. 马四进三　马8进9
51. 炮一平五　马9退7
52. 相五进三　将4平5
53. 马三进五　将5平6
54. 马五退四　将6平5
55. 马四进六　将5平4
56. 炮五平三（图242）

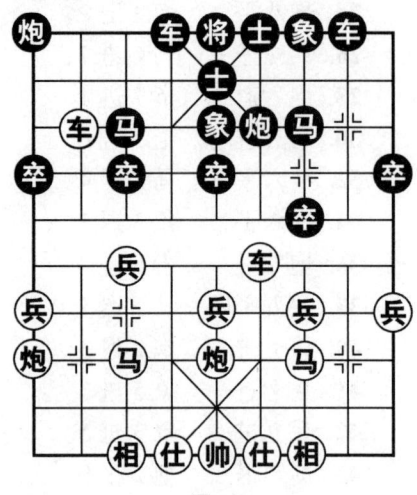

图 241

33. 车四退四　车7平6
35. 马四进三　卒1进1
37. 炮四退一　卒1进1
39. 炮四平三　卒9进1
41. 炮三进八　士6进5
43. 炮三退八　卒5进1

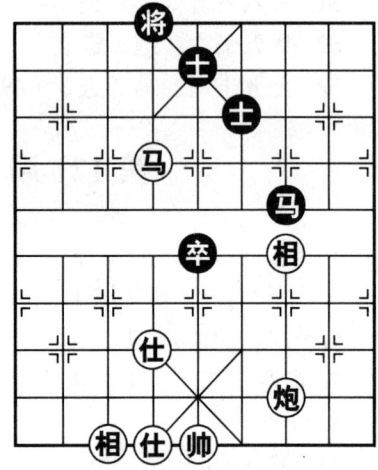

图 242

第122局　胡荣华胜柳大华

1. 炮二平五　马2进3
2. 马二进三　炮8平6
3. 兵七进一　卒7进1
4. 车一进一　马8进7
5. 马八进七　炮6进5
6. 车一平七　象7进5
7. 仕六进五　炮6退4
8. 炮八进四　士6进5（图243）
9. 马七进六　炮6平7
10. 相三进一　车9平6
11. 炮五平七　车6进5
12. 炮八退二　卒7进1
13. 相一进三　卒3进1?
14. 炮七平六　炮2平1
15. 马六进五！马3进5
16. 炮八平四　马5进6
17. 相七进五　车1平2
18. 兵七进一　车2进6
19. 兵七进一　马7进6
20. 车七进三　炮7平8
21. 兵七平六！炮8平4
22. 兵五进一　马5退7
23. 兵五进一　马7进8
24. 车九平七　车2平7
25. 前车进二　炮4平7
26. 兵五平四　炮7退3
27. 马三退二　马6进4
28. 前车平九　车7平9
29. 车九平六　炮1平4
30. 兵四平三！象5进7
31. 车七进九　象7退5
32. 车七退五　马8退7
33. 马二进四　马7平6
34. 车六退一　车9平6?
35. 马四进二　车6平8
36. 车六平四　炮4进5
37. 马二进四　炮4平1
38. 车七退一　马4退3
39. 车七平五　炮7平6
40. 车四平五　车8退3
41. 前车进二　车8平2
42. 相五进七　车2进6
43. 仕五退六　炮1进2
44. 帅五进一　车2退1
45. 帅五进一　车2退1
46. 帅五退一　车2进1
47. 帅五进一　炮1平6
48. 后车平六　车2平6
49. 马四进五　前炮平5

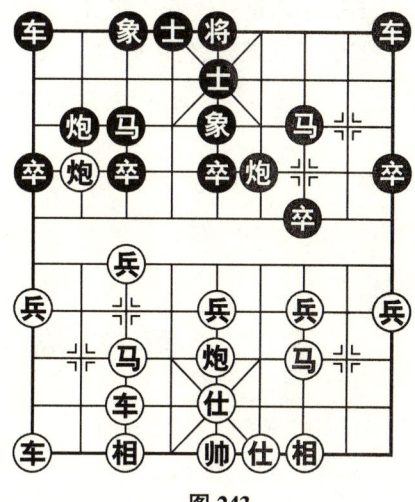

图243

50. 马五进四　炮6进1
51. 帅五平六　车6退1
52. 帅六退一　车6进1
53. 帅六进一　将5平6
54. 马四进二　炮6平7
55. 车五退七　车6退3
56. 车六进二　车6平3
57. 车五进三（图244）

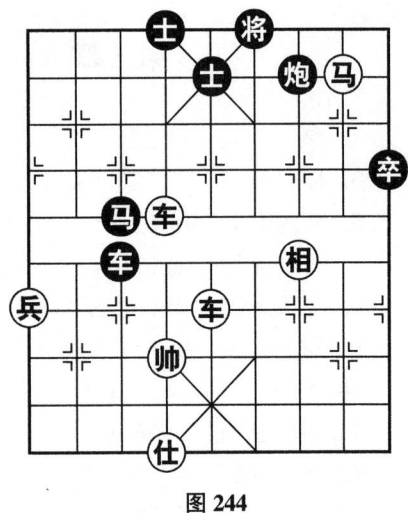

图244

第123局　李国勋负于红木

1. 炮二平五　马2进3
2. 马二进三　炮8平6
3. 车一进一　马8进7
4. 车一平四　车9平8
5. 马八进七　士4进5
6. 兵七进一　车8进4
7. 马七进六　卒3进1
8. 车四进四　卒7进1（图245）
9. 车四平七　象3进5
10. 车七进一　炮2进4
11. 马六进五　马3进5
12. 炮五进四　炮2平7
13. 相三进一　炮6进5！
14. 炮五平三　卒7进1
15. 车九平八　车8平7
16. 炮八进五？炮6平9
17. 马三退一　车7退1
18. 车七平三　炮7退3
19. 炮八平三　车7平5
20. 仕四进五　炮9平3
21. 兵七进一　象5进3
22. 车八进四　炮5平3
23. 仕五进六　车1平4

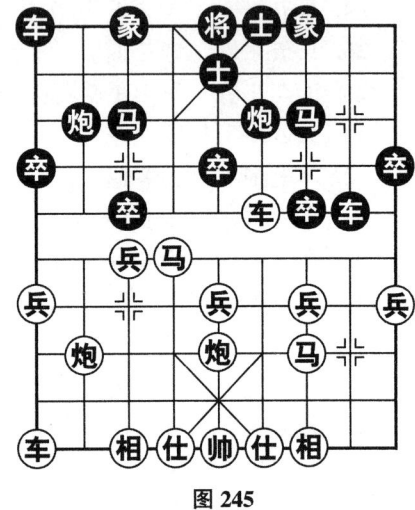

图245

24. 仕六进五　车4进6！　　　　25. 车八平三　车4平5
26. 马一进三　车5平1　　　　　27. 车三进二　后炮退1
28. 马三进四　后炮平5　　　　　29. 仕五进四　车1平5
30. 帅五平六　车5退1　　　　　31. 马四进二　炮5平4
32. 仕六退五　车5平4　　　　　33. 帅六平五　炮4平5
34. 仕五进六　炮3平6　　　　　35. 车三平九　炮6平5
36. 车九平五　前炮平8　　　　　37. 车五平八　炮8平5
38. 车八平五　前炮平7　　　　　39. 车五平七　炮7退3
40. 炮三退一　车4平5　　　　　41. 帅五平四　炮5平6
42. 炮三平五　士5退4　　　　　43. 仕六退五　车5平6
44. 帅四平五　车6平8　　　　　45. 马二进三　车8进4
46. 仕五退四　炮7进5
47. 帅五进一　车8退1
48. 帅五进一　车8退5
49. 马三退四　车8平6
50. 马四退六　炮7平3
51. 车七平六　炮3平5！
52. 帅五退一　炮5退6
53. 车六平五　车6平5
54. 马六进五　炮6平9
55. 帅五平四　炮9进4
56. 马五进三　卒9进1
57. 马三进四　炮9平6
58. 马四退三　炮6退4（图246）

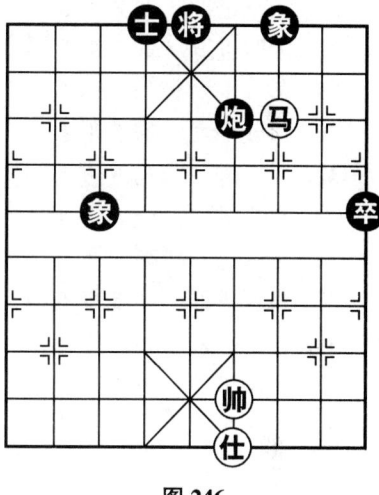

图246

第124局　曾东平胜庄玉庭

1. 炮二平五　马2进3　　　　　2. 马二进三　炮8平6
3. 兵七进一　卒7进1　　　　　4. 车一进一　马8进7
5. 车一平四　士4进5　　　　　6. 马八进七　象7进5
7. 炮八平九　炮2进4　　　　　8. 兵五进一　车9平8（图247）
9. 车九平八　车1平2　　　　　10. 马三进五　车2进4？
11. 兵五进一　卒5进1　　　　　12. 兵七进一！卒3进1
13. 炮五进三　卒3进1　　　　　14. 马五进七　车8进5

15. 兵三进一！ 车8平7
16. 相七进五 车7平3
17. 相五进七 车2平5
18. 车四平五 车5平2
19. 车五进二 炮2进1
20. 相七退五 马7进6
21. 车五进一 炮2退1
22. 仕六进五 炮6平7
23. 车五平八 车2进1
24. 马七进八 马6进4
25. 车八进二 炮2平8
26. 仕五进四 炮8平5
27. 仕四进五 炮7平8
28. 车八平六 马4退6
30. 帅五平六 炮5平6
32. 兵一进一 马6进5
34. 炮八进二 士5退4
36. 车六进一 卒7平6
38. 马五进四 将5平6
40. 马二退四 将5平6
42. 车六进三 炮6平5
44. 车一平七 马3退2
45. 车七平四 炮6平8
46. 车四平一 炮8平6
47. 车一平五！ 炮5平3
48. 车五平四 炮6平5
49. 车四平一 马5进3
50. 帅六平五 炮3退2
51. 车一进三 士5退6
52. 车一平四 将5进1
53. 车四退四 炮5退1
54. 车四平八 马2进1
55. 车八平七 炮3平1
56. 马二退一 马3退4

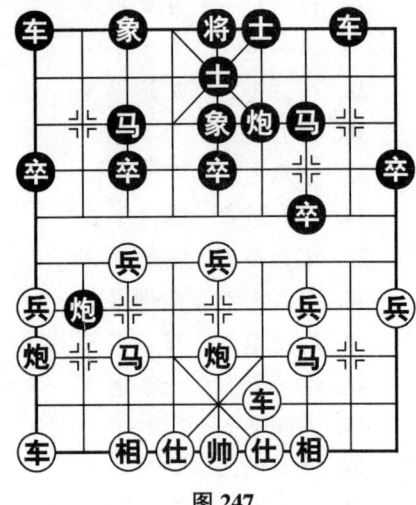

图 247

29. 马八进七 卒7进1
31. 炮九平七 卒7进1
33. 炮七平八 炮6退2
35. 炮八平五 士6进5
37. 马七退五！ 炮8进2
39. 马四进二 将6平5
41. 马四进二 将6平5
43. 车六平一 炮8平6

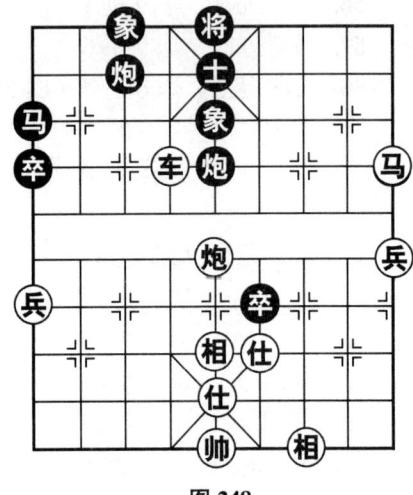

图 248

57. 车七平六　将5退1
59. 车六进二（图248）

58. 车六退一　士4进5

第125局　杨德琪胜苗利明

1. 炮二平五　马2进3
3. 马二进三　炮8平6
5. 马八进七　炮6进5
7. 仕六进五　炮6退4
8. 马七进六　象3进5（图249）
9. 炮八进四　车9平4
10. 炮八退二　炮2进2
11. 兵五进一　士4进5
12. 兵五进一　卒5进1
13. 马六进七　车4进3
14. 马三进五　车4进2
15. 兵七进一　车4平5
16. 兵七平八　马3进5
17. 马七进六　卒4进1
18. 炮五平六　炮6进2
19. 炮八平四　卒5平6
20. 车九平八　车5平4
22. 兵八进一　马5进3
24. 炮六退二　马7进8
26. 马八退六！车2进9
28. 炮六平八　象5进3
30. 车七退二　卒6进1
32. 后兵进一　卒7进1
34. 车七进二　马5退7
36. 炮八平六　车4进5？
38. 兵八平七　后马进7
40. 炮六退一　象5进3
42. 马八进七　车4退5
44. 仕四进五　卒5进1

2. 兵七进一　卒7进1
4. 车一进一　马8进7
6. 车一平七　车9进1

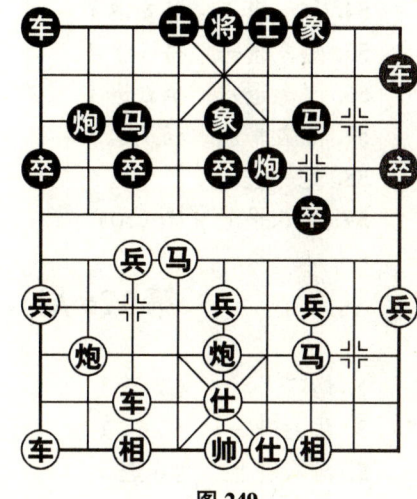

图249

21. 马六退八　车1平2
23. 车七进三　马3进5
25. 兵八平九　马8进7
27. 马六进七　车4退5
29. 马七退八　马7进8
31. 炮八进二　卒7进1
33. 相三进五　象7进5
35. 后兵进一　马7进8
37. 后兵平八　卒6进1
39. 帅五平六　马7退1
41. 车七进一　卒6平5
43. 仕五进六　士5进4
45. 仕六退五　士4退5

46. 车七进一	马6退5	
47. 车七退三	卒7平6	
48. 仕五进六	马5退4	
49. 马七退八	马8退6	
50. 车七进六	士5退4	
51. 车七退一!	车4平3	
52. 马八进七	将5进1	
53. 炮六进六	马6进8	
54. 兵一进一	马8退7	
55. 炮六平一	将5平4	
56. 马七退六	卒6进1	
57. 兵九平八	马7退8	
58. 炮一进一	马8进6	
59. 兵八平七 (图250)		

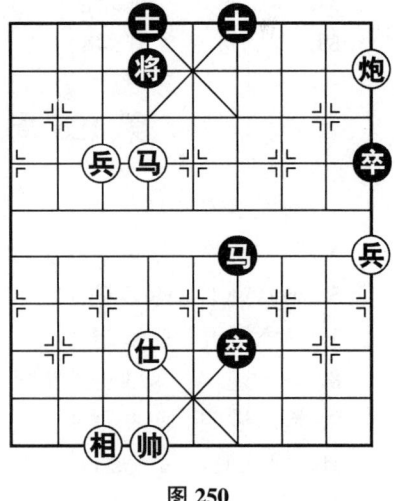

图 250

第 126 局　柳大华负胡荣华

1. 炮二平五　马2进3　　2. 马二进三　马8平6
3. 兵七进一　卒7进1　　4. 车一进一　马8进7
5. 马八进七　炮6进5　　6. 车一平七　车9平8
7. 车九进二　象3进5　　8. 马七进六　炮6退6 (图251)
9. 炮八平七　车8进5
10. 车七平六　车1平2
11. 兵七进一　象5进3
12. 兵三进一　车8平7
13. 相三进一　车7进1
14. 车九平八　卒7进1
15. 车六平四　炮6平5
16. 车八进四　象7进5
17. 车八平七　炮2进3!
18. 车七平六　炮2平3
19. 相七进九　炮3进1
20. 仕四进五　炮5平2
21. 炮七平八　炮2平8

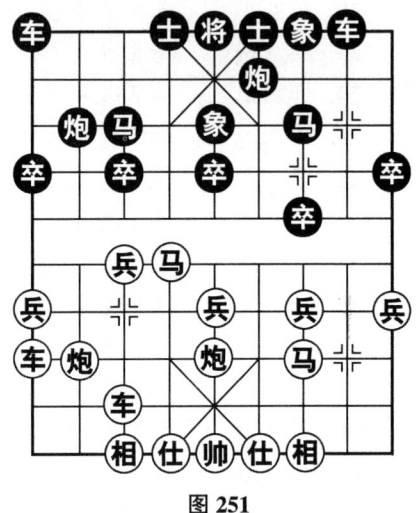

图 251

22. 炮八平七　士4进5　　　23. 车四进五　炮8平7
24. 炮五平六　车7平8　　　25. 车四进二　炮7平8
26. 车四平三　炮8进2　　　27. 车六进二　卒7进1
28. 车三退一　卒7进1　　　29. 马六进四　车8进3
30. 仕五退四　炮8平6　　　31. 仕六进五　车2进9
32. 炮六退二　车8退5　　　33. 马四退三　车8平4!
34. 车六退三　马3进4　　　35. 马三进四　马4进6
36. 炮七平六　马3平4　　　37. 马四进二　炮4进3
38. 仕五退六　炮6平7　　　39. 仕四进五　卒7进1
40. 炮六退一　车2退2!　　41. 马二进三　炮7退2
42. 车三进一　车2平9　　　43. 炮六平三　车9进2
44. 炮三退一　车9退3　　　45. 车三平四　士5进6
46. 车四退一　马6进4　　　47. 炮三进一　车9平5
48. 车四退一　卒9进1
49. 炮三进五　卒5进1
50. 炮三平九　卒5平8
51. 帅五平四　卒5进1
52. 炮九退二　卒5平6
53. 车四平六　象5退7
54. 车六平五　士6进5
55. 炮九平六　卒9进1
56. 车五退四　卒9进1
57. 车五平六　士5进6
58. 车六平五　象3退5
59. 车五平六　卒6平5
60. 炮六平七　马4退3
61. 炮七退四　车8平1（图252）

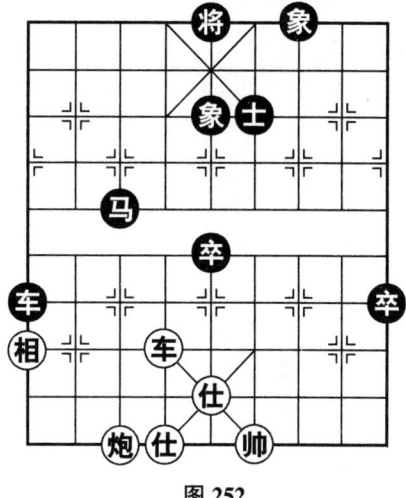

图252

第127局　陈孝堃胜蔡忠诚

1. 炮二平五　马2进3　　　2. 马二进三　炮8平6
3. 兵七进一　卒7进1　　　4. 车一进一　马8进7
5. 马八进七　士4进5　　　6. 马七进六　象3进5
7. 炮八平九　炮2进2　　　8. 马六进七　车9平8（图253）

9. 车九平八　炮2平6
10. 车一平七　车8进6
11. 兵七进一　车8平7
12. 兵七平六　前炮退1
13. 兵六平五！前炮平3
14. 车七进五　卒5进1
15. 炮五平七　马7进6？
16. 相七进五　卒5进1
17. 炮七进一　马6进4
18. 车七退二　马4进3
19. 车八进二　前马退5
20. 炮七平三　马5退3
21. 相五进七　卒7进1
22. 炮三平八　车1平2
24. 相三进五　炮6平5
26. 马三退二　马3进5
28. 兵一进一　卒5平6
30. 马二进三　炮5进2
32. 车八进一　炮5退1
34. 炮九退一　马7退9
36. 炮九进五　后卒平7
38. 炮九平四　卒7平6
40. 马三退一　卒5进1
42. 炮八平九　车4平1
44. 马二进一　士6进5
46. 马一退三　车1平3
48. 车八平六　士6退5
50. 车六平四　士5进6
52. 炮六退五　将4进1
54. 车六平八　卒5平4
56. 炮六进六　象5进7
58. 炮五退一　象7进9
60. 炮五平二　车3平8
62. 马三退四　将4平5

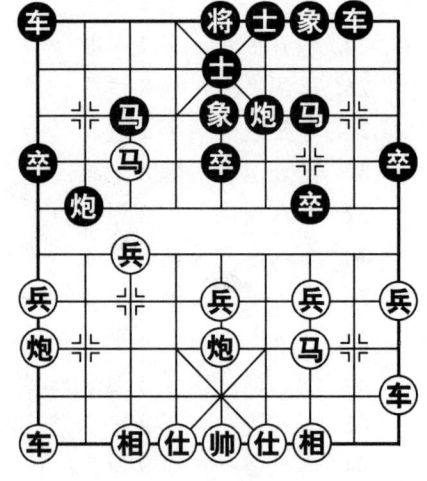

图 253

23. 炮八进五　炮6进2
25. 仕四进五　卒7进1
27. 马二进一　卒7平6
29. 马一进二　马5进7
31. 马三退五！马7进8
33. 帅五平四　马8进7
35. 兵一进一！卒9进1
37. 炮九退二　炮5平6
39. 马五进三　后卒平5
41. 马一进二　车2平4
43. 车八进五　士5进6
45. 兵九进一　将5平4
47. 车八退二　士5进4
49. 炮九退二　马9退7
51. 炮九平六　士4退5
53. 车四平六　士5进4
55. 车八平六　卒4平5
57. 炮六平五　将4平5
59. 车六平八　将5平4
61. 车八进二　将4进1
63. 炮二进一（图254）

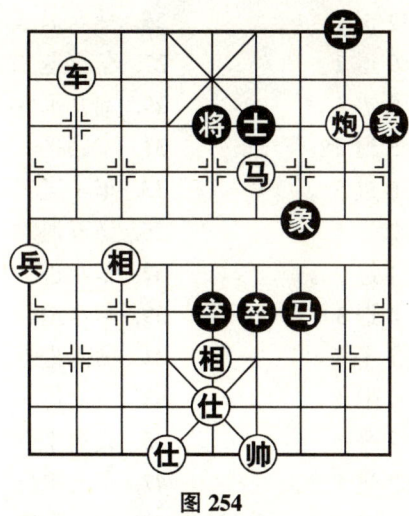

图 254

第 128 局 柳大华胜马迎选

1. 炮二平五　马 2 进 3
2. 马二进三　炮 8 平 6
3. 兵七进一　卒 7 进 1
4. 车一进一　马 8 进 7
5. 马八进七　士 4 进 5
6. 炮八平九　炮 2 进 4
7. 车九平八　炮 2 平 7
8. 相三进一　车 9 平 8（图 255）
9. 兵九进一　象 3 进 5
10. 车一平四　卒 7 进 1
11. 相一进三　车 8 进 4
12. 车四进五　车 8 平 6
13. 车四退一　马 7 进 6
14. 兵五进一　炮 7 平 8
15. 车八进三　炮 8 退 2
16. 马七进五　车 1 平 4
17. 兵五进一　马 6 进 5
18. 车八平五　卒 5 进 1
19. 车五进二　炮 8 退 1
20. 仕四进五　车 4 进 5
21. 马三进五　炮 8 平 5
22. 马五进六　炮 5 平 4
23. 相三退五　车 4 进 1

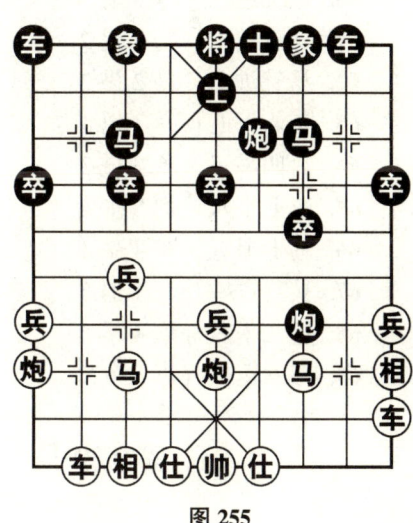

图 255

24. 兵一进一　车4退1
26. 马八进七　车9退1
28. 车五平四　卒9进1
30. 炮六平七!　马3退2?
32. 马七退五　炮6进3
34. 炮七平九　车2平5
36. 车一平八　炮1进2
38. 马六退四　车4退1
40. 车八进三　炮1平7
42. 车八平七　车4退1
44. 马五进四　炮7平6
46. 炮九进一　马3进1
48. 车九平八　马2进3
50. 兵六平五　车4平1
52. 车八退三　车1平4
54. 车八平九　马3进1
56. 兵四进一　炮6平9
57. 车九平八　马1进3?
58. 车八进六　将4进1
59. 炮三平二　炮9平8
60. 炮二进三　车3退1
61. 马三进五　马3退2
62. 马五进七　马2进3
63. 车八平七!　马3退1
64. 兵四平三　象5进3
65. 车七平八　炮8平4
66. 马七退五　车3平1
67. 兵三进一　马1退3
68. 炮二平六　炮4平5
69. 车八退一　(图256)

25. 马六退八　车4平9
27. 车五退二　车9平2
29. 炮九平六　车2退1
31. 车四平一　马2进1
33. 车一进二　炮6平1
35. 马五退六　炮1退1
37. 车八进二!　车5平4
39. 车八退四　炮1退2
41. 马四进五　马1进3
43. 兵七进一　炮7退2
45. 兵七平六　士5退4
47. 车七平九　马1退2
49. 炮九平五　士4进5
51. 马四退三　车1进2
53. 炮五平三　将5平4
55. 兵五平四　车4平3

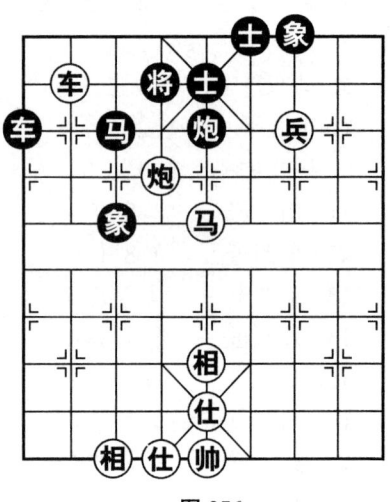

图256

第129局　赵国荣负李来群

1. 炮二平五　马2进3
2. 马二进三　炮8平6

第二章　七路马

3. 兵七进一　卒7进1
5. 马八进七　车9平8
7. 车九平八　炮2进4
8. 马七进六　炮6平5（图257）
9. 兵七进一　炮2平7
10. 车八进九　马3退2
11. 兵七进一　炮7进3
12. 仕四进五　卒7进1
13. 车一退一　炮7退1
14. 车一平三　车8进8
15. 马六进五　马7进6
16. 车三平四　车8退4
17. 炮九平八　士4进5
18. 兵七平八　马2进1
19. 兵八进一　马6进7
20. 兵八平九　马7进5
22. 马五退四　车8平2
24. 炮八平六　卒7进1
26. 车四进五　炮7平9
28. 车四平五　车5平6
30. 帅五平四　炮5平8！
32. 车四平三　车8进5
34. 帅四退一　炮6进6！
36. 帅四进一　炮7平5
38. 车三进四　车8平4
40. 车八进三　士5退4
42. 帅四退一　车4进7
44. 马五退三　车4平8
46. 帅四退一　车8平2
48. 车八平二　车8退5
50. 帅四退一　士4进5
52. 兵九进一　炮9退1
54. 马二进三　将5平6
56. 马四退六　士5进4

4. 车一进一　马8进7
6. 炮八平九　车1平2

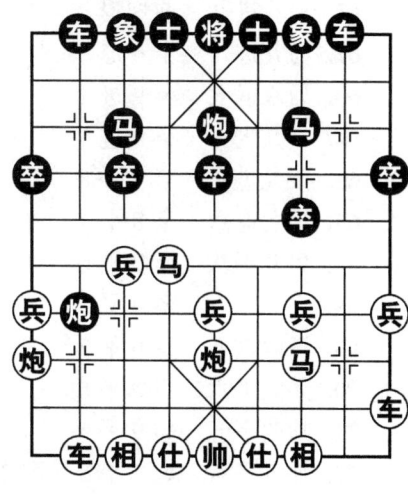

图257

21. 相七进五　卒7进1
23. 车四进一　炮7平1
25. 马四退三　象3进1
27. 马三进四？车2平5
29. 马四退六　车6平8
31. 车五平四　炮8平6
33. 帅四进一　车8退1
35. 车三退四　炮6平7
37. 帅四进一　炮5平2
39. 车三平八？车4退1
41. 马六进五　车4退6！
43. 帅四退一　士6进5
45. 车八退三　车8退2
47. 帅四退一　炮2平7
49. 马三进二　士5进6！
51. 兵五进一　象1退3
53. 帅四退一　炮7平2
55. 马三退四　炮2退7
57. 仕六进五　象7进5

· 143 ·

58. 兵五进一　炮2平5
60. 马六退八　炮5平9
61. 马八进九　前炮退2
62. 马九进八　士6退5
63. 马八退七　卒9进1
64. 兵九进一　卒9进1
65. 兵九进一　卒9平8
66. 马七退六　卒8平7
67. 兵九平八　卒7平6
68. 兵八平七　卒6平5
69. 马六进五　将6平5
70. 兵七平六　后炮平6
71. 帅四平五　炮9平5
72. 帅五平六　炮6平5（图258）

59. 兵五平四　炮5进6

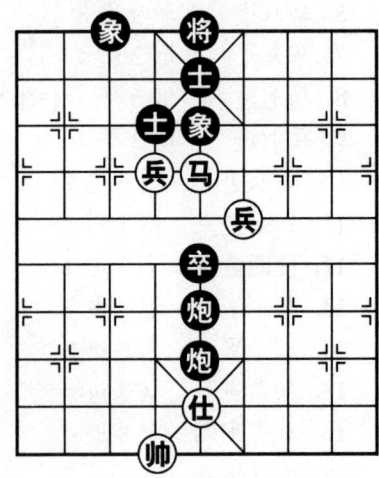

图 258

第三章　边　马

第130局　赵国荣胜谢丹枫

1. 炮二平五　马2进3
2. 马二进三　炮8平6
3. 兵三进一　卒3进1
4. 马八进九　象7进5
5. 车一进一　卒1进1
6. 炮八平七　车1平2
7. 车九平八　炮2进4
8. 车一平四　士6进5
9. 车四进三　马8进7
10. 兵七进一　卒3进1（图259）
11. 车四平七　马3进4
12. 炮五进四！象3进1
13. 炮五退一　车2进3？
14. 车七平六　马4退3
15. 马九进七　象1退3
16. 马三进四　将5平6
17. 马四进六！马3进4
18. 马七进六　车2退1
19. 车六平四　车2平4
20. 炮七平四（图260）

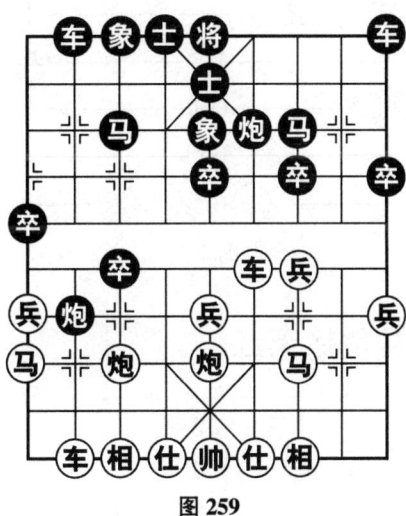

图259

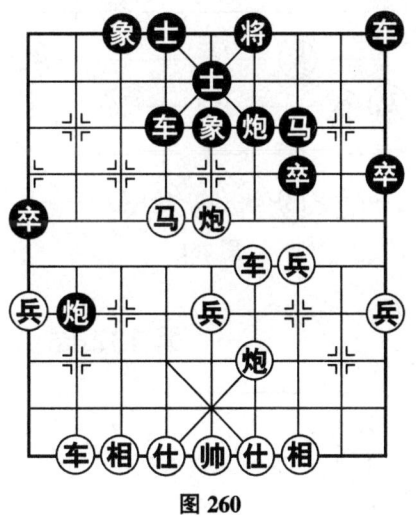

图260

· 145 ·

第131局　才溢胜朱从思

1. 炮二平五　马2进3
2. 马二进三　炮8平6
3. 兵三进一　卒3进1
4. 车一进一　象3进5
5. 车一平七　炮2退2
6. 马八进九　炮2平3
7. 车九平八　车1平2
8. 兵九进一　马8进7（图261）
9. 车七平四　士6进5
10. 车四进五　车9进2
11. 车四平三　车2进4
12. 马三进四　卒3进1
13. 马四进五　马3进5
14. 炮五进四　炮6进5
15. 炮八平五　车2平6
16. 兵三进一　车6进2
17. 前炮平八　车6平5
18. 仕六进五　炮6平1
19. 相七进九　马7退6
20. 兵七进一　车9平7
21. 炮八进三　象5进7？
22. 车三平七！象7退5
23. 车八平六（图262）

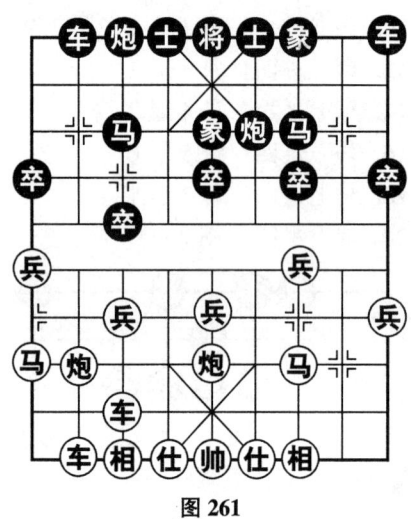

图261

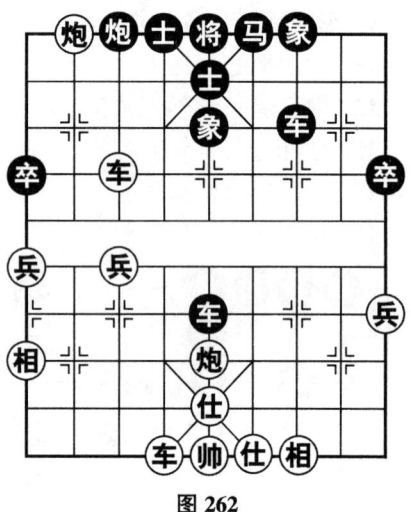

图262

第132局　刘凤君负徐天红

1. 炮二平五　马2进3
2. 马二进三　炮8平6
3. 兵三进一　马8进7
4. 车一进一　车9平8
5. 马八进九　车8进4
6. 炮八平七　车8平2（图263）

7. 兵七进一　象3进5	8. 马九进七　车2进2
9. 马七进五　士4进5	10. 兵七进一　卒5进1
11. 兵七进一　卒5进1	12. 兵七进一　卒5进1
13. 兵七平八　卒5进1	14. 相七进五　炮6平2
15. 车一平六？车1平3	16. 车九进二　车3进3
17. 车六进四　马7进5	18. 车六平五　炮2进2！
19. 车五退二　车3进3	20. 车五平七　车2平3
21. 车九平八　马5进4	22. 相五退七？炮2平5！
23. 车八进二　马4进6	24. 炮七平四　马6进4（图264）

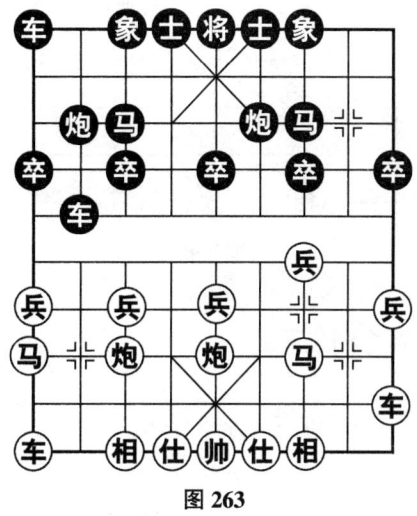

图263

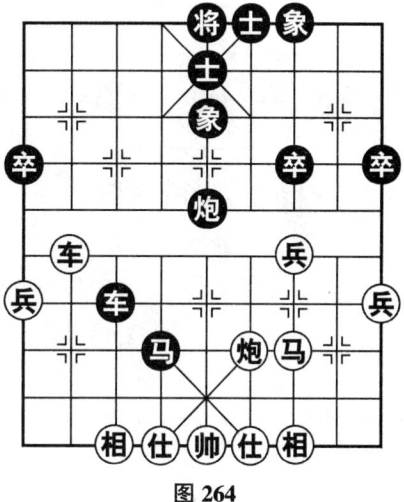

图264

第133局　王建中胜刘勇

1. 炮二平五　马2进3	2. 马二进三　炮8平6
3. 兵三进一　卒3进1	4. 车一进一　象7进5
5. 马八进九　马8进7	6. 车一平七　炮2退1
7. 兵七进一　卒3进1	8. 车七进三　炮2平3？（图265）
9. 炮五进四！马3进5	10. 车七进四　车1平2
11. 车九平八　士6进5	12. 炮八平五　车2进9
13. 马九退八　炮6退1	14. 车七退二　车9平8
15. 马三进四　马5进6	16. 车七平四　炮6平7
17. 车四进四！车8平7	18. 马八进七　卒7进1

19. 马七进八　马7进8　　20. 马八进六　士5进6
21. 马六进四　士4进5　　22. 炮五平八！炮7进2
23. 炮八进七　象3进1　　24. 炮八平三（图266）

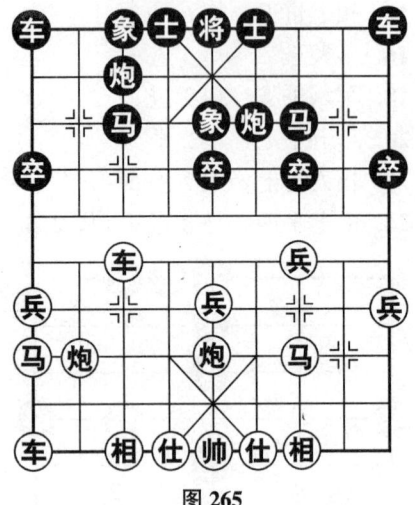

图265

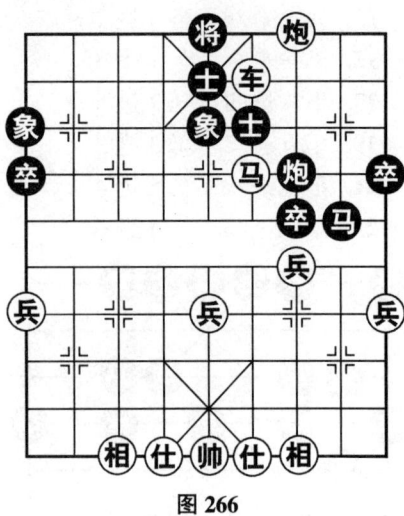

图266

第134局　王维康负林宏敏

1. 炮二平五　马2进3　　2. 马二进三　炮8平6
3. 兵七进一　马8进7　　4. 车一进一　车9平8
5. 车一平四　士4进5
6. 马八进九　车8进5
7. 车四平七　象3进5
8. 炮五平六　车1平4（图267）
9. 仕六进五　卒7进1
10. 相七进五　车8进1
11. 炮八进一　炮2进2
12. 兵五进一　车8进2
13. 兵九进一　马7进6
14. 车七进二　车8退2
15. 车七退二　车8进1
16. 兵九进一　卒1进1
17. 马九进七　车4平1

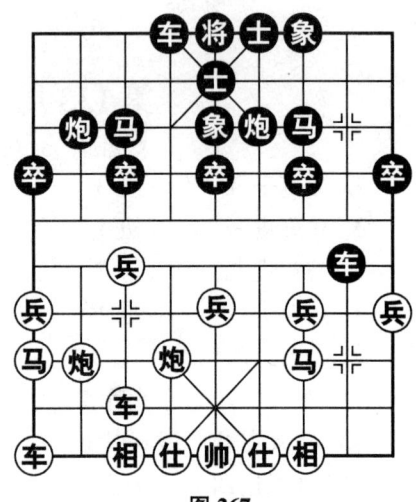

图267

18. 兵七进一　卒 3 进 1
19. 马七进八　马 3 进 2
20. 兵五进一　马 6 进 7！
21. 马三进五？马 7 进 5！
22. 相三进五　车 8 平 5
23. 马五退七　马 2 进 3
24. 炮六进一　炮 6 进 6！（图 268）

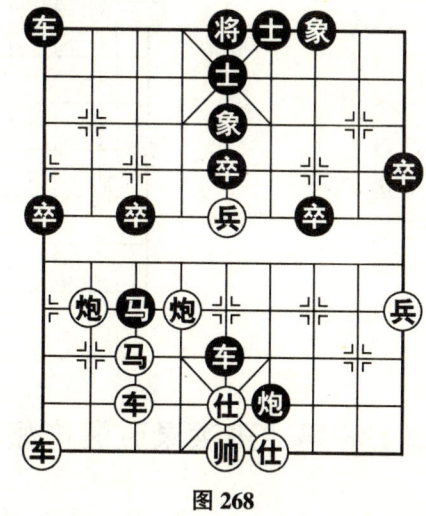

图 268

第 135 局　刘殿中胜熊学元

1. 炮二平五　马 2 进 3
2. 马二进三　炮 8 平 6
3. 兵三进一　车 9 进 1
4. 车一进一　车 9 平 4
5. 车一平四　士 4 进 5
6. 车四进三　马 8 进 7
7. 炮八平七　车 4 进 3
8. 车四平八　车 4 平 6（图 269）
9. 马八进九　炮 2 平 1
10. 车九平八　卒 3 进 1
11. 兵七进一　象 3 进 5
12. 马九进七　车 1 平 4
13. 兵七进一　象 5 进 3
14. 仕六进五　炮 1 退 2
15. 兵三进一　卒 7 进 1

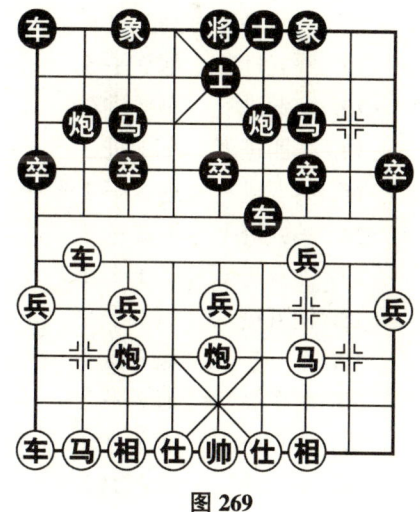

图 269

16. 马三进二　炮1平2
17. 炮七平八　卒7进1
18. 炮八进七　马3退2
19. 前车平三　马7进8
20. 车三进五　车6进1
21. 炮五进四　象3退5
22. 马七进六！车6平8？
23. 马六进五　马2进4
24. 炮五退一　车8进1
25. 马五退四　士5进4
26. 车八进六　车4平2
27. 马四进五！（图270）

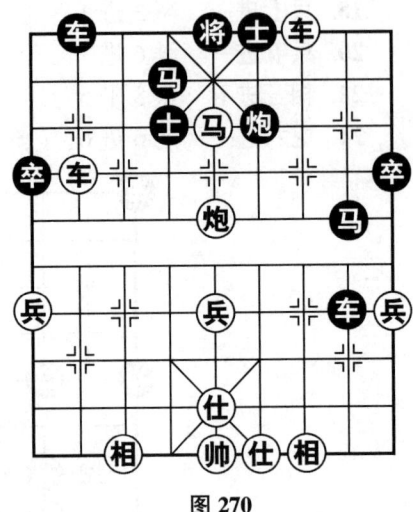

图270

第136局　王洪录胜殷广顺

1. 炮二平五　马2进3
2. 马二进三　炮8平6
3. 兵三进一　马8进7
4. 马八进九　车9进1
5. 马三进四　炮6进7
6. 车一进一　车9平4（图271）
7. 车九进一　炮6退3
8. 车九平四　炮6平3
9. 炮八进四　炮3退2
10. 马四进五！马3进5
11. 炮八平五　马7进5
12. 炮五进四　炮3平5
13. 相七进五　车4进2
14. 车四进五　车1进2
15. 兵五进一　炮5平1
16. 马九进七　炮2进7
17. 仕六进五　车1平4
18. 仕五进六　炮1平8
19. 车一平四　炮8退4
20. 前车平三　炮2平7
21. 车三平二　前车进3
22. 车二进三　炮7退3
23. 车四进七！后车进1

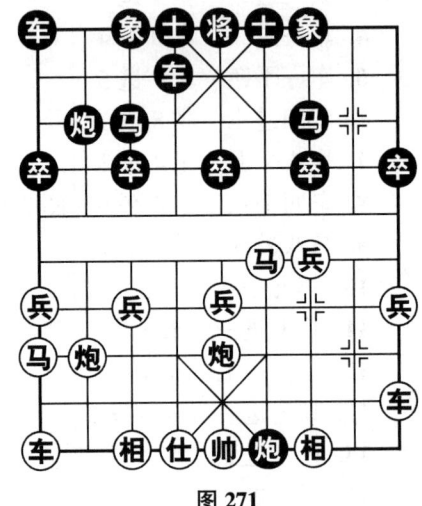

图271

24. 帅五平四	炮7平6	25. 车二平三	后车平5
26. 车四进一	将5进1	27. 车四平五（图272）	

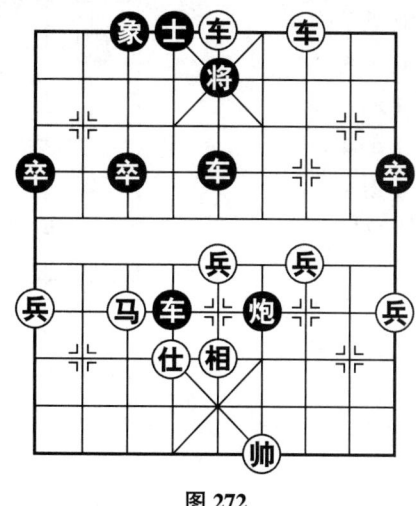

图 272

第137局　王东胜徐文江

1. 炮二平五	马2进3	2. 马二进三	炮8平6
3. 兵三进一	卒3进1	4. 车一进一	马8进7
5. 车一平七	象3进5	6. 马八进九	士4进5
7. 炮八进四	卒7进1		
8. 兵三进一	象5进7（图273）		
9. 炮八平七	车9平8		
10. 车九平八	车1平4		
11. 兵七进一	车8进6		
12. 兵七进一	车8平7		
13. 炮五平七！	车7进1		
14. 相七进五	车7退1		
15. 兵七平六	马7进6		
16. 后炮进五	车7平5		
17. 后炮平一	车4平2？		
18. 车八进四	车5平9		
19. 炮一平九	车9平1		

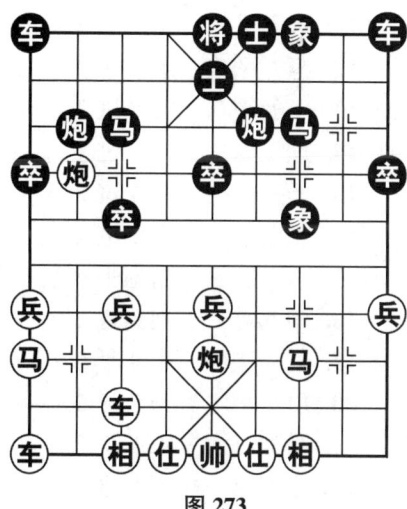

图 273

20. 车七进五！ 车1进1
21. 炮九平五 将5平4
22. 兵六平五 马6进7
23. 车七平六 炮6平4
24. 炮七退三 炮4退1
25. 炮七平六 车1平4
26. 仕六进五 车4退1
27. 炮六平三！（图274）

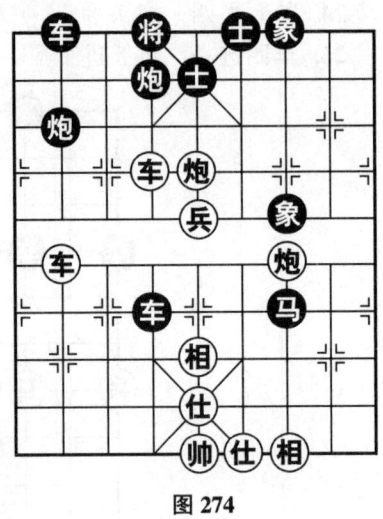

图274

第138局　赵国荣胜张江

1. 炮二平五　马2进3
2. 兵三进一　卒3进1
3. 马二进三　炮8平6
4. 车一进一　象3进5
5. 车一平七　炮2退2
6. 马八进九　车9进1
7. 炮八平七　车9平4
8. 兵七进一　卒3进1
9. 炮七进五　炮6平3
10. 车七进三　车1进2（图275）
11. 炮五进四　士4进5
12. 车九平八　炮2平3
13. 车七平八　马8进7
14. 炮五退一　卒1进1
15. 马三进四　车4进2
16. 相七进五　车1进1
17. 前车进五　后炮平4
18. 马九进七　炮3进2
19. 后车进四　车4平6？
20. 后车平六！马7进5
21. 马七进六　象5退3
22. 炮五退一！车6进1
23. 车八平七　车1平4

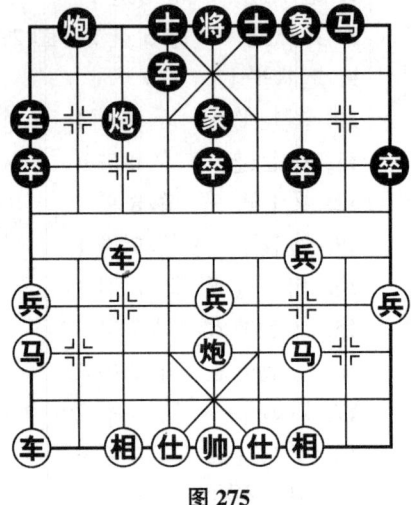

图275

24. 马六进四　车 4 进 2　　25. 前马进三　车 6 退 3
26. 马四进五！车 6 平 7　　27. 马五退六　炮 3 平 5
28. 马六进七（图 276）

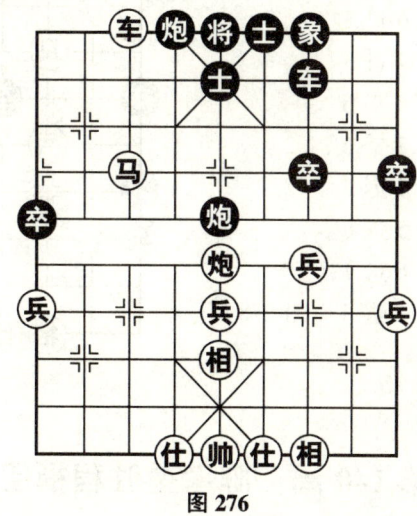

图 276

第 139 局　朱晓虎负肖革联

1. 炮二平五　马 2 进 3　　2. 马二进三　炮 8 平 6
3. 兵三进一　卒 3 进 1　　4. 马八进九　马 8 进 7
5. 车一进一　象 3 进 5
6. 炮八平七　士 4 进 5
7. 车九平八　炮 2 平 1
8. 车一平六　车 9 平 8（图 277）
9. 马三进四　车 8 进 4
10. 马四进三　卒 1 进 1
11. 兵五进一？炮 1 进 1
12. 车八进六　炮 6 进 1！
13. 车八进一　马 3 进 4
14. 兵五进一　车 8 平 5
15. 车六平八　车 5 进 1
16. 兵三进一　车 1 平 4
17. 前车进二　车 5 平 7！

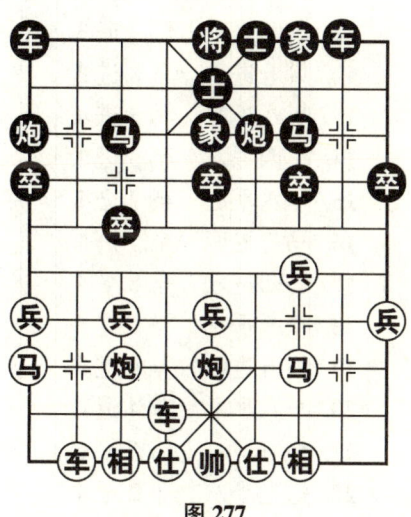

图 277

18. 前车平六　士5退4
19. 炮七进三　士6进5
20. 炮七进三　车7退1
21. 车八进四　炮6进3！
22. 炮五进五　象7进5
23. 马三进五　将5平6
24. 马五退七　车7平6
25. 车八进二　车6退2
26. 车八平四　士5进6
27. 炮七进一　将6进1
28. 兵七进一　炮1进3（图278）

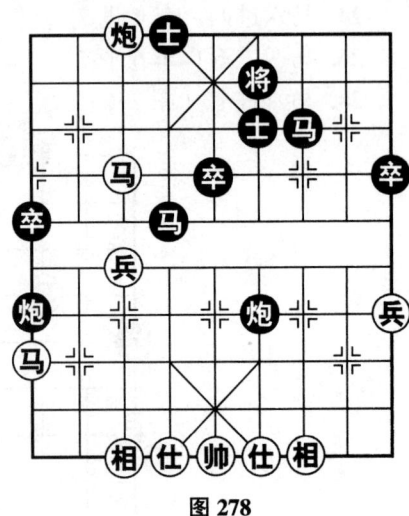

图 278

第140局　陈孝堃胜程福臣

1. 炮二平五　马2进3
2. 马二进三　炮8平6
3. 兵三进一　卒3进1
4. 马八进九　象7进5
5. 炮八平七　车1平2
6. 车九平八　炮2进4
7. 车一进一　车9进1
8. 车一平二　马8进7
9. 车二平四　士6进5
10. 兵九进一　车9平8（图279）
11. 车四进三　炮2退3
12. 兵七进一　车8进3
13. 车八进三　马3进4
14. 车四平六　卒3进1
15. 车六平七　卒7进1
16. 马三进四　卒7进1
17. 马四进六　车8平4
18. 车七平三　马7进6
19. 炮五进四！车4进3
20. 车八平七　车4退4
21. 炮五退一　将5平6
22. 炮七平八　车2平1
23. 兵五进一！车4平8？

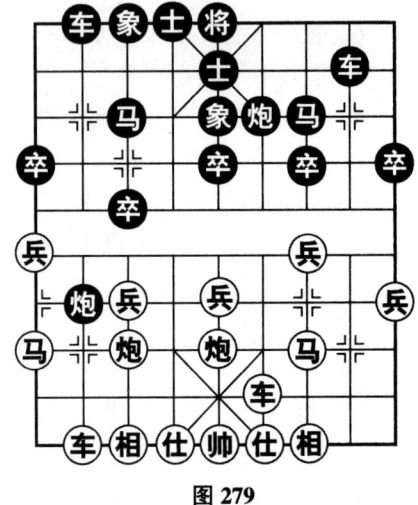

图 279

24. 炮八进三　车 8 平 6　　　25. 车七平四　车 1 进 2
26. 炮八平四　炮 6 进 2　　　27. 车三平四　炮 2 进 1
28. 马九进七　炮 2 平 3　　　29. 马七进六！（图 280）

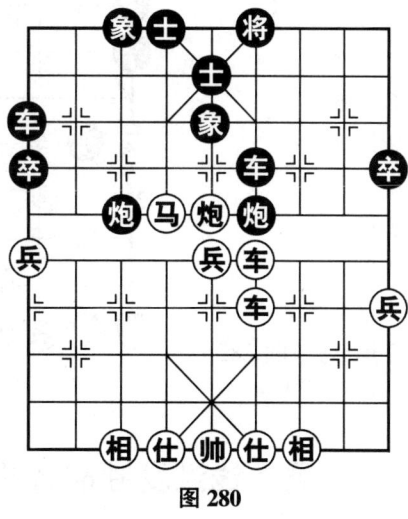

图 280

第 141 局　陈翀负张江

1. 炮二平五　马 2 进 3　　　2. 马二进三　炮 8 平 6
3. 兵三进一　卒 3 进 1　　　4. 马八进九　象 7 进 5
5. 炮八平七　车 1 平 2
6. 车九平八　炮 2 进 4
7. 车一进一　马 8 进 7
8. 车一平四　士 6 进 5
9. 车四进三　车 9 平 8
10. 兵九进一　车 8 进 4（图 281）
11. 兵七进一　炮 2 平 3
12. 车八平九　马 3 平 1
13. 车九平八　车 2 进 9
14. 马九退八　炮 1 进 3
15. 马八进九　车 8 平 4！
16. 兵七进一　车 4 平 3
17. 炮七进一　马 3 进 4

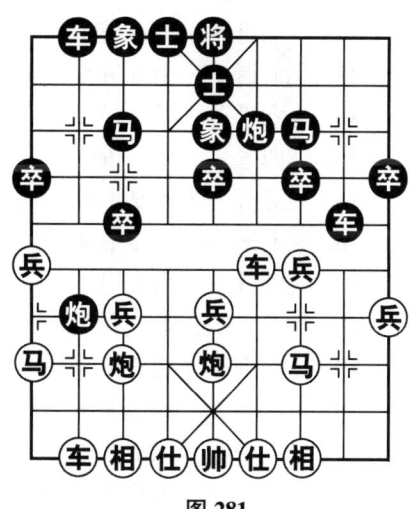

图 281

18. 车四平六　炮6进5
19. 炮五平七　车3平2
20. 马九退七　炮1退3
21. 仕四进五　炮6进1
22. 马七进五　炮1进3
23. 帅五平四　炮6退6
24. 帅四平五　车2进3
25. 后炮退一　马4进2
26. 车六平七　象3进1
27. 马三进四　马2进1
28. 前炮平九？马1进2！
29. 炮七平六　车2退2！（图282）

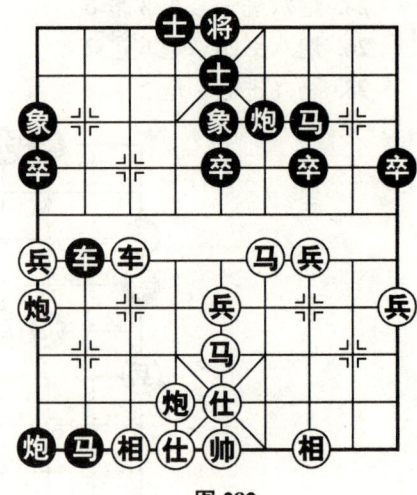

图282

第142局　钱洪发胜胡容儿

1. 炮二平五　马2进3
2. 马二进三　炮8平6
3. 兵三进一　卒3进1
4. 马八进九　象7进5
5. 炮八平六　车1平2
6. 车九平八　炮2进4
7. 车一进一　马8进7
8. 兵七进一　卒3进1
9. 车一平七　卒3平2
10. 车七进五　车2进2（图283）
11. 马三进四　炮6进1
12. 车七退三　士6进5
13. 炮六平七　马3进2
14. 马四进六　炮6进3
15. 兵五进一　车9平6
16. 炮七退一　马2退4
17. 兵九进一　炮6退1？
18. 炮五平四！炮6进4
19. 仕六进五　炮6平3
20. 车八平七　卒2平1
21. 炮七平八　炮2平1
22. 炮八进五　车6进4
23. 后车平六　马4进2

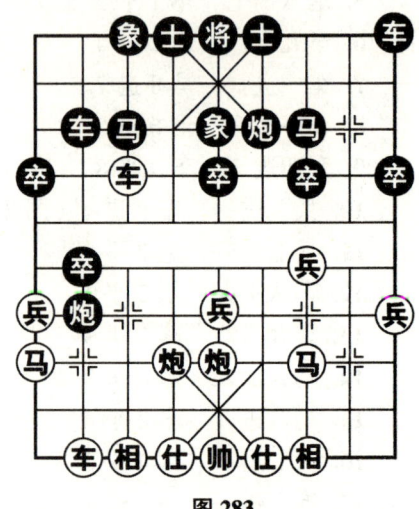

图283

24. 车七平八	马 2 退 4
25. 炮四平七	马 4 退 3
26. 炮七进五！	士 5 进 4
27. 炮八退一	卒 7 进 1
28. 马九退七	车 6 平 4
29. 车六进五	车 2 平 3
30. 马七进九	车 3 进 5
31. 车六进二	马 3 进 1
32. 车八平七！	车 3 平 1
33. 车六进一（图 284）	

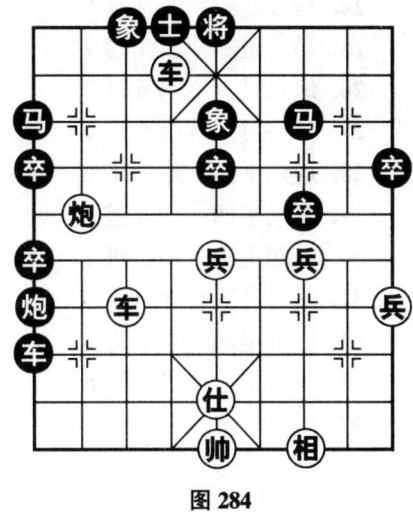

图 284

第 143 局　傅光明胜于幼华

1. 炮二平五	马 2 进 3	2. 马二进三	炮 8 平 6
3. 兵三进一	卒 3 进 1	4. 车一进一	象 7 进 5
5. 马八进九	车 9 进 1	6. 车九进一	卒 1 进 1
7. 车一平二	马 8 进 7	8. 车九平四	士 6 进 5（图 285）
9. 车四进三	车 1 进 3	10. 车二进五	车 1 平 4
11. 仕四进五	车 4 进 3		
12. 炮八平六	炮 2 进 1		
13. 车二退三	卒 9 进 1		
14. 车四平八	车 4 退 3？		
15. 兵五进一	卒 9 进 1		
16. 马九退七！	卒 9 进 1		
17. 马三进一	炮 2 平 1		
18. 马七进六	卒 3 进 1		
19. 车八平七	车 4 平 2		
20. 兵五进一！	卒 5 进 1		
21. 马六进五	马 3 进 5		
22. 炮六进一	车 9 进 3		
23. 马一进二	马 7 退 6		

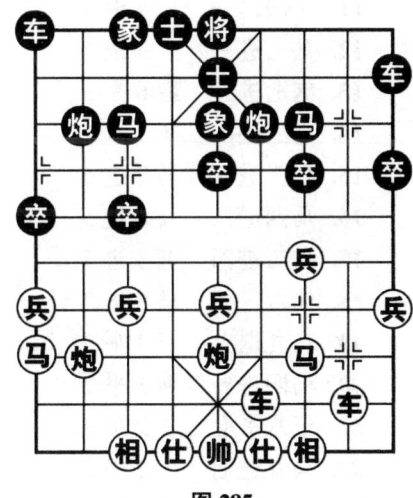

图 285

24. 马五进三　车9进5
25. 马二进一　炮1退2
26. 炮六进五　马6进7
27. 马一进三　炮6退1
28. 炮六平四　炮1平6
29. 车七平四　士5进6
30. 车四进三　将5进1
31. 后马进五！车9平7
32. 仕五退四　炮6进8
33. 马五退七　马5进6
34. 车二平五（图286）

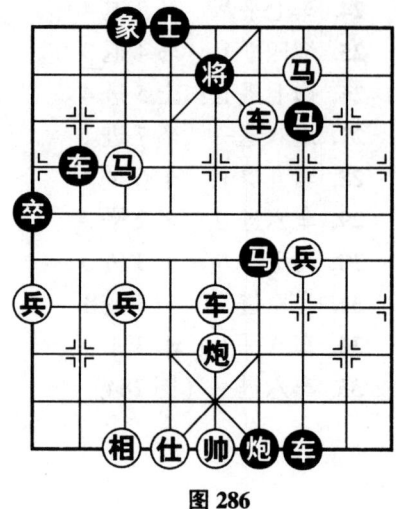

图286

第144局　刘殿中负吕钦

1. 炮二平五　马2进3
2. 马二进三　炮8平6
3. 兵三进一　卒3进1
4. 车一进一　象3进5
5. 马八进九　马8进7
6. 炮八平七　车1平2
7. 车九平八　车9平8
8. 车一平四　士6进5（图287）
9. 车八进六　马8进6
10. 车四进五　马3进4！
11. 车四退一　马4退3
12. 兵七进一？卒3进1
13. 炮七进五　炮6平3
14. 马三进四　卒7进1
15. 兵三进一　马7进6
16. 马四退二　马6进5
17. 马二进四　炮3进7
18. 仕六进五　马5进3
19. 马九退七　卒3平2！
20. 马四进五　炮3平2
21. 车八平七　卒2平3
22. 马五进七　车2平3
23. 车七平三　马3退5

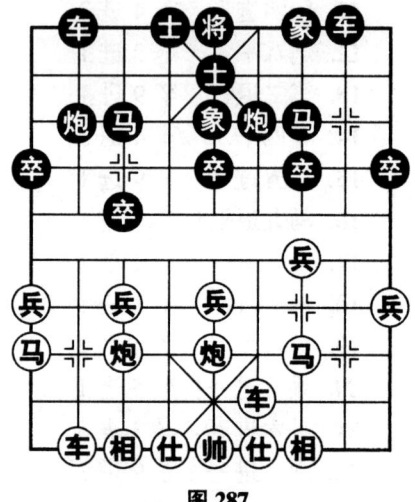

图287

24. 前马退六 卒 3 平 4！
25. 车三平八 车 3 进 8
26. 车八退六 马 5 退 4
27. 车八进七 马 4 进 6
28. 车八退三 车 3 进 1
29. 仕五退六 马 6 进 8
30. 仕四进五 车 3 退 5
31. 车八平六 车 3 平 7
32. 帅五平四 车 7 进 5
33. 帅四进一 车 7 退 1
34. 帅四退一 车 7 退 2
35. 兵九进一 马 8 进 7
36. 炮五平四 马 7 退 6（图 288）

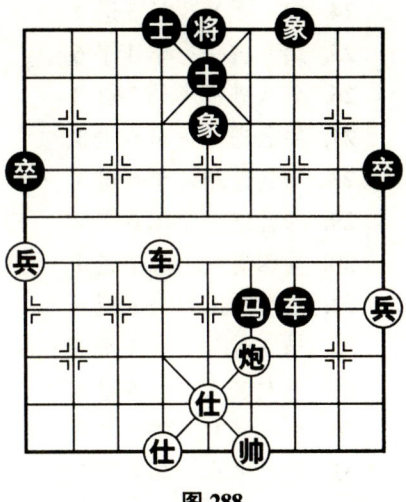

图 288

第 145 局 阎文清胜汤卓光

1. 炮二平五 马 2 进 3
2. 马二进三 炮 8 平 6
3. 兵三进一 卒 3 进 1
4. 马八进九 象 7 进 5
5. 炮八平七 车 1 平 2
6. 车九平八 炮 2 进 4
7. 车一进一 车 9 进 1
8. 车一平二 马 8 进 7
9. 车二平四 士 6 进 5
10. 车四进三 车 9 平 8（图 289）
11. 兵九进一 车 8 进 3
12. 车四平八 车 2 进 5
13. 马九进八 炮 2 平 1
14. 炮七退一！卒 7 进 1？
15. 马八退七 卒 7 进 1
16. 马七进九 卒 7 进 1
17. 马三退五 车 8 平 4
18. 炮五平一 车 4 进 4
19. 炮一退一 炮 6 进 6
20. 兵七进一 马 3 进 4
21. 兵七进一 马 4 进 3
22. 马五进四！炮 6 平 3
23. 马四退五 车 4 退 1

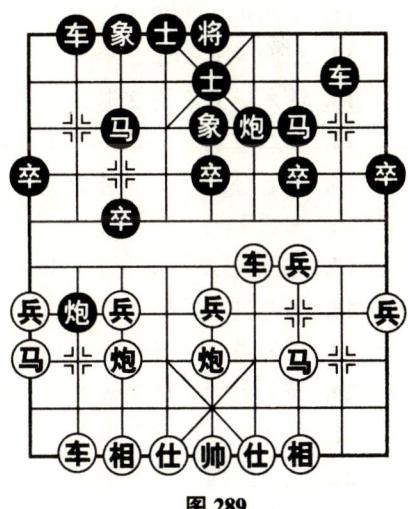

图 289

24. 炮一平七　马3进4
25. 兵五进一　车4平6
26. 车八进三　马7进8
27. 兵七进一　车6进1
28. 马五进四　车6进1
29. 帅五进一　车6平4
30. 马四退六　卒7进1
31. 车八平二　马8退6
32. 马九进七　车4平3
33. 马七进八　士5进6
34. 马八进七　将5平6
35. 炮七平八　马4退2?
36. 马六退七　(图290)

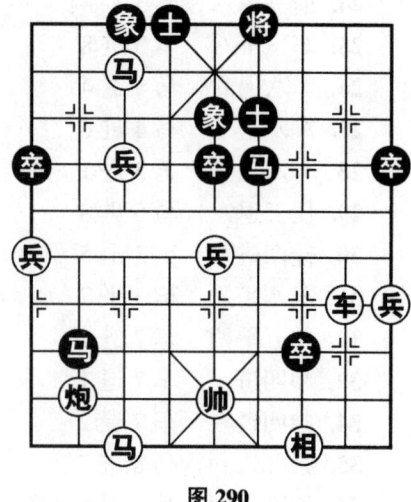

图290

第146局　刘殿中胜于幼华

1. 炮二平五　马2进3
2. 马二进三　炮8平6
3. 兵三进一　卒3进1
4. 马八进九　车9进1
5. 车一进一　象3进5
6. 车一平四　士4进5
7. 炮八平七　卒7进1
8. 车九平八　车1平2 (图291)
9. 兵七进一　卒3进1
10. 炮七进五　炮6平3
11. 车四进三　卒7进1
12. 车四平七　车2平3
13. 仕六进五　炮2退2
14. 车八进七　马8进7?
15. 车七进三　车3进2
16. 车八平七　卒7进1
17. 马三退二　炮2进4
18. 马九进七　炮2平7
19. 相三进一　车9平8
20. 马七进六　马7进6
21. 马六进八!　炮7退3
22. 炮五进四　将5平4
23. 车七退四　士5进4

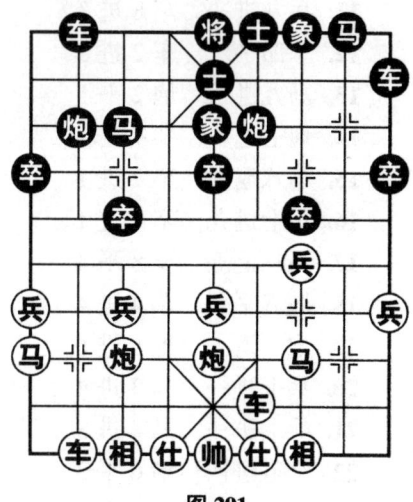

图291

24. 兵五进一	车8进8		
25. 兵五进一	马6退7		
26. 炮五平六	将4平5		
27. 马八进六	将5进1		
28. 炮六平三!	炮7平6		
29. 炮三进三	车8退8		
30. 炮三退六	车8进5		
31. 炮三平五	炮6平8		
32. 马六进七	将5退1		
33. 马七退八	车8退3		
34. 兵五平六	将5平4		
35. 车七进四	士6进5		
36. 车七平五	(图292)		

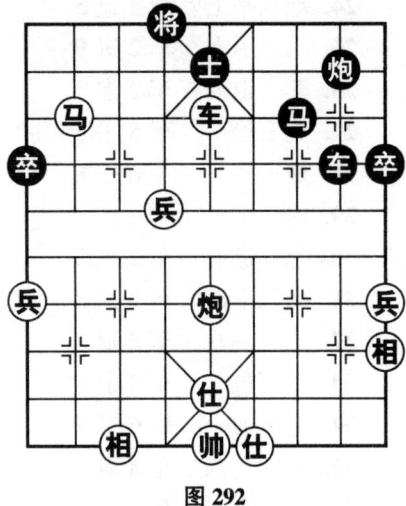

图 292

第 147 局　臧如意负李艾东

1. 炮二平五	马2进3	2. 马二进三	炮8平6
3. 兵三进一	卒3进1	4. 马八进九	象7进5
5. 车一进一	马8进7	6. 炮八平六	车1平2
7. 车九平八	士6进5	8. 车八进六	车9平8 (图293)
9. 车一平四	车8进6	10. 炮六进一?	车8退2
11. 车四进五	卒3进1!		
12. 车四平三	卒3平4		
13. 炮六退二	卒4进1		
14. 车八平六	车8退2		
15. 马三进四	卒4平5		
16. 炮五平三	马7退6		
17. 车六平八	车8进4		
18. 马四进五	马3进4		
19. 车八退一	炮2进1!		
20. 车三进二	车8退3		
21. 车八平六	车8平5		
22. 兵三进一	炮2平3!		
23. 仕六进五	象3进1		

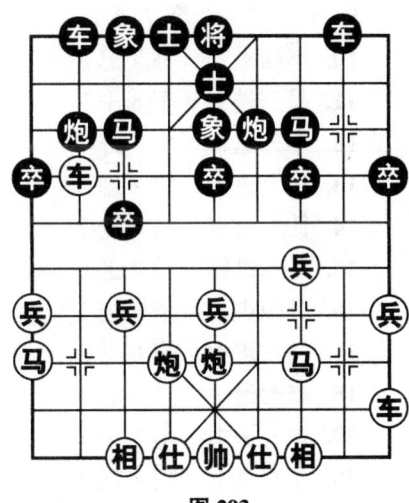

图 293

24. 炮六平七？ 炮3进5
25. 马九退七　车2进9
26. 车六退五　车2退1
27. 炮三退一　车5平6
28. 炮三平二　车6平8
29. 炮二平一　车8进5
30. 炮一进五　车2平3
31. 兵三平四　车3退2
32. 炮一平八　车8退5
33. 炮八进三　车3退6
34. 炮八退一　炮6平7
35. 车六进八　车8退2
36. 车三平二　马6进8
37. 车六退二　车3进9

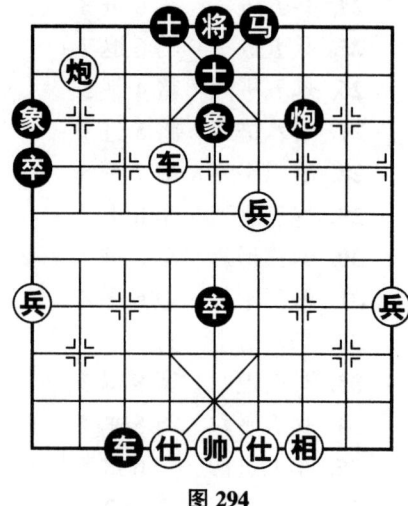

图294

38. 仕五退六　马8退6（图294）

第148局　吴贵临胜翁德强

1. 炮二平五　马2进3
2. 马二进三　炮8平6
3. 兵三进一　马8进7
4. 马八进九　车9平8
5. 车一进一　士4进5
6. 炮八平七　车8进4
7. 车九平八　炮2平1
8. 车一平四　象3进5（图295）
9. 车四进五　卒7进1
10. 车四平三　马7退8
11. 兵三进一　车8平7
12. 车三退一　象5进7
13. 兵七进一　象7退5
14. 仕六进五　马8进7
15. 马三进四　马7进6
16. 马四进六　卒3进1
17. 马六进七　炮6平3
18. 炮七退一　马6进4
19. 炮五平六　车1平3
20. 车八进七　炮1进4
21. 相七进五　卒1进1

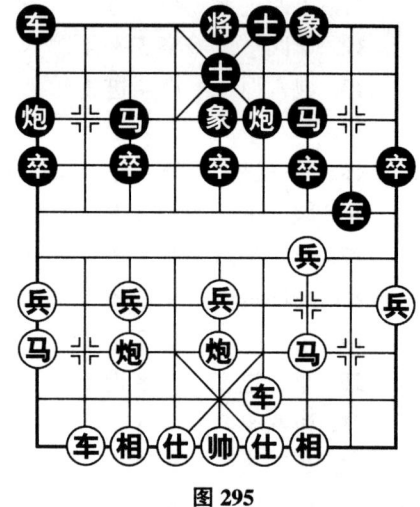

图295

22. 兵五进一	卒1进1	23. 炮六退二！	马4进3？
24. 兵七进一	炮3退1	25. 炮六平七	卒1平2
26. 车八平七	车3平1		
27. 车七进一	炮1平5		
28. 兵七平六！	车1进7		
29. 车七退六	车1进1		
30. 后炮平六	卒2进1		
31. 车七进二	车1退5		
32. 车七平八	卒2平3		
33. 车八进五	士5退4		
34. 车八平六	将5进1		
35. 车六退一	将5退1		
36. 兵六进一	士6进5		
37. 车六平七	卒3平4		
38. 车七退四	（图296）		

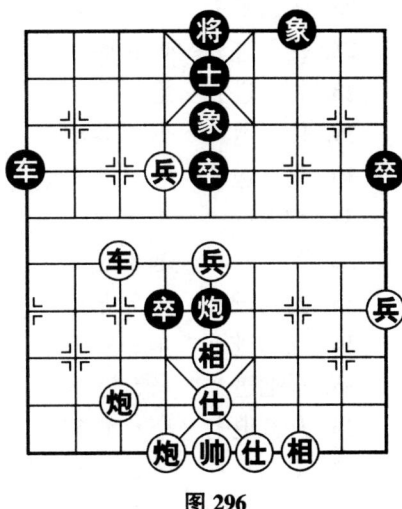

图 296

第149局　张强负李艾东

1. 炮二平五	马2进3	2. 马二进三	炮8平6
3. 兵三进一	卒3进1	4. 马八进九	象7进5
5. 炮八平七	车1平2	6. 车九平八	炮2进4
7. 车一进一	马8进7		
8. 车一平七	车9平8	（图297）	
9. 兵七进一	炮2平3		
10. 车八进九	炮3进2		
11. 车八退九	炮3退3		
12. 炮五平六	车8进4		
13. 相七进五	卒7进1		
14. 相五进七	卒7进1		
15. 相七退五	卒7进1		
16. 马三退五	马3进4		
17. 马五退七	车8平5		
18. 车八进四	马4进5		
19. 炮七退一	卒3进1		

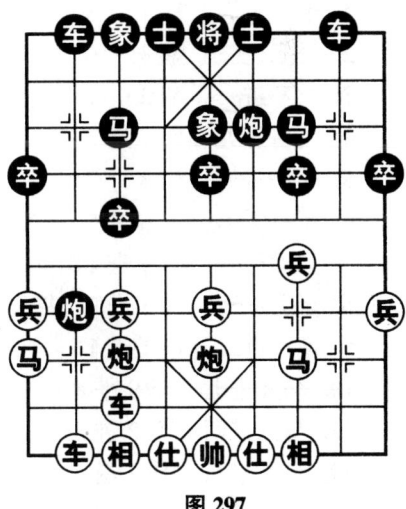

图 297

20. 车八进四　车5平4
22. 炮七平五　卒7平6
24. 车八平七　马3进5
26. 仕六进五　炮6平7
28. 相三进五　炮7进2
29. 仕五退六　炮7平8！
30. 马九进七　炮8进5
31. 帅五进一　车4平8
32. 帅五平六　炮8退1
33. 前马进五　马7进6
34. 仕六进五　车8平5
35. 马七进八　马5进3！
36. 马五退七　卒6平5
37. 车七平六　卒5进1
38. 炮五退四　马6退7
39. 仕五进四　马7进5
40. 马七退五　车5进3
41. 车六平七　炮8退3！（图298）

21. 车八退五　马7进6
23. 相五进七　马5退3
25. 炮五进五　士6进5
27. 车七进三？马6进7

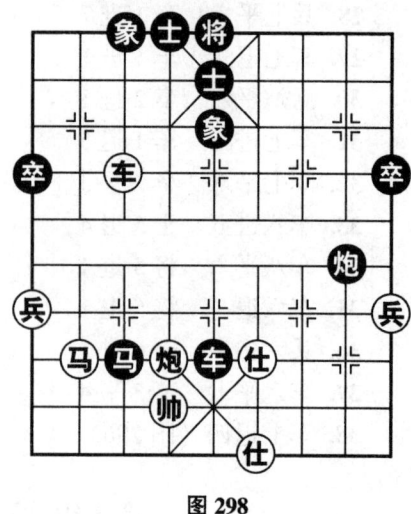

图298

第150局　赵国荣胜宇兵

1. 炮二平五　马2进3
2. 马二进三　炮8平6
3. 兵三进一　卒3进1
4. 马八进九　象7进5
5. 车一进一　马8进7
6. 车一平七　士6进5
7. 兵七进一　卒3进1
8. 车七进三　马3进2（图299）
9. 炮八进二　卒1进1
10. 马九进七　车9平8
11. 马三进四　炮2进3
12. 车七平八　马2退3
13. 车九进一　车1进3

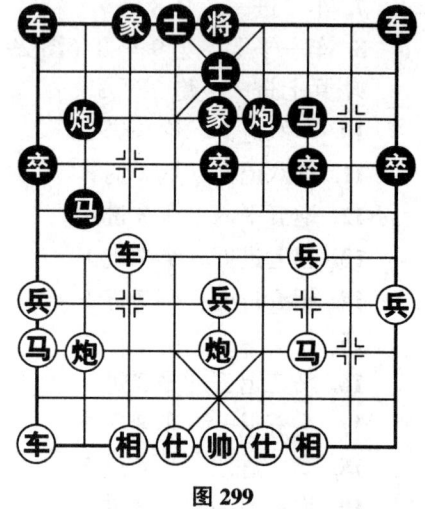

图299

14. 车九平六	车8进9	15. 马四进六	马3进4
16. 马七进六	车8退5	17. 马六进八	车8平3
18. 车六平四	车3退1	19. 马八退七	象5进3?
20. 车四进五!	炮6平3	21. 车四平三	象3进5
22. 兵三进一!	车3平2	23. 车八进二	车1平2
24. 马七退六	车2进2	25. 兵三平四	车2平4
26. 仕四进五	车4进1	27. 兵五进一	车4平9
28. 兵四进一	马7退6		
29. 兵四平五	车9平5		
30. 相七进九	卒9进1		
31. 前兵进一!	马6进5		
32. 车三退一	炮3进1		
33. 车三平七	卒9进1		
34. 车七平二	炮3平6		
35. 兵五进一	马5进3		
36. 车二进四	炮6退3		
37. 马六进七	车5平7		
38. 兵五平六	士5进4		
39. 兵六平七	马3退4		
40. 马七退五	士4进5		
41. 马五进四 (图300)			

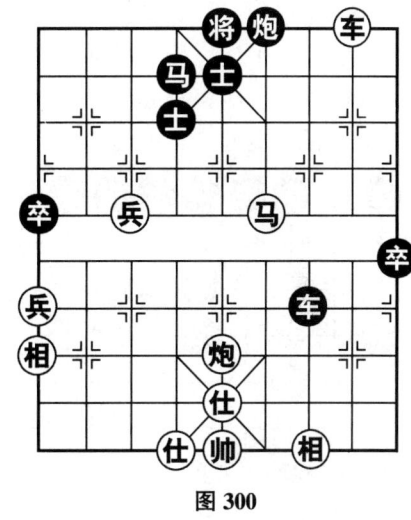

图 300

第151局　徐天红胜蒋全胜

1. 炮二平五	马2进3	2. 马二进三	炮8平6
3. 兵三进一	卒3进1	4. 车一进一	象3进5
5. 车一平七	炮2退2	6. 马八进九	马8进7
7. 炮八进四	车9平8	8. 炮八平三	炮2平3 (图301)
9. 车九平八	士6进5	10. 车七平四	卒1进1
11. 车四进四	车8进3	12. 兵三进一!	象5进7
13. 车四平三	象7进5	14. 车三退一	马7退9
15. 炮三进二	车1进3	16. 马三进二	卒5进1
17. 炮五平二	车8平4	18. 炮三平二	马3进4
19. 车三退一	车4平6	20. 车八进四	卒3进1

21. 车八平七	卒5进1	22. 仕六进五	卒5进1
23. 车三进五	马9进8	24. 车三退一	马4退3
25. 车七平八	马3进5	26. 车三平二	马8进6
27. 前炮平四!	马5进4	28. 车二进二	士5退6
29. 炮四退二	车1平6	30. 马二进四	马4退6
31. 车八平四	炮3进9	32. 车二退一	士4进5
33. 车二退三	炮3平1	34. 车四平八	炮6平7
35. 相三进一	炮7进5	36. 马九退七	炮1平3
37. 车二平三	炮7平9	38. 炮二进七	象5退7
39. 车三进四	车6平8	40. 炮二平一	将5平4
41. 车三退七	车8退3	42. 车三平一 (图302)	

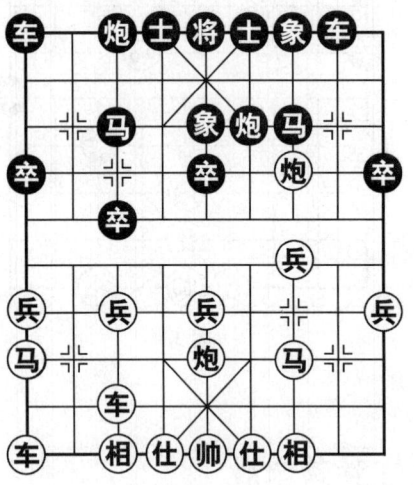

图301

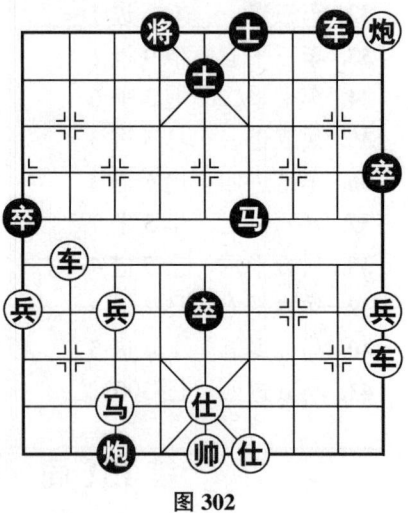

图302

第152局　傅光明胜洪磊鑫

1. 炮一平五	马2进3	2. 马二进二	炮8平6
3. 兵三进一	卒3进1	4. 车一进一	象3进5
5. 车一平七	炮2退2	6. 马八进九	车9进1
7. 车七平四	士4进5	8. 炮八进六	车9进1
9. 车四平二	马8进7	10. 马三进四	车1进1 (图303)
11. 炮八退一	车1进1	12. 炮八退一	车1平2
13. 炮八平三	车9平8	14. 车九进一	车8进6

15. 车九平二　车2进3
16. 马四进五　马3进5
17. 炮五进四　象7进9
18. 相三进五　炮6进5
19. 炮五退二　车2退2
20. 炮三平二　车2平4
21. 仕四进五　将5平4
22. 炮五平八　象9退7
23. 炮二平九　炮2平1
24. 炮九进一　车4退1
25. 车二进五　马7进6
26. 车二平八　车4平1
27. 仕五进四　炮1进6？
28. 兵五进一！炮1平9
29. 兵五进一　马6进7
30. 车八进三　将4进1
31. 炮八平六　马7进5
32. 相七进五　车1进5
33. 兵五平六　士5进4
34. 兵六进一　将4平5
35. 兵六进一　车1平5
36. 仕四退五　将5平6
37. 车八退三　炮9平4
38. 炮六平九　车5退2
39. 炮九进四　象5退3
40. 车八平四　将6平5
41. 帅五平四　车5平7
43. 车四进一（图304）

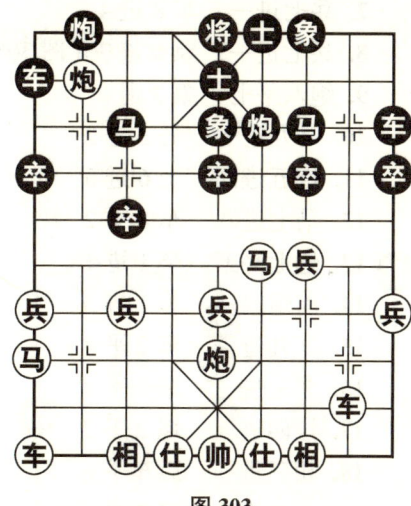

图 303

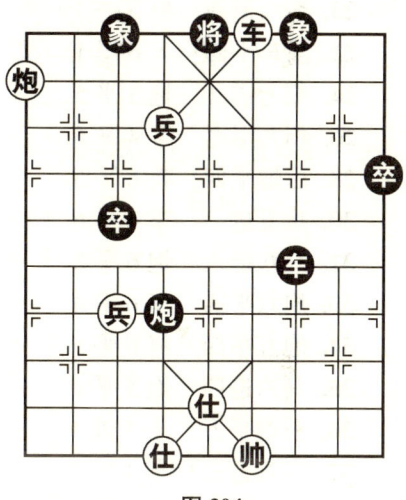

图 304

42. 车四进二　将5退1

第153局　王琳娜胜郑轶莹

1. 炮二平五　马2进3
2. 马二进三　炮8平6
3. 兵三进一　卒3进1
4. 马八进九　象7进5
5. 车一进一　马8进7
6. 车一平七　车9平8

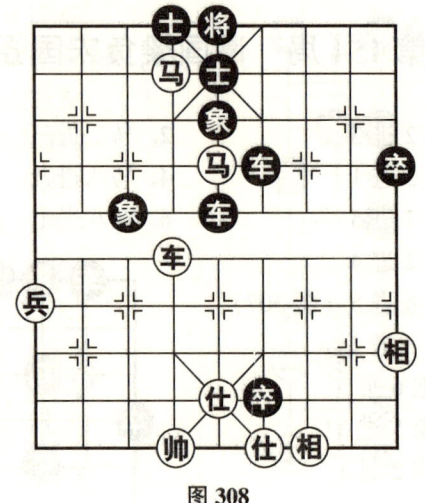

图 308

第 155 局　张晓平胜于幼华

1. 炮二平五　马 2 进 3
2. 马二进三　炮 8 平 6
3. 兵三进一　卒 3 进 1
4. 马八进九　象 7 进 5
5. 炮八平七　车 1 平 2
6. 车九平八　炮 2 进 4
7. 车一进一　车 9 进 1
8. 车一平二　马 8 进 7
9. 车二平四　士 6 进 5
10. 车四进三　车 9 平 8
11. 兵九进一　炮 2 退 3
12. 兵七进一　车 8 进 3（图 309）
13. 车八进三　炮 2 平 3？
14. 车八进六　马 3 退 2
15. 马九进八　炮 3 退 1
16. 马八进九　炮 3 退 1
17. 马九进八　炮 6 退 1
18. 相七进九　炮 6 平 7
19. 炮七平八！卒 7 进 1
20. 炮八进七　卒 7 进 1
21. 车四进二　卒 7 进 1
22. 马八退七！卒 7 进 1
23. 马七进五　车 8 平 6

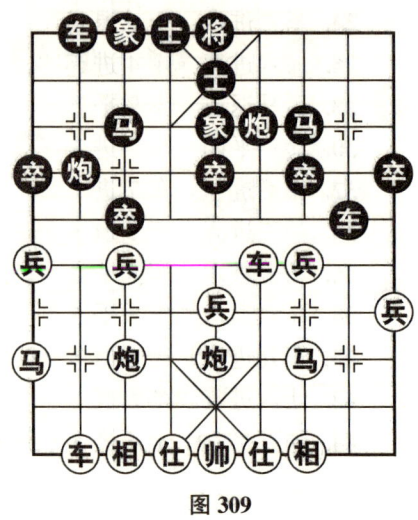

图 309

24. 马五进七　炮7平3
26. 炮八退七　卒7进1
28. 炮八进五！炮3进1
30. 炮八进二　士4进5
32. 相三进五　卒7平6
34. 炮八退五　车6进3
35. 炮八平五　卒9进1
36. 炮七平八　车6进1
37. 炮五平三　马7退9
38. 炮八退二　炮3退1
39. 车三平七　车6平5
40. 相九退七　车5平6
41. 车七进二　马9进8
42. 炮三平六　象3退5
43. 炮六退三　马8进6
44. 车七退四　马6进7
45. 车七平二　将6平5
46. 车二进五（图310）

25. 车四平三　车6退2
27. 炮五进四　士5进4
29. 炮五平七　象3进1
31. 兵七进一　象1进3
33. 仕六进五　将5平6

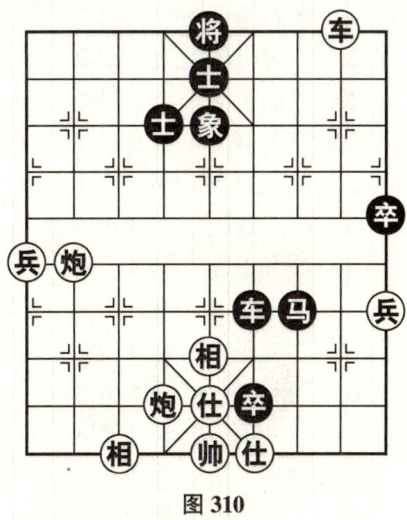

图310

第156局　徐健秒负邓颂宏

1. 炮二平五　马2进3
2. 马二进三　炮8平6
3. 兵三进一　卒3进1
4. 马八进九　象7进5
5. 炮八平七　车1平2
6. 车九平八　炮2进4
7. 车一进一　车9进1
8. 车一平二　马8进7
9. 车二平四　士6进5
10. 车四进三　车9平8（图311）
11. 兵九进一　车8进3
12. 车四平八　车2进5
13. 马九进八　炮2平1

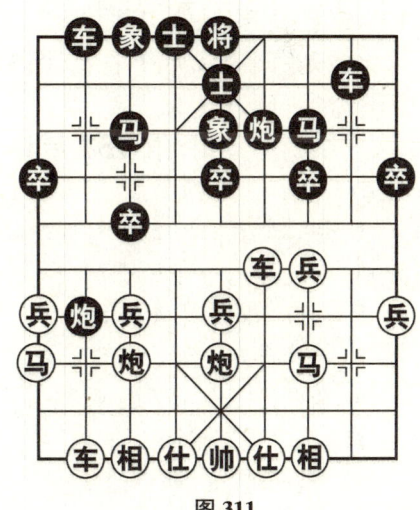

图311

14. 炮七退一？ 卒7进1　　　15. 马八退七　卒7进1！
16. 马七进九　卒7进1　　　17. 马三退五　车8平4
18. 马五进七　车4进4　　　19. 炮七平九　马7进6
20. 仕四进五　马6进4　　　21. 炮五平四　马4进3
22. 马九退七　车4平3　　　23. 相七进五　卒7进1！
24. 车八平七　车3进1　　　25. 相五退七　卒7平6
26. 仕五进四　炮6平9　　　27. 相三进五　炮9进4
28. 兵七进一　卒3进1　　　29. 相五进七　卒9进1
30. 相七退五　卒9进1　　　31. 相七进九　卒9平8
32. 兵九进一　卒1进1　　　33. 炮九进四　马3进4
34. 相九进七　卒8进1
35. 炮九退四　马4进6
36. 仕六进五　马6进4
37. 帅五平六　炮9退2
38. 仕五进六　马4进2
39. 仕六退五　炮9平4
40. 帅六平五？炮4进2！
41. 相七退九　炮4平3
42. 相五进七　马2进1
43. 帅五平六　卒8平7
44. 炮九平六　马1退3
45. 仕五退四　卒7平6
46. 炮六平五　炮3平2（图312）

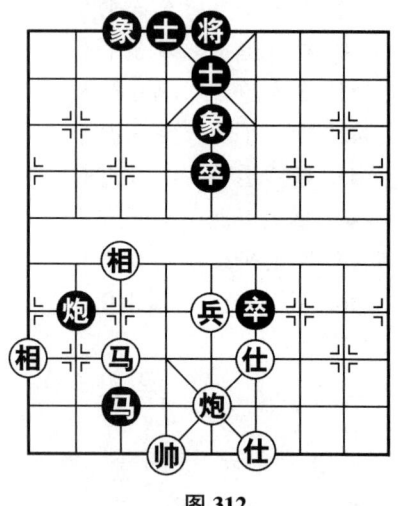

图312

第157局　纪中启负杨官璘

1. 炮二平五　马2进3　　　2. 马二进三　炮8平6
3. 车一进一　马8进7　　　4. 兵七进一　车9平8
5. 车一平四　士4进5　　　6. 炮八平七　象3进5
7. 马八进九　车8进5　　　8. 兵三进一　车8平7（图313）
9. 车四进三　车7退1　　　10. 车九平八　炮2平1
11. 马三进二　炮1进4　　　12. 炮五平三？炮1平9
13. 炮三进二　马7退9　　　14. 炮七平三　车7平8
15. 后炮平二　炮9平8　　　16. 相三进五　卒9进1！

17. 炮三退四	卒9进1		
18. 马二进四	炮6进3		
19. 炮二进三	车1平2!		
20. 车八进九	马3退2		
21. 炮三平一	炮8进3		
22. 相五退三	马9进8		
23. 炮一进一	卒7进1		
24. 马四进六	炮8退1		
25. 炮一进一	炮6退1		
26. 马六进七	将5平4		
27. 炮二平四	马8进6		
28. 马九进八	炮8退7		
29. 马七退八	马6进5		
30. 炮一平六	将4平5		

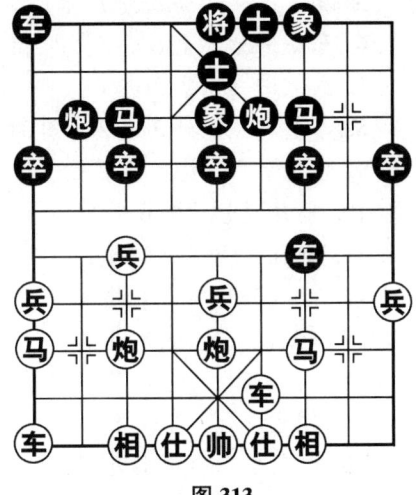

图 313

31. 相七进五　马2进1
33. 马八退九　士5进6

32. 后马进九	马5退4		
34. 后马退八	马4进6		
35. 炮六退一	卒9进1		
36. 马八退七	炮8进8		
37. 炮六平五	士6进5		
38. 马七进六	卒9平8		
39. 马九进七	士5进4		
40. 马七退九	士6退5		
41. 相五退七	马6进4		
42. 炮五平九	马1退3		
43. 炮九平七	马3进4		
44. 相七进九	后马进5		
45. 仕六进五	马5进4		
46. 仕五进六	马4进6		
47. 炮七平四	炮8平9 （图314）		

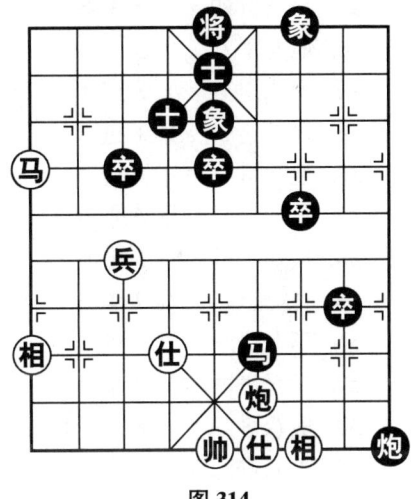

图 314

第158局　李望祥胜邬正伟

1. 炮二平五　马2进3　　2. 马二进三　炮8平6
3. 兵三进一　卒3进1　　4. 马八进九　象7进5

5. 车一进一　马8进7
6. 车一平七　士6进5
7. 兵七进一　卒3进1
8. 车七进三　马3进2（图315）
9. 炮八平六　炮6进2
10. 马九退七　炮6平8
11. 炮五平四　卒1进1
12. 仕六进五　车1进3
13. 马七进六　炮8进2
14. 马六进八　炮8平7
15. 相七进五　车9平6
16. 车九平六　卒1进1
17. 马八退七　卒1进1
18. 炮六进一！炮2平4
19. 车六进六　车1平4
20. 马三进四　车6平8
21. 炮九平八　象5进3
22. 炮八退五　卒5进1？
23. 兵三进一　车1进6
24. 炮八进一　车8进4
25. 车七进二　炮4平7
26. 兵四平五　卒5平6
27. 马七进六　马7退6
28. 车七进一　马6进8
29. 马三进一　车8平7
30. 炮八进二　马8进6
31. 车七进二　马6进5
32. 车七退二　马5退4
33. 马一进三　将5平6
34. 马三退五　将6平5
35. 车七退一　车1平7
36. 马六进四　士5进6
37. 炮八进一　士4进5
38. 车七进三　士5退4

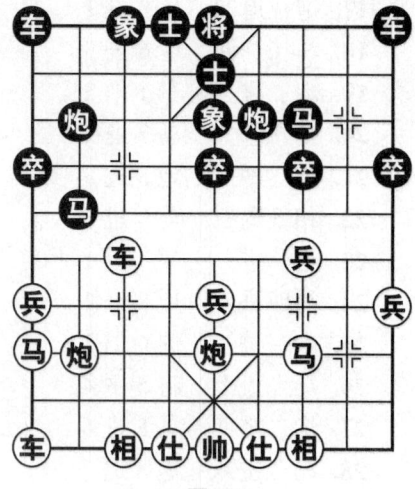

图 315

19. 炮六平三　马2退4
21. 炮三平九　车6进4
23. 马四进三　车4平1
25. 炮八进二　象3退1
27. 炮八进五！车8退1
29. 仕五退六　车1退5
31. 炮四进三！炮4进2
33. 兵三平四　卒5进1

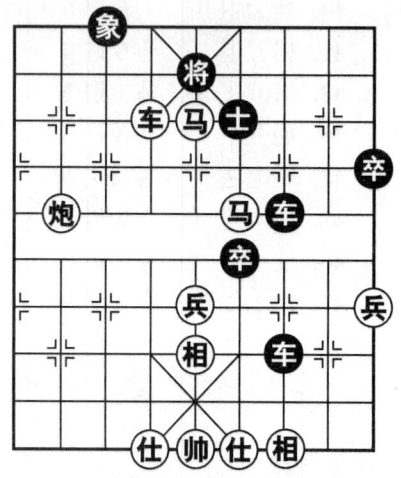

图 316

47. 车七平六　将5进1
49. 炮八退四（图316）
48. 车六退二　象1退3

第159局　许银川负于幼华

1. 炮二平五　马2进3
3. 兵三进一　卒3进1
5. 炮八平七　车1平2
7. 车一进一　车9进1
9. 车二平四　士6进5
11. 兵九进一　车8进3
13. 马八进六　车8平4
15. 炮七平五　马7进5
17. 炮五退二　炮6平5
19. 仕四进五　士4进5
21. 帅五平四　将5平4
23. 炮五平四　炮5进1
25. 炮四进五　炮2进1
27. 兵七进一　车2进4
29. 马三进四　炮5进4
31. 马四退五　车2平3
33. 帅四平五　车3退4
35. 炮二平九　车4退2
37. 仕五退四　车4退3
39. 车四退一　车7退1
41. 仕四进五　卒3进1
43. 兵九平八　车4平1
45. 帅四平五　士5进4

2. 马二进三　炮8平6
4. 马八进九　象7进5
6. 车九平八　炮2进4
8. 车一平二　马8进7（图317）
10. 车四进三　车9平8
12. 马九进八　马3进4！
14. 炮五进四　炮6进2
16. 炮五平四　车2进3
18. 车八进二　士5退6
20. 相三进五　车4进2
22. 车四进一　炮2退1
24. 帅四平五　炮5退2
26. 炮四平二？炮2平3！
28. 炮二退七　车4进2
30. 帅五平四　炮5平6！
32. 车四退三　车3进2
34. 炮二进四　车3平7
36. 车四进一　车7进4
38. 炮九进三　将4进1
40. 兵九进一　车7平5
42. 帅五平四　车5退2
44. 马五进四　车5平6

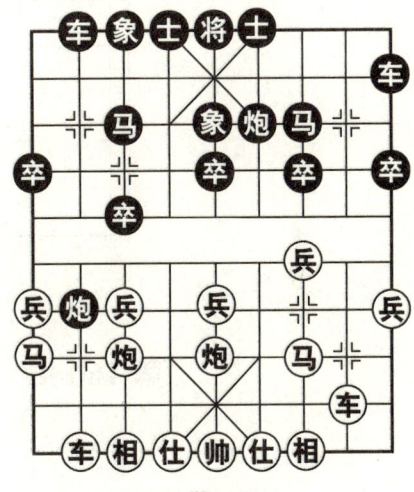

图317

46. 炮九平八	车6平2		47. 车四平七	车2退4
48. 车七进二	车2进6		49. 车七进五	车2平9
50. 马四进二	车9平8		51. 马二进三	车8退4（图318）

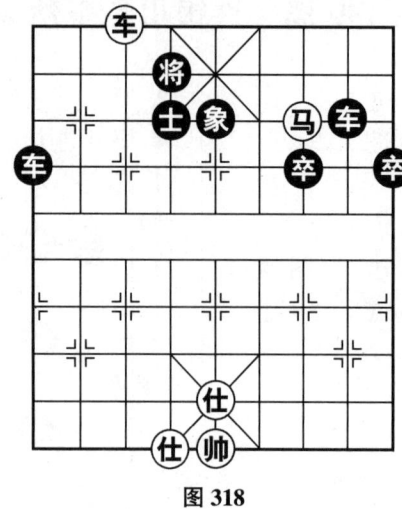

图 318

第 160 局　卜凤波胜邓颂宏

1. 炮二平五	马2进3		2. 马二进三	炮8平6
3. 兵三进一	卒3进1		4. 马八进九	象7进5
5. 炮八平七	车1平2			
6. 车九平八	炮2进4			
7. 车一进一	士6进5			
8. 车一平四	马8进7（图319）			
9. 兵七进一	卒3进1			
10. 车四进三	卒3进1			
11. 炮七进五	炮6平3			
12. 车四平七	炮3平4			
13. 车七退一	炮2退2			
14. 车八进四	车9平6			
15. 车七平六	炮2平4			
16. 车八进五	后炮进4			
17. 仕六进五	后炮平8			

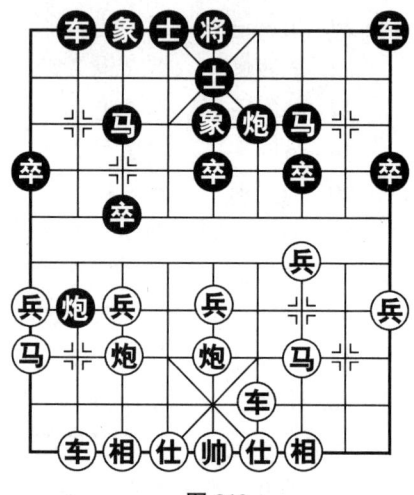

图 319

18. 炮五平七　车6进4
20. 兵三进一　车6平7
22. 车八退一　炮8平7
24. 炮七平八　炮7进3
26. 车六退五　马7进6
28. 车六平七　炮8退1
30. 兵五进一　炮8退2
32. 车七进三　士5退6
34. 车七平二　车7进3
36. 炮八平九　将5平4
38. 帅五平六　士5进4
40. 车六平三　马7进6
41. 车三退三　车2平6
42. 炮九平七！卒5进1
43. 兵五进一　马6进4
44. 车三平六　马4进3
45. 车六进五　将5进1
46. 炮七退七　车6平3
47. 炮七平六　车3平1
48. 车六平七　马3退4
49. 兵五进一　车1进3
50. 相五退七　车1退5
51. 车七退一　将5退1
52. 炮六平五（图320）

19. 马九进七　卒7进1
21. 相七进五　车7进2?
23. 车八平六　象3进1
25. 炮八进七　象1退3
27. 马七进六　炮7平8
29. 车七进三　车7退3
31. 马六进五！马6退5
33. 车七退四　士4进5
35. 车二平七　车7平2
37. 车七平六　将4平5
39. 车六进二　马5进7

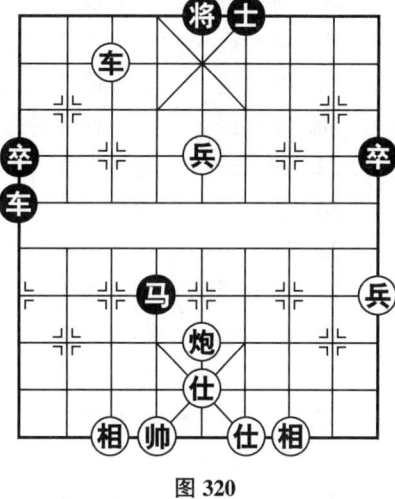

图320

第161局　王东胜应跃林

1. 炮二平五　马2进3
3. 兵三进一　卒3进1
5. 车一平七　象3进5
7. 炮八进四　士4进5
9. 车七进三　车1平4
11. 车九平八　炮2平3
13. 兵九进一　车8平3

2. 马二进三　炮8平6
4. 车一进一　马8进7
6. 马八进九　车9平8
8. 兵七进一　卒3进1（图321）
10. 炮八平三　炮2退2
12. 车七平四　车8进4
14. 马九进八　车3进5?

15. 车八平七　炮3进9
16. 仕六进五　车4进8
17. 车四平七　炮3平1
18. 马三进四　马7退8
19. 兵三进一！车4平2
20. 帅五平六　马8进9
21. 炮三平二　车2进1
22. 帅六进一　车2退3
23. 帅六退一　车2进3
24. 帅六进一　车2退3
25. 帅六退一　卒9进1
26. 炮二进一！车2进3
27. 帅六进一　车2退3
28. 帅六退一　车2进3
30. 帅六退一　士5退4
32. 帅六退一　车2退5
34. 帅六进一　炮6进6
36. 炮五退一　车2进1
38. 炮五退一　车2进1
40. 炮五退一　车2进1
42. 炮五平四　炮6平8
43. 车七平六　士6进5
44. 马五进三　炮8进1
45. 炮四进七　车2进1
46. 帅六进一　车2退1
47. 帅六退一　车2进1
48. 帅六进一　炮1平6
49. 炮二平五　士5进4
50. 帅六平五　炮6退1
51. 炮五退二　车2进1
52. 车六退二　车2退1
53. 车六进五　车2进1
54. 车六退五　车2退1
55. 马七进五（图322）

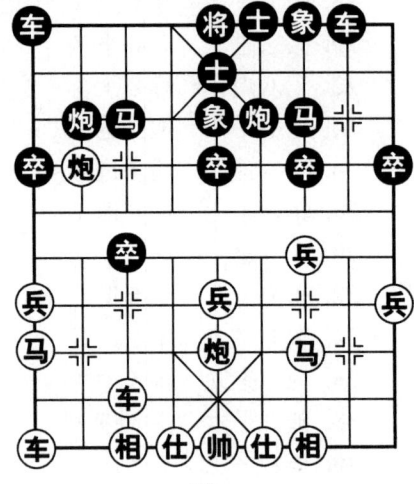

图321

29. 帅六进一　车2退3
31. 马八进七　车2进3
33. 马四进五！车2进4
35. 仕五退六　炮6退1
37. 帅六退一　炮6进1
39. 帅六进一　炮6退1
41. 帅六退一　马3退2

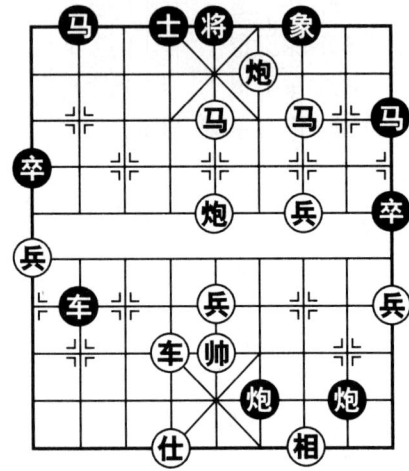

图322

第162局　徐天红负于幼华

1. 炮二平五　马2进3
2. 马二进三　炮8平6
3. 兵三进一　卒3进1
4. 车一进一　象3进5
5. 车一平七　炮2退2
6. 马八进九　车9进1
7. 车七平四　士4进5
8. 炮八进六　车9进1（图323）
9. 车四平二　马8进7
10. 马三进四　车1进2
11. 炮八退二　卒7进1
12. 兵三进一　象5进7
13. 炮五平三　象7进5
14. 马四进三　车9平8
15. 车二进六　炮6平8
16. 车九进一　马3进4
17. 车九平二　炮8退1
18. 车二进六？　卒3进1！
19. 炮八进二　马4进5

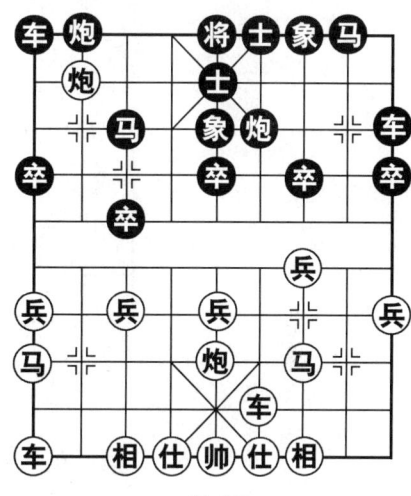

图323

20. 炮三退一　马5退6
21. 兵七进一　车1平2
22. 炮八平九　车2进4
23. 车二退三　车2平7
24. 炮九进一　炮2进3
25. 炮三平八　炮8平7！
26. 兵七进一　车7平2
27. 炮八平七　炮7进3
28. 兵七平八　炮2退1
29. 炮七进八　炮2退2
30. 炮七退二　士5退4
31. 相三进五　马7退5
32. 炮七退六　马5进3
33. 车二平七　马3进4
34. 车七进四　车2进2
35. 兵九进一　炮7退1
36. 车七平四　马6进7
37. 仕四进五　马4退3
38. 车四退一　炮7退2
39. 车四退三　卒5进1
40. 车四平七　马3进2
41. 车七进二　马7进9
42. 车七平三　马2进4
43. 相五退三　马9退7
44. 车三平六　卒5进1
45. 炮七进四　炮2平3
46. 炮七平五　士6进5
47. 车六平三　将5平6
48. 炮五进三　车2退8！
49. 炮九平七　车2平3

50. 炮五平二	车3进9	51. 炮二进一	炮7进1
52. 车三进二	车3退2	53. 马九进八	马4进2
54. 车三进一	将6进1	55. 炮二平六	车3平7（图324）

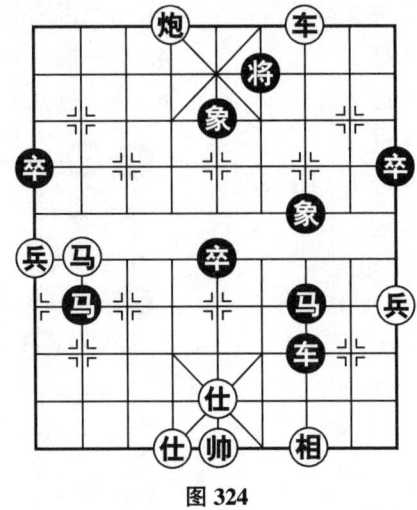

图 324

第163局　辛宇负才溢

1. 炮二平五　马2进3
2. 马二进三　炮8平6
3. 车一进一　车9进1
4. 车一平六　车1进1
5. 炮八平七　象3进5
6. 马八进九　车9平4（图325）
7. 车六进七　车1平4
8. 车九平八　炮2平1
9. 车八进六　卒7进1
10. 车八平七　马8进7
11. 仕四进五　马7进6
12. 车七退二　车4进4
13. 兵九进一　炮1进3
14. 炮七退一　炮1平1
15. 车七平六　马6进4
16. 兵七进一　马3进2
17. 炮五平八？卒1进1

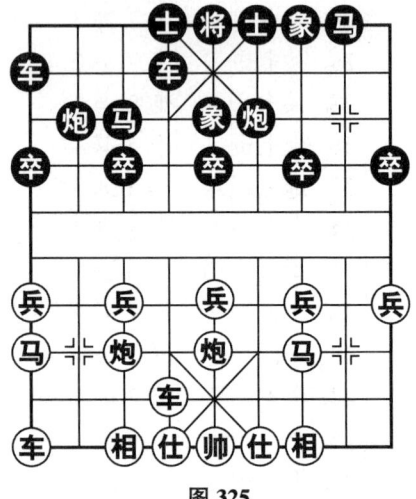

图 325

18. 炮七平八	马2退1	19. 相三进五	炮6平7
20. 前炮进一	卒1进1	21. 马九退七	马4进3
22. 仕五进六	卒1平2!	23. 前炮退一	马1进3
24. 兵七进一	象5进3	25. 马三退五	卒2进1
26. 后炮进二	炮1平5	27. 帅五平四	炮5平2
28. 仕六进五	炮7进4!	29. 前炮平七	象3退5
30. 马七进九	炮7平4	31. 炮八进七	将5进1
32. 炮八退三	卒5进1	33. 炮八平一	将5退1
34. 炮一退二	卒5进1	35. 炮一平二	前马退1
36. 兵一进一	炮4退2	37. 炮七退二	马1退2
38. 炮二退三	卒5进1	39. 炮二进三	炮4平6
40. 炮二平九	士4进5	41. 帅四平五	卒5平4
42. 炮九平五	炮6平2	43. 炮五平九	卒7进1
44. 兵一进一	卒7进1	45. 兵一平二	炮6平5
46. 帅五平四	炮5退3		
47. 炮九平五	卒7平6		
48. 兵二进一	马2进1		
49. 炮七平九	马1进3		
50. 炮九平八	后马进4		
51. 兵二平三	炮5进1		
52. 炮八平六	卒6平5		
53. 炮六平八	马4进2		
54. 炮五平三	卒5平6		
55. 炮八平六	卒4进1!		
56. 仕五进六	马2进4		
57. 马九进七	卒6进1		
58. 炮三平九	炮5平6		
59. 帅四平五	卒6进1(图326)		

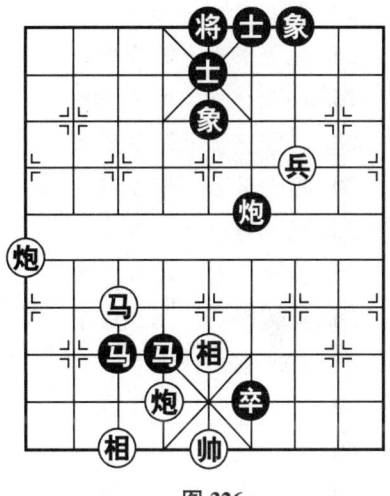

图326

第164局　鲁越东胜王伦勇

1. 炮二平五	马2进3	2. 马二进三	炮8平6
3. 兵三进一	马8进7	4. 车一进一	士4进5
5. 马八进九	车9平8	6. 炮八平七	车8进4

7. 车九平八　卒 7 进 1
8. 车八进四　炮 2 平 1（图 327）
9. 兵九进一　象 3 进 5
10. 车一平六　卒 3 进 1
11. 兵三进一　车 8 平 7
12. 兵七进一　车 1 平 2
13. 车八进五　马 3 退 2
14. 车六平八　马 2 进 3
15. 车八进三　炮 1 退 2
16. 兵七进一　炮 1 平 3
17. 马九进七　炮 3 进 4
18. 马七进五　炮 3 进 5
19. 仕六进五　车 7 平 2
20. 车八进一　马 3 进 2
22. 炮七退一　马 7 进 6
24. 炮五平八　炮 3 平 1
26. 兵五进一　炮 1 平 9
28. 马四进三　炮 9 平 5
30. 炮七进七　炮 4 退 5
32. 马八进七　将 5 平 4
34. 相五进七　炮 6 进 5
36. 前炮平三　马 3 进 1？
38. 炮三退四！炮 6 平 7
40. 仕五进六！马 1 进 3
42. 马六进八　炮 5 平 3
44. 仕四进五　象 7 进 5
46. 马九退八　炮 7 退 5
48. 炮六平五　马 5 进 3
50. 炮三进四！士 5 进 6
52. 炮五平六　炮 7 平 4
54. 马五进四　马 4 平 6
56. 马四退三　将 5 平 6
58. 炮六平四　炮 6 平 5

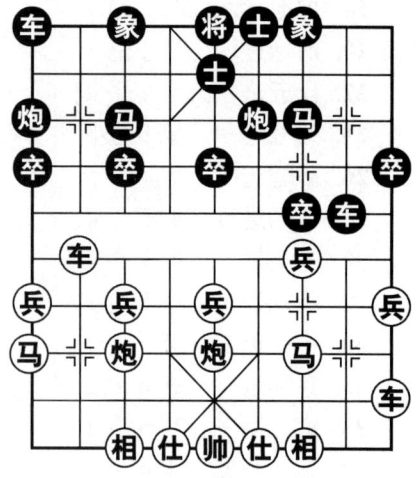

图 327

21. 马五进四　马 2 进 4
23. 马三进四　马 4 进 2
25. 后马进六　炮 1 退 3
27. 马六进八　炮 6 退 1
29. 相三进五　炮 5 平 4
31. 炮七平八　马 2 退 3
33. 马七退八　马 6 进 4
35. 马八退六　炮 4 平 7
37. 炮八平六　将 4 平 5
39. 炮六平三　炮 7 平 5
41. 前炮平六　马 3 退 5
43. 相七退五　象 5 进 3
45. 马八退九　炮 3 平 7
47. 炮六退一　卒 9 进 1
49. 相五进七　卒 5 进 1
51. 马八进六　将 5 平 4
53. 马六退五　将 4 平 5
55. 炮三平五　士 6 进 5
57. 马三进二　炮 6 进 4
59. 帅五平四　卒 9 进 1

60. 炮四进三（图328）

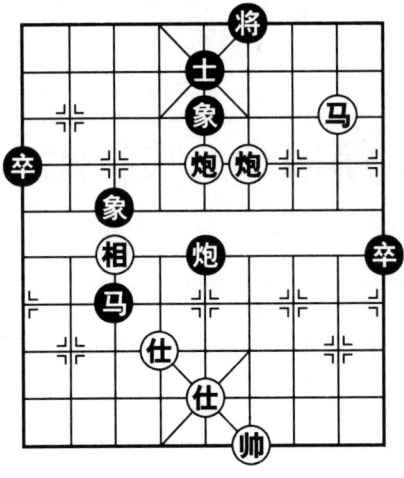

图 328

第四章 其 他

第 165 局 谢岳庆负邱志源

1. 炮二平五　马 2 进 3
2. 马二进三　炮 8 平 6
3. 车一进一　马 8 进 7
4. 兵三进一　车 9 平 8
5. 马三进四　士 4 进 5
6. 马四进六　象 3 进 5
7. 马八进七　车 8 进 4
8. 马六进七　炮 6 平 3（图 329）
9. 炮八平九　炮 3 进 4
10. 车九平八　炮 2 平 3
11. 炮五平三　卒 7 进 1
12. 相七进五　卒 7 进 1
13. 相五进三　马 7 进 6
14. 车一平六？前炮平 9！
15. 车六平一　炮 9 平 7
16. 相三进五　炮 3 进 5
17. 炮三平七　马 6 进 5（图 330）

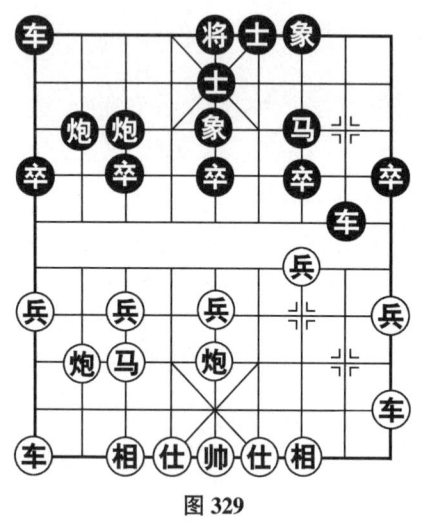

图 329

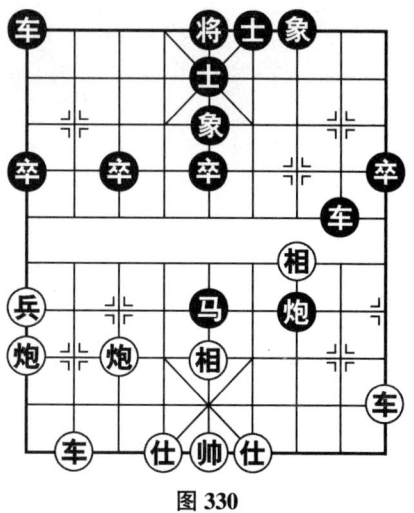

图 330

第四章 其 他

第166局 宗永生负许银川

1. 炮二平五　马2进3
2. 马二进三　炮8平6
3. 车一进一　车9进1
4. 兵七进一　车9平4
5. 炮八平七　车4进3
6. 车九进一　象3进5
7. 炮七进四　士4进5
8. 车一平六　车1平4（图331）
9. 车六进四　车4进4
10. 马八进七　炮2退2
11. 车九平八　卒7进1
12. 兵五进一　马8进7
13. 车八进五　炮2平4
14. 马三进五　车4平2
15. 兵五进一　卒5进1
16. 炮七平三　炮6进3!
17. 兵七进一　炮6平5
18. 兵七进一　炮4平3
19. 仕六进五　马3退4
20. 兵七平六　炮5进2
21. 相七进五　卒5进1
22. 马五退三　车4平3
23. 马七退六　马4进3
24. 车八退二　车3平6
25. 兵六平七　马3进5
26. 兵七平六　马5进6
27. 炮三平九　车6平1!
28. 炮九退二　马6进7
29. 炮九平五　后马进6
30. 兵六进一　车1平4
31. 兵六平七　车4退1（图332）

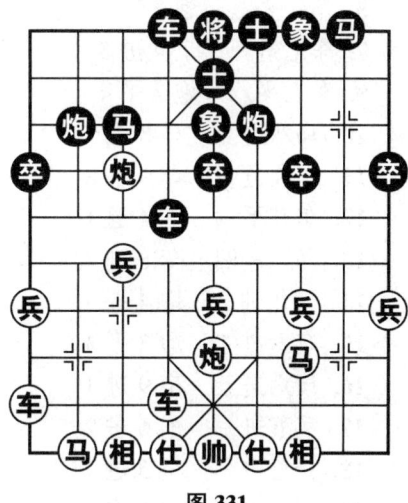

图331

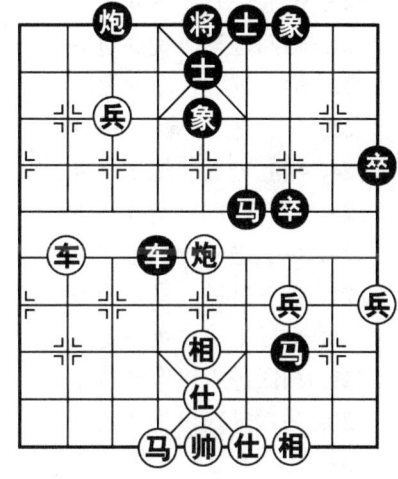

图332

第167局　王荣塔胜于占法

1. 炮二平五　　马2进3
2. 马二进三　　炮8平6
3. 兵三进一　　卒3进1
4. 车一进一　　象3进5
5. 车一平七　　炮2退1
6. 兵七进一　　卒3进1
7. 车七进三　　士4进5
8. 炮八平七　　车1进2（图333）
9. 车七平八　　炮2平4
10. 马八进九　　马8进7
11. 车九进一　　车9平8
12. 车九平六　　炮4退1
13. 马三进四　　车8平4
14. 马九进七　　炮4平3
15. 车六进二　　炮3平4
16. 仕六进五　　卒9进1
17. 兵五进一　　炮6进2?
18. 兵五进一　　卒5进1
19. 车六平五　　炮6退1
20. 炮五进三　　炮4平3
21. 马四进三　　炮3进6?
22. 炮七进五!　车8平5
23. 车五进二　　车1平3
24. 相七进五　　炮3平4
25. 马三退四　　炮4退6
26. 兵三进一!　炮6平9
27. 兵三进一　　马7退9
28. 车五平一　　炮9退1
29. 马四进六　　车3进1
30. 马六进四　　炮4进2
31. 车一平二　　马9进7
32. 车八进五　　象5退3
33. 马四进三　　将5平4
34. 兵三进一（图334）

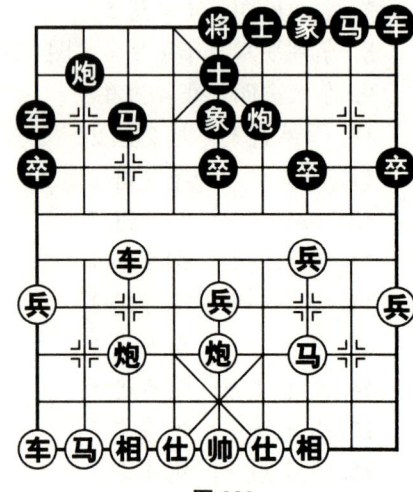

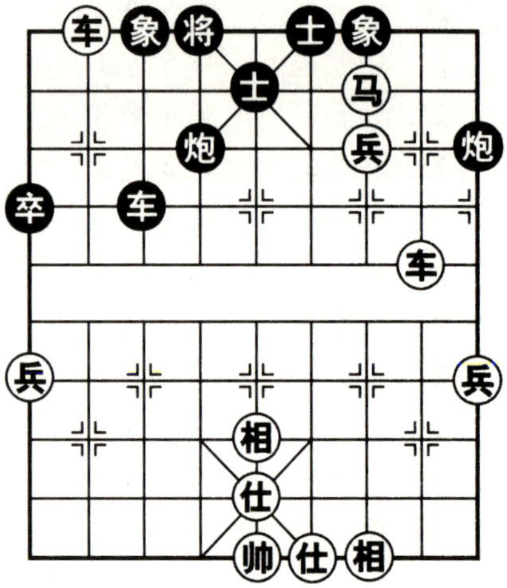

图333

图334

第四章 其 他

第 168 局 许波负汤卓光

1. 炮二平五　马2进3
2. 马二进三　炮8平6
3. 车一进一　车9进1
4. 车一平六　车1进1
5. 炮八平七　车9平4
6. 车九进一　卒7进1（图335）
7. 兵七进一　车4进7
8. 车九平六　象3进5
9. 兵五进一　车1平2
10. 兵五进一　卒5进1
11. 马三进五　炮2平1
12. 马八进九　士6进5
13. 炮五进三　车2进5
14. 马五进六　车2平6
15. 兵七进一　车6退2
16. 炮五退三　马3进5
17. 兵七进一　将5平6
18. 仕六进五　马5进6
19. 马六退四　车6进1
20. 车六进二　马8进7
21. 马九进七　车6平2?
22. 炮五平四　将6平5
23. 兵七进一　马7进6
24. 炮四进五　士5进6
25. 炮七平五!　士6退5
26. 车六进二　马6进7
27. 马七进八　马7进5
28. 相七进五　炮1进4
29. 马八进六　车2平6
30. 车六退二　炮1退2
31. 兵七进一　车6退2
32. 兵七平六　炮1平5
33. 帅五平六　将5平6
34. 兵六进一!　车6进2
35. 马六进七　象5进3
36. 车六进二（图336）

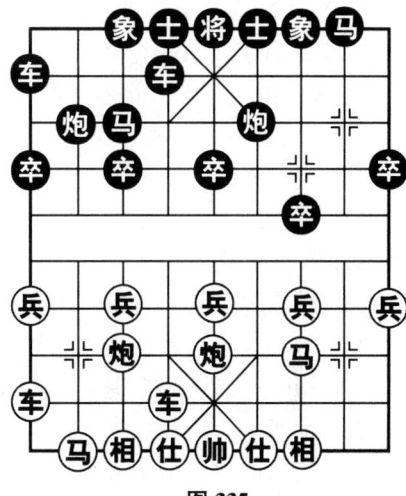

图 335

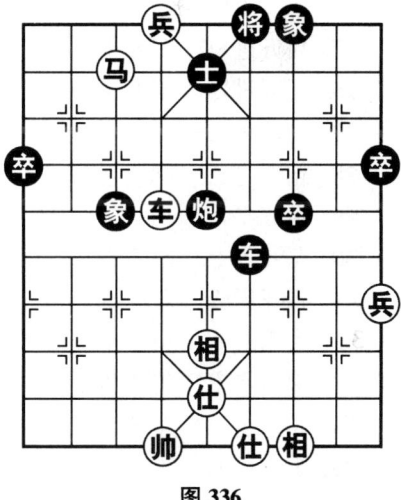

图 336

第169局　孙勇征胜董旭斌

1. 炮二平五　马2进3
2. 马二进三　炮8平6
3. 炮八平六　马8进7
4. 马八进七　车9平8
5. 车九平八　卒7进1
6. 车一进一　卒3进1
7. 车一平四　士4进5
8. 车八进六　车8进6（图337）

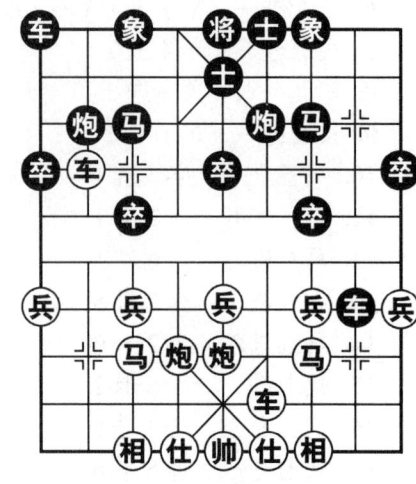

图 337

9. 马三退一　车8平9
10. 炮五平三　车1平2
11. 炮六进一　炮2平1
12. 车八进三　马3退2
13. 兵三进一　车9退1
14. 相七进五　象3进5
15. 马一进二　马7退9
16. 车四平八　马2进3
17. 马二退四　卒7进1
18. 马四进三　车9平8
19. 兵五进一　马9进8
20. 马三进二　车8退2
21. 马七进五　车8进2
22. 车八进六！马3退4
23. 车八退一　炮6进4

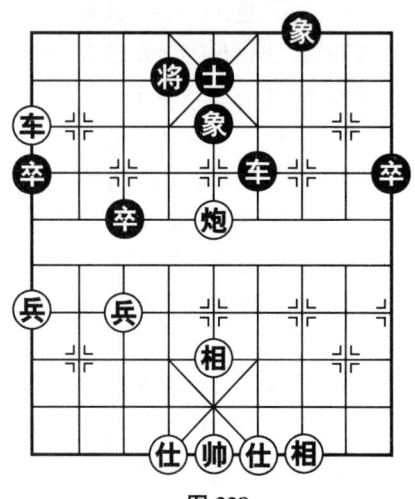

图 338

24. 炮六平四　车8进1
25. 兵五进一　车8平6
26. 马五进四　卒5进1
27. 马四进二　车6平7
28. 相五进三　炮1退1
29. 炮三平六　马4进3
30. 车八平七　车7平8
31. 相三退五　车8退2
32. 炮六进六！将5平4
33. 炮六平七　将4进1
34. 马二进三　车8进2
35. 车七平六　士5进4
36. 马三退四　士6进5

37. 炮七平五！ 炮 1 进 1
39. 车六平七　士 4 退 5
41. 车七平九（图 338）

38. 炮五退三　车 8 平 6
40. 车七进一　车 6 退 3

第 170 局　赵国荣胜万春林

1. 炮二平五　马 2 进 3
3. 兵三进一　卒 3 进 1
5. 车一进一　象 7 进 5
6. 马四进五　马 3 进 5
7. 炮五进四　马 8 进 7
8. 车一平四　车 9 平 6（图 339）
9. 炮五退一　炮 6 进 1
10. 相七进五　炮 2 平 4
11. 车四平六　炮 6 平 5
12. 马八进七　车 1 平 2
13. 车九平八　车 2 进 6
14. 车六进四　车 6 进 5
15. 炮五平二　车 2 平 3
16. 炮二退三　车 6 平 7
17. 仕六进五　车 7 进 2
18. 炮二进五！ 车 7 退 3
20. 兵五进一　卒 3 进 1
22. 车六进二　车 3 进 1
24. 车八进六　车 7 平 6
26. 炮五平四！ 炮 6 平 4
28. 兵五进一　炮 4 平 1
30. 兵四平三　马 7 退 8
32. 车六平五　后车退 5
34. 车八平六　马 8 进 7
36. 车六进三　将 6 进 1
38. 车三平五　马 7 进 8
40. 帅五平六　象 3 进 5
42. 兵四进一　马 8 退 6

2. 马二进三　炮 8 平 6
4. 马三进四　士 6 进 5

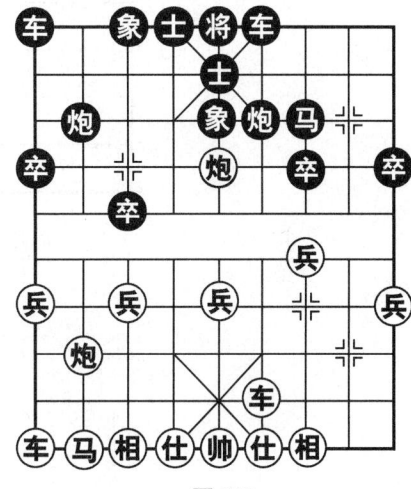

图 339

19. 车六退三　将 5 平 6
21. 炮八进七　卒 3 平 4
23. 炮二平五　炮 5 平 6
25. 兵五进一　车 6 进 2
27. 车六进二　车 6 退 4
29. 兵五平四　车 6 平 3
31. 炮八平九　后车进 4
33. 兵三平四　前车退 5
35. 车五进二！ 后车平 5
37. 车六平三　车 5 退 1
39. 车五平六　将 6 平 5
41. 车六退一　将 5 退 1
43. 车六平八　象 5 进 3

44. 兵四进一　车3平4　　　　**45.** 帅六平五　将5平4
46. 车八进一　将4进1　　　　**47.** 车八退三！（图340）

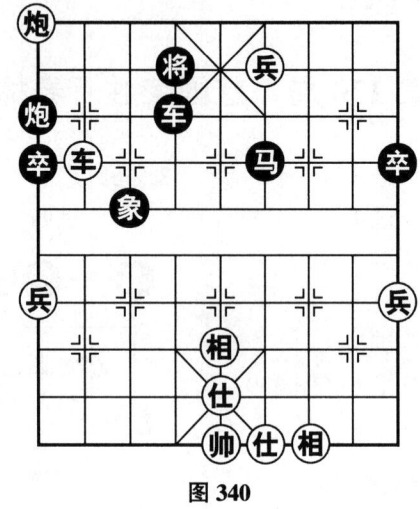

图340